RÉPERTOIRE ARCHÉOLOGIQUE

DE

LA FRANCE

PUBLIÉ

PAR ORDRE DU MINISTRE DE L'INSTRUCTION PUBLIQUE

ET SOUS LA DIRECTION

DU COMITÉ DES TRAVAUX HISTORIQUES

ET DES SOCIÉTÉS SAVANTES

RÉPERTOIRE ARCHÉOLOGIQUE

DU

DÉPARTEMENT DE L'AUBE

RÉDIGÉ SOUS LES AUSPICES

DE LA SOCIÉTÉ D'AGRICULTURE, SCIENCES ET BELLES-LETTRES

DU DÉPARTEMENT

PAR M. D'ARBOIS DE JUBAINVILLE

CORRESPONDANT DU MINISTÈRE DE L'INSTRUCTION PUBLIQUE, ARCHIVISTE DU DÉPARTEMENT

PARIS

IMPRIMERIE IMPÉRIALE

—

M DCCC LXI

RÉPERTOIRE ARCHÉOLOGIQUE
DE
LA FRANCE.

DÉPARTEMENT DE L'AUBE.

RENSEIGNEMENTS BIBLIOGRAPHIQUES
ET ABRÉVIATIONS.

A. A.	*Annuaire du département de l'Aube.*
A. P.	*Album pittoresque et monumental du département de l'Aube*, dessins de M. Fichot, texte de M. Aufauvre, 1 vol. in-fol. Troyes, 1852.
C. A.	*Congrès archéologique de France*, séances générales tenues à Troyes, en 1853, par la Société française pour la conservation des monuments historiques, 1 vol. in-8°. Paris, 1854.
C. T. H.	Courtalon. *Topographie historique de la ville et du diocèse de Troyes*, 3 vol. in-8°. Troyes, 1783-1784.
G. M. H.	Grosley. *Mémoires historiques et critiques pour l'histoire de Troyes*, 2 vol. in-8°. Troyes, 1811-1812.
P. A.	*Portefeuille archéologique de la Champagne*, par M. A. Gaussen, avec un texte par MM. E. Lebrun et d'Arbois de Jubainville, 1 vol. in-fol. Bar-sur-Aube, 1852-1860, ouvrage non encore terminé.
Plan de 1769.	*Plan d'alignement de la ville de Troyes*, dressé en 1769, par l'ingénieur du roi en chef pour les ponts et chaussées de la province et frontière de Champagne, de concert avec les députés de la ville de Troyes et les commissaires du bureau des finances. De ce document, resté manuscrit, il y a un exemplaire aux archives du département de l'Aube, un autre à la bibliothèque de la ville de Troyes.
S. A.	*Mémoires de la Société d'agriculture des sciences, arts et belles-lettres de l'Aube.*
V. A.	*Voyage archéologique et pittoresque dans le département de l'Aube et dans l'ancien diocèse de Troyes*, publié sous la direction de A. F. Arnaud, peintre, 1 vol. in-fol. Troyes, 1837.

ARRONDISSEMENT D'ARCIS-SUR-AUBE.

CANTON D'ARCIS-SUR-AUBE.
(Chef-lieu : Arcis.)

ALLIBAUDIÈRES. *Ép. romaine.* A l'est du village, lieu dit le Chemin de Boulage, on a découvert en 1838 les fondations en silex : 1° d'un amphithéâtre ou, dit-on, d'un camp de forme circulaire, ayant de diamètre 100^m et contenant 78 ares 63 centiares; 2° de deux rangées de bâtiments formant une rue longue de 40^m à l'est de cet amphithéâtre devant l'entrée. Au même endroit, débris de tuiles romaines et de poterie, médailles à l'effigie des empereurs Commode, Alexandre Sévère, Posthume, et du césar Décentius. (Camut-Chardon, *Recherches sur la ville d'Arcis-sur-Aube*, p. 79-80.) — Cimetière antique, au lieu dit Cotat du Rouillard, à deux kilomètres est du village; on y a trouvé des squelettes et des vases. Suivant M. Camut-Chardon (*ibid.* p. 73), il existerait aussi un cimetière antique près du château. || *Moyen âge.* Fossés du château, fortifié, suivant M. Camut-Chardon, en 1339, assiégé par les Bourguignons en 1420. M. Camut-Chardon, dans l'ouvrage déjà cité, donne un plan de ce château. — Église paroissiale de Saint-Antoine; le sanctuaire, du XIIe siècle, remanié depuis; le reste ne date que du XVIe siècle. Sanctuaire rectangulaire; point de transept; elle devait avoir trois nefs; mais la nef nord n'a que sa première travée, les autres nefs ont trois travées. Longueur, 20^m,50; largeur, sanctuaire, 5 mètres, nef, mesurée à la première travée, 15^m,20; hauteur, 7 mètres. Cette église est tout entière voûtée. Beaux fonts baptismaux du xvie siècle.

ARCIS-SUR-AUBE. *Ép. romaine.* Au sud d'Arcis, sur le revers nord d'un monticule qui domine la ville, cimetière antique où l'on a trouvé des figurines en terre, des poteries, des colliers, des cuillères, des fibules, etc. (Voir à ce sujet l'ouvrage déjà cité de M. Camut-Chardon, p. 81-88 et pl. 1 à 10.) — Autre cimetière antique dans le parc du château; ce dernier cimetière serait chrétien, à ce que l'on suppose, tandis que le premier serait païen. — Poteries conservées à Troyes, dans le cabinet de M. Camusat de Vaugourdon. || *Ép. moderne.* Église paroissiale de Saint-Étienne, xvie siècle. Plan rectangulaire, sauf la saillie de l'abside à l'orient. Longueur, 43 mètres; largeur, 17^m,80; hauteur des maîtresses voûtes, 14 mètres; des collatéraux, 7^m,50. Tout voûté. Abside à cinq pans, 6 mètres de long. Nef, six travées et 37 mètres de long, collatéraux. Tour en pierre au milieu du portail occidental. (A. P. 65-68.)

AUBETERRE. *Moyen âge.* Église de la Purification de la Sainte-Vierge, xiie siècle, remaniée au xvie. Plan en forme de croix latine. Longueur, 22^m,50; largeur, transept, 18^m,10, nef, 12^m,65; hauteur, sanctuaire et transept, 7^m,50, nef jusqu'au plafond, 7^m,20 et jusqu'au sommet de la voûte de bois en berceau masquée par ce plafond, 10^m,50. Sanctuaire rectangulaire et voûté en pierre. Transept, une travée. Vitraux et carreaux émaillés du xvie siècle.

CHAMPIGNY. *Moyen âge.* Église paroissiale de l'Assomption de la Sainte-Vierge, xiie siècle, remaniée et agrandie au xve. Deux nefs, chacune deux travées. L'église primitive se composait d'une seule de ces deux nefs. Longueur, 11^m,50; largeur, 9 mètres; hauteur des voûtes, 6 mètres.

CHARMONT. *Ép. moderne.* Église paroissiale de Saint-Symphorien, xvie siècle. Plan rectangulaire, sauf la saillie du sanctuaire. Longueur, 32^m,20; largeur, sanctuaire, 6 mètres, nef, 19^m,50; hauteur des voûtes, 8 mètres. Sanctuaire en forme de rectangle. Nef accompagnée de collatéraux aussi élevés qu'elle. Banc seigneurial du xvie siècle, en bois sculpté, long de 5^m,50. Bas-relief de saint Hubert, xvie siècle, hauteur, 1^m,10, largeur, 1^m,50. Carreaux émaillés du xvie siècle.

CHÊNE (LE). *Ép. romaine.* A l'est, lieu dit les Grèves, on a trouvé des ossements humains, entre autres, dit-on, ceux d'un enfant renfermés dans un vase de terre; à l'ouest, lieu dit les Vasseux, une épée déposée au musée de Troyes. || *Ép. moderne.* Église paroissiale de Saint-Pierre-ès-Liens, xvie siècle. Plan en forme de croix latine. Longueur, 18^m,70; largeur, abside, 5^m,30, transept, 14^m,20, nef, 5^m,10; hauteur, 5^m,80. L'abside et le transept sont voûtés, la nef ne l'est pas. Abside à trois pans. Transept, deux travées; les piliers, de forme carrée, pourraient remonter à un édifice primitif roman.

FEUGES. *Moyen âge.* Église paroissiale de Saint-Benoît, xiie siècle, sauf quelques remaniements et additions. Le sanctuaire et le chœur forment un rectangle suivi d'un autre rectangle plus large qui est la nef. Longueur, 19 mètres; largeur, sanctuaire et chœur, 4^m,90, nef, 6^m,30; hauteur, 5 mètres. Sanctuaire percé à l'orient de trois fenêtres plein cintre, voûté en berceau, long de 2^m,80; tout autour, à la hauteur des tailloirs, une corniche ornée de billettes qui se prolonge autour du chœur. Chœur carré et voûté en berceau. La nef n'est pas voûtée; elle a conservé au sud ses fenêtres primitives, au nombre de trois; celles du nord sont modernes. Au sud du chœur, chapelle latérale du xvie siècle, en forme de rectangle, 5^m,40 sur 4^m,20.

FONTAINES-LUYÈRES. *Moyen âge.* Église paroissiale de l'Assomption de la Sainte-Vierge, xiie siècle, remaniée au xvie et depuis. Plan rectangulaire, sauf une chapelle au sud du chœur et de la nef et faisant hache. Longueur, 26^m,10; largeur, 6^m,30, et en y comprenant la chapelle, 11^m,40; hauteur, sanctuaire, chœur et chapelle, 7 mètres, nef, 6 mètres. Sanctuaire percé de trois fenêtres à l'est; voûté au xvie siècle. Chœur, une travée également voûtée au xvie siècle. Nef non voûtée.

HERBISSE. *Ép. romaine.* On considère comme une voie romaine le chemin qui, partant de Lhuître, gagne Salon en passant par Herbisse. — Cimetière antique au sud du village, lieu dit les Accins du Château; on y a trouvé, en 1813, une lampe en cuivre près d'un squelette, et en 1840, deux squelettes, une lance et une épée. || *Moyen âge.* Église paroissiale de l'Assomption de la Sainte-Vierge. La nef, pour la plus grande partie, du xiie siècle; le reste, du xvie. Plan en forme de croix latine. Longueur, 25^m,10; largeur, transept, 17^m,20, nef, 14^m,90; hauteur, 6^m,50. Abside, xvie siècle, à trois pans, voûtée. Transept, deux travées voûtées. Nef romane, sauf le mur nord, qui date du xvie siècle; trois travées, collatéraux; le collatéral nord était sans doute originairement égal à l'autre, en sorte que la largeur totale était de 13^m,70; piliers quadrangulaires, larges de 0^m,90, mais plus longs, l'un a jusqu'à 1^m,40 de long; leur hauteur est de 2^m,40, y compris le tailloir auquel est réduit le chapiteau, pour la hauteur de l'archivolte, 1^m,40. Vitraux et fonts baptismaux du xvie siècle.

MAILLY. *Ép. romaine.* Au lieu dit Sainte-Suzanne, au sud-est du village, on a trouvé en juin 1830, dans une cloche de fer, un vase de verre blanc contenant neuf bagues et quatre colliers. (Pl. et descript. S. A. 1re sér. n°s 49-52, an. 1834, p. 36-38.) || *Moyen âge.* Église paroissiale de Saint-Martin du Grand-Mailly; la nef et les piliers qui supportent la tour centrale datent du xii° siècle, le reste est du xvi°. Plan en forme de croix latine. Longueur, 32^m,70; largeur, transept, 16^m,40, nef, 7^m,10; hauteur, abside et transept, 7^m, nef, 6 mètres. Abside, cinq pans percés de sept fenêtres; sa voûte s'est écroulée. Transept, deux collatéraux et deux travées, voûté. Nef non voûtée, fenêtres élargies. Flèche centrale octogone, en bois, hauteur à partir du sol, 40 mètres. — Église de Saint-Jean-Baptiste de Romainecourt ou du Petit-Mailly, xii° siècle. Une nef, quatre travées; la première, à l'est, en forme de rectangle, sert de sanctuaire, 5 mètres de large; les deux suivantes, 5^m,40 et la dernière, 6^m,70. Longueur, 18^m,80; hauteur moyenne, 6 mètres. Le sanctuaire, percé à l'orient de deux lancettes et voûté ainsi que les deux travées suivantes. Les deux travées centrales accompagnées au sud d'une chapelle du xvi° siècle.

MONTSUZAIN. *Moyen âge.* Église paroissiale de Saint-Paul. Les piliers qui supportent la tour au centre de la croisée sont du xii° siècle; le reste, du xvi°. Plan en forme de croix latine. Longueur, 25 mètres; largeur, abside, 5^m,30; transept, 16^m,60, nef, 5^m,30; hauteur des voûtes, 7 mètres. Abside à cinq pans. Transept, deux travées; la partie centrale du transept, xii° siècle, plus étroite que l'abside et la nef, largeur, 3^m,90; le collatéral nord, large de 4^m,50; les piliers ont 1^m,90 de diamètre. Le nef n'est pas voûtée. Fonts baptismaux de forme carrée ornés d'une tête humaine à chaque angle.

NOZAY. *Ép. romaine.* Lieu dit les Sapins, à 500^m au sud-est de l'église et à quelques mètres de la Barbuise, rive gauche, substructions romaines, débris de tuiles et de poteries. || *Ép. moderne.* Église paroissiale de Saint-Quentin, xvi° siècle. Plan en forme de croix latine. Longueur, 26 mètres; largeur au transept, 19^m,10; hauteur des voûtes, 6^m,30. Abside à cinq pans. Transept, une travée. Nef, deux travées, point de collatéraux. Deux beaux retables, l'un du commencement, l'autre de la fin du xvi° siècle.

ORMES. *Ép. romaine.* Lieu dit de Saint-Balsème, à 500 mètres à l'est du village, on a trouvé, il y a quatre-vingts ans environ, un cercueil de pierre long de 2 mètres, haut de 0^m,60 et large d'autant: il avait un couvercle; il y a vingt ans, des squelettes humains qui avaient, dit-on, près de la tête tantôt un vase de terre, tantôt un poignard. Il y a vingt-cinq ans, au lieu dit le Vieux chemin de Champigny, à 1400 mètres au nord-ouest d'Ormes, on aurait trouvé plusieurs pots de terre contenant chacun une tête humaine et la plupart, en outre, une petite chaîne de cuivre. — On considère comme une voie romaine le chemin des Rittes allant, dit-on, d'Arcis à Fère-Champenoise, et traversant le finage, au nord-est du village; sa direction est du sud-est au nord-ouest. || *Moyen âge.* Église paroissiale de Saint-Gengoul. Abside de la fin du xii° siècle; le reste,

du xvi°. Deux nefs, le collatéral sud n'a pas été construit ou a été démoli à une date ancienne. Longueur, 30 mètres; largeur, abside, 5 mètres, nef, 8^m,80; hauteur des voûtes, 7 mètres. Abside à cinq pans, non voûtée. Nef, cinq travées, voûtées. Le collatéral n'a de voûté que ses trois dernières travées. Nef, 4^m,40 de large, collatéral 3 mètres, les piliers 1^m,40 de diamètre. Un tabernacle en bois sculpté du commencement du xvi° siècle, hauteur, 2 mètres; il se compose de deux tours octogones superposées: la tour inférieure, plus haute que l'autre, a 0^m,40 de diamètre, la tour supérieure, 0^m,25; chacune de ces tours a deux étages; le premier étage de la tour inférieure est seul obscur; les trois autres étages sont à jour. Deux vitraux du xvi° siècle dont un fort beau.

POUAN. *Ép. romaine* (?). Sépultures découvertes dans le village même, à l'ouest du village et à l'est : 1° dans l'intérieur du village, en 1824, maison du sieur Louis Nacquemonche, quatre squelettes, à la tête de l'un un vase en verre blanc et aux pieds un plat de terre sigillaire; en 1840, maison du sieur Collet, huit squelettes; 2° à l'ouest du village, il y a environ trente-quatre ans, à un kilomètre environ du village, lieu dit le Haut de la Pierre, trois cercueils de pierre longs de 2 mètres environ, d'où l'on a tiré des ossements humains et une épée; en 1859, près de la maison du sieur Emberluy, à l'extrémité ouest du village, deux squelettes; 3° à l'est du village, le 22 juillet 1842, au lieu dit Marisy, à 300 mètres environ du village, non loin du bois dit le Martray, un squelette humain portant un collier, un bracelet, des boucles, une chevalière, le tout en or, et auprès une épée et un poignard; les 23 et 24 juin 1843, dans l'accin (enclos) du sieur Coutant-Villenet, un squelette, et près de lui une lance, un sabre, une petite pièce de monnaie en cuivre, une cruche en bronze et des ferrements de bouclier; plus tard, au lieu dit Marisy, un bassin et une vase en forme de bénitier, dit-on. Les objets en or trouvés le 22 juillet 1842 ont été achetés par l'Empereur, qui les a donnés au musée de Troyes. On peut consulter à leur sujet S. A. 1re série, t. XI, ann. 1842, p. 90 et suiv. P. A. *Antiques*, pl. 1re; l'ouvrage de M. l'abbé Cochet, intitulé, *le Tombeau de Childéric Ier*, p. 86, 93, 95, 107, 116, 183, 260, 313, 346, 378, 379, 444, 445; et celui de M. Peigné-Delacourt, intitulé : *Recherches sur le lieu de la bataille d'Attila en 451*. La lame de l'épée et celle du poignard, trouvées le même jour, sont conservées au musée de Troyes; il y en a un dessin dans S. A. 1re série, t. XI, année 1842. Le chef barbare auquel ces objets appartenaient se nommait Héva : ce nom se lit sur son anneau. Suivant M. Peigné-Delacourt, ce chef est le roi visigoth Théodoric Ier (?). La cruche en bronze découverte en 1843 a été donnée au musée de Troyes par M. Coffinet, chanoine, et il en a été publié une reproduction dans P. A. La lance et le sabre trouvés à la même date sont la propriété de M. le comte A. de la Vaulx, à Brantigny (Aube). ∥ *Moyen âge.* Église paroissiale de Saint-Pierre. La plus grande partie est du XIIe siècle; le reste, du XVIe. Plan en forme de croix latine. Longueur, 44m,60; largeur, abside, 6 mètres, transept, 15m,40, nef, 13m,10; hauteur des maîtresses voûtes, 9 mètres, et des collatéraux, 4m,50. Abside, XVIe siècle, cinq pans; longueur, 7 mètres. Transept, deux travées, longueur, 12m,60; la première travée remonte en partie au XIIe siècle, le reste n'est que du XVIe. Nef du XIIe siècle, dont une partie a été remaniée au XVIe; longueur, 25 mètres, quatre travées accompagnées de collatéraux; les deux premières travées correspondent chacune à deux travées de chacun des collatéraux; il en était de même pour la troisième travée, mais des remaniements ont fait disparaître cette disposition primitive; de chacune des deux premières travées on pénètre dans chacun des deux collatéraux par deux arcades en arc brisé; les collatéraux ayant une largeur beaucoup moindre que la grande nef (moitié environ), chacune de leurs travées est proportionnelle aux travées de la nef; piliers et colonnes alternativement, les piliers aux angles des travées de la nef; diamètre primitif des piliers, 1m,80; ceux qui n'ont que 1m,50 de diamètre ont été remaniés; les colonnes ont 0m,70 de diamètre. Arcade ouvrant de la nef sur le collatéral sud, 3m,70 de hauteur, savoir : pour le pilier, 2m,20, le chapiteau compris pour 0m,50; hauteur de l'archivolte, 1m,50; l'intervalle entre le pilier et la colonne, mesurée entre les fûts, est de 1m,90; longueur de l'archivolte à sa base, immédiatement au-dessus des tailloirs, 1m,70. Au-dessus de cette archivolte, traces d'un *triforium*; fenêtres plein cintre. Quelques travées des murs latéraux sont ornées d'arcatures trilobées, hautes de 4m,70, larges de 2m,30. Restes de vitraux du XVIe siècle. Le portail occidental, surmonté d'une tour en pierre du XIIIe siècle, carrée, 7m,40 de côté hors œuvre à la base, contre-forts non compris; un rez-de-chaussée et trois étages, hauteur, 18 mètres; une flèche en bois haute de 28 mètres; hauteur totale, 46 mètres.

SAINT-ÉTIENNE-SUR-BARBUISE. *Moyen âge.* Église paroissiale de Saint-Étienne, XIIe siècle, sauf l'abside, qui est du XVIe. Ni transept ni collatéraux; autrefois l'abside était la partie la plus étroite, le chœur était plus large que l'abside, la nef plus large que le chœur; la nef et le chœur sont restés dans leur premier état, mais l'abside a été élargie. Longueur, 18m,20; largeur, abside, 5m,40, chœur, 5 mètres, nef, 6m,50. Abside voûtée, haute de 5m,50, ornée de fort beaux vitraux. Arc triomphal roman, brisé, haut de 4m,50, et qui n'a que 2m,80 d'ouverture. Chœur et nef non voûtés. Nef remaniée récemment.

SAINT-REMY-SUR-BARBUISE. *Ép. moderne.* Église paroissiale de Saint-Remy, XVIe siècle. Plan en forme de croix latine. Longueur, 21m,50; largeur, abside, 5m,50, transept, 16m,50, nef, 6 mètres; hauteur des voûtes, 6m,40. Abside, trois pans, voûtée. Transept, trois nefs et deux travées, voûté. Nef non voûtée, deux travées; deux collatéraux en projet n'ont pas été exécutés.

SEMOINE. *Ép. romaine* (?). A l'est du village, lieu dit les Alluets, on a trouvé, il y a trois ans, plusieurs squelettes humains, dont l'un avait au bras un bracelet de cuivre. ∥ *Moyen âge.* Église paroissiale de Saint-Pierre. Abside du XIIIe siècle, transept du XIIe, du XIIIe. et du XVIe. La nef, qui était du XIIe siècle, a été récemment reconstruite presque tout entière, mais les dimensions sont restées les mêmes : longueur, 30 mètres; largeur, abside, 5m,80, transept, 18m,90, nef, 11m,70; hauteur, abside, 8m,50, centre du transept, 5 mètres, nef, jusqu'aux entraits, 7m,50. L'abside est du commencement du XIIIe siècle, à cinq pans et voûtée. Chœur, deux travées, la première du XIIe siècle et la seconde du XIIe, largeur, 2m,70; collatéraux du XVIe, largeur de chacun, 5m,70. Nef, quatre travées, collatéraux.

TORCY-LE-GRAND. *Ép. moderne.* Église paroissiale de Saint-Pierre-ès-Liens, XVIe siècle. Plan en forme de croix latine. Longueur, 27m,50; largeur de la nef, 5m,70. L'abside et le transept sont voûtés, la nef ne l'est pas.

TORCY-LE-PETIT. *Ép. moderne.* Église paroissiale de Saint-Léonard, XVIe siècle. Plan rectangulaire. Longueur, 16m,20; largeur, 7m,50; hauteur, 5m,60; non voûtée.

VILLETTE. *Ép. romaine* (?). Au lieu dit le Martray, contigu à la contrée de Marisy, on a trouvé des fondations remontant à une époque inconnue. La contrée de Marisy est située sur le finage de Pouan; c'est dans cette contrée qu'a été trouvée la célèbre sépulture du chef barbare Héva. ∥ *Moyen âge.* Église paroissiale de Saint-Pierre, XIIe siècle, dont des remaniements du XVIe; le collatéral nord a été reconstruit à cette époque. Plan en forme de croix latine. Longueur, 18m,60; largeur, abside, 4m,70, transept, 16 mètres, nef, 9m,50; hauteur, 6 mètres; si ce n'est dans le bras sud, qui a seulement 4 mètres de haut. L'abside de la fin du XIIe siècle, voûtée au XVIe. Transept, une travée, voûtée, accompagnée de chapelles formant bras de croix; celle du sud romane et non voûtée. Nef, trois travées et collatéraux, elle n'est pas voûtée; les arcades romanes brisées qui ouvrent de la nef sur le collatéral droit ont 3m,50 de haut, dont pour la colonne 2 mètres, le tailloir compris pour 0m,15, et pour la hauteur de l'archivolte, 1m,50; l'intervalle qui sépare les fûts des colonnes est de 2m,10. Les arcades du XVIe siècle sont plus hautes 1 mètre que celles du XIIe.

VILLIERS-HERBISSE. *Moyen âge.* Église paroissiale de l'Assomption de la Sainte-Vierge. La seconde travée centrale du transept, la nef et la tour datent du xii° siècle; le reste, du xvi°. Plan en forme de croix latine. Longueur, 32ᵐ,80; largeur, abside, 6 mètres, transept, 15ᵐ,20, nef, 11ᵐ,60; hauteur, abside et transept, 7ᵐ. L'abside est à cinq pans, voûtée, longue de 8 mètres. Transept, deux travées, voûté, longueur, 10ᵐ; le centre, étant en partie roman, est moins large que les collatéraux. Nef accompagnée de collatéraux, quatre travées, non voûtées, longueur, 14ᵐ,80; les piliers nord sont rectangulaires, un seul excepté, aux angles duquel on a taillé quatre minces colonnettes engagées; ceux du sud ont leurs angles abattus; ces piliers sont plus longs que larges, 0ᵐ,95 sur 0ᵐ,80, leur hauteur est de 2ᵐ,20, le tailloir compris pour 0ᵐ,15; hauteur de l'archivolte, 1ᵐ,50; l'intervalle entre les piliers est de 2ᵐ,75, et entre les points de naissance de chaque archivolte, 2ᵐ,85. Beau retable du xvi° siècle. Vitraux de la même époque, un daté de 1559. Fonts baptismaux de la première moitié du xvi° siècle. Tour romane, carrée, sur la première travée de la nef centrale du transept. — A deux kilomètres ouest du village, emplacement du hameau de Richebourg, tilleul planté à la place de l'église; cave d'une maison, ossements. Ce lieu était encore habité au xvi° siècle.

VOUÉ. *Ép. moderne.* Église paroissiale de l'Assomption de la Sainte-Vierge, xvi° siècle. Plan en forme de croix latine. Longueur, 28ᵐ,50; largeur, abside, 5ᵐ,40, transept, 17ᵐ,10, nef, 5ᵐ,80; hauteur, abside, 9ᵐ, transept, 8ᵐ,50, et nef, 7 mètres. Cette église est tout entière voûtée. L'abside est à cinq pans. Le transept a deux travées et deux collatéraux; la nef, deux travées et point de collatéraux, mais dans le plan primitif elle devait en avoir. Débris de vitraux. Tour, sur la seconde travée de la nef. Joli portail occidental.

CANTON DE CHAVANGES.
(Chef-lieu : Chavanges.)

ARREMBÉCOURT. *Ép. moderne.* Église paroissiale de Saint-Étienne, xvi° siècle. Plan en forme de croix latine. Longueur, 22ᵐ,60; largeur, abside, 6ᵐ,70, transept, 18ᵐ,40, nef, 6ᵐ,70; hauteur, 7ᵐ,50. Cette église est entièrement voûtée. Abside à trois pans. Transept, une travée, deux collatéraux. Nef, deux travées sans collatéraux, mais elle paraît en avoir eu autrefois. Beaux vitraux; joli portail; fonts baptismaux contemporains de l'édifice. || Nous ne savons quelle date donner aux substructions qui ont été découvertes aux lieux dits : 1° Beaujeu, nord du village; 2° la Côte-à-la-Vigne, est; 3° le Vieux-Moulin, ouest; 4° la Pièce-de-l'Étang-du-Poêle, autrefois les Vieilles-Maisons, sud.

AULNAY. *Ép. celtique.* La tombelle dite d'Aulnay se trouvant sur le finage de Jasseines, nous en parlerons sous le nom de cette commune. || *Ép. romaine.* On considère comme une voie romaine le chemin dit de Troyes, venant de Chavanges et passant au nord d'Aulnay, dont il sépare le finage de ceux de Balignicourt, Donnement et Jasseines. || *Ép. moderne.* Église paroissiale de Saint-Remy. L'abside et le transept du xvi° siècle; nef du xviii°. Plan en forme de croix latine. Longueur, 27 mètres; largeur, abside, 13 mètres, transept, 17ᵐ,70, nef, 6ᵐ,20; hauteur des voûtes, 7 mètres. Abside à cinq pans. Transept, une travée; mais les quatre piliers sont séparés des murs par un intervalle assez grand pour permettre la circulation. Beaux vitraux du xvi° siècle dans l'abside; un daté de 1540, un autre de 1553.

BAILLY-LE-FRANC. *Moyen âge.* Église paroissiale de l'Exaltation de la Sainte-Croix. Les fonts baptismaux datent du xii° siècle, mais l'église n'est qu'un édifice de bois du commencement du xvii° siècle. Une abside, nef, collatéraux, sans transept. Longueur, 17 mètres; largeur, abside, 6 mètres, nef, 12ᵐ,60; hauteur, 6 mètres. Clocher haut de 26 mètres.

BALIGNICOURT. *Ép. romaine.* Voie de Langres à Châlons-sur-Marne, côtoyant le finage au couchant. || *Moyen âge.* Église paroissiale de Saint-Pierre, xii° siècle, remaniée au xvi°. Plan en forme de croix latine. Longueur, 21ᵐ,50; largeur, sanctuaire, 4ᵐ,85, transept, 14ᵐ,70, nef, 14 mètres; hauteur, abside, 7 mètres, nef, 5 mètres. Sanctuaire en forme de rectangle, longueur, 4ᵐ,70. Transept, une travée, longueur, 4ᵐ,30. Nef, trois travées, deux collatéraux, longueur, 12ᵐ,50. Les voûtes datent presque entièrement du xvi° siècle; une partie des fenêtres ont été faites à la même époque, ainsi que la porte méridionale, qui est assez remarquable. Vitraux du même temps.

BRAUX. *Ép. romaine.* Voie de Langres à Châlons-sur-Marne, traversant le finage du sud au nord. || *Ép. moderne.* Église paroissiale de Saint-Martin, xvi° siècle. Plan en forme de croix latine. Longueur, 23ᵐ,50; largeur, abside, 4ᵐ,50, transept, 17ᵐ,40, nef; si elle était complète, sa largeur serait de 15ᵐ,40, mais le collatéral nord manquant, la largeur se trouve réduite de 5 mètres; hauteur, 6ᵐ,30. La nef seule n'est pas voûtée. Carreaux émaillés et vitraux du xvi° siècle.

CHALETTE. *Ép. romaine.* Cimetière antique touchant le village au nord; ossements humains en abondance; deux cercueils de pierre trouvés à 200 mètres environ du village. Dans l'un, découvert il y a quinze ou vingt ans environ, il y avait, dit-on, une épée; dans l'autre, découvert il y a trois ans, on n'a signalé que des ossements. || *Moyen âge.* Église paroissiale de l'Assomption de la Sainte-Vierge. Nef du xii° siècle, abside et transept du xvi°. Si cette église était achevée, elle donnerait en plan une croix latine; mais le collatéral nord du transept manque. Longueur, 23ᵐ,50; largeur, transept, 14ᵐ,50 au lieu de 20 environ s'il était achevé; nef, 7ᵐ,50; hauteur, abside et transept,

7 mètres, nef, 4 mètres. Abside à trois pans, voûtée. Transept, deux travées voûtées. Nef non voûtée; une partie de ses fenêtres ont été récemment élargies.

CHASSERICOURT. *Ép. moderne.* Église de Saint-Gengoul. Abside et transept du xvi° siècle; nef du xviii°. Plan en forme de croix latine. Longueur, 22^m,30; largeur, abside, 5^m,60, transept, 17 mètres, nef, 13^m,30; hauteur, 7 mètres. Abside à cinq pans, voûtée. Transept, une travée voûtée; nef non voûtée; l'un et l'autre accompagnés de collatéraux. Vitraux du xvi° siècle; un notamment de trois panneaux, dans l'abside, avec cette légende : *L'an mil cinq cents vingt neuf furent faictes par les paroissiens d'icy ces troys verrieres que vaysy ensamble.*

CHAVANGES. *Ép. romaine.* Un cercueil de pierre trouvé au midi du bourg sur le versant nord d'un petit monticule qui fait partie de la propriété de M. Vauchelet, maire, contenait un squelette, des armes, des vases de terre, des pièces de monnaie. || *Moyen âge.* Église paroissiale de Saint-Georges. Portail occidental du xii° siècle, l'arc triomphal de la fin du xiii° siècle, le reste de l'église de la fin du xv° siècle et du commencement du xvi°. Plan en forme de croix latine. Longueur, 39 mètres; largeur, transept, 19^m,20, nef, 14^m,60; hauteur des maîtresses voûtes, 11 mètres, des basses voûtes, 5^m,50. Trois absides; l'abside principale longue de 5^m,50. Transept, deux travées; longueur, 11 mètres. Nef, avec collatéraux, quatre travées et 22 mètres de longueur, un peu plus ancienne que l'abside et le transept : elle peut dater de la fin du xv° siècle, tandis que l'abside et le transept dateraient du commencement du xvi°. Nombreux vitraux du xvi° siècle. Portail occidental, cinq archivoltes, deux supportées par des colonnettes, trois par un simple boudin. Tour carrée ajoutée dans la seconde moitié du xvi° siècle; longueur, hors œuvre, contre-forts compris, 13 mètres; hauteur, 29 mètres, et flèche comprise, 37 mètres. Cette tour est construite dans l'axe du collatéral nord, comme la seule tour achevée de la cathédrale de Troyes; le projet était de construire une seconde tour dans l'axe du collatéral sud et d'avancer le portail d'une travée, ce qui donnait à l'église 46 mètres de longueur. (A. P. 75.) || *Ép. moderne.* Croix en pierre, du xvi° siècle, dans le cimetière.

DONNEMENT. *Ép. romaine.* Voie de Langres à Châlons-sur-Marne, passant la Voire près de Chalette, à l'est de ce village, gagnant de là Donnement, puis les Ormets. Son tracé a été découvert dernièrement par les agents voyers de l'arrondissement; il est tout différent de celui que l'on a indiqué jusqu'ici, d'après Cassini et la Carte de l'État-Major.—Au sud du village, dans un jardin, découverte, en 1857, d'une lame d'épée et d'un fer de lance, déposés au musée de Troyes. || *Moyen âge.* Église paroissiale de Saint-Amand, xii° siècle, avec de nombreuses additions du xvi°. Deux nefs; le transept fait hache d'un seul côté. Longueur, 21^m,60; largeur, transept, 11^m,60, nef, 10^m,20; hauteur, 6 mètres. Les baies de l'abside datent du xvi° siècle; la piscine de l'abside, du xiii°. Transept, une travée; baies du xvi° siècle. Nef, deux travées; le mur nord-est, du xii° siècle. La voûte, la nef sud, le mur occidental, du xvi°, sauf un des arcs-doubleaux de cette nef, qui peut remonter au xiii° siècle. Débris de vitrail du xvi° siècle.

JASSEINES. *Ép. celtique.* A l'extrémité méridionale du finage, sur la limite de celui d'Aulnay, *tumulus* connu sous le nom de tombelle d'Aulnay. Diamètre au niveau du sol, 35 mètres; hauteur, 3 mètres. (Voir Grosley, *Éphémérides troyennes*, année 1767, et édition de 1811, t. II, p. 304, et C. T. H. t. III, p. 330.) Ces auteurs donnent à ce tumulus une hauteur de 15 pieds environ, soit 5 mètres au lieu de 3 mètres. La voie qui passe au pied serait, suivant ces auteurs, une voie romaine conduisant de Troyes à Vitry par Margerie. La tombelle d'Aulnay est indiquée dans la Carte de l'État-Major. ||
Ép. romaine. Auprès de la tombelle on a trouvé, à une époque fort éloignée, un cercueil de pierre contenant des ossements.—A l'est de la commune, lieu dit l'Usage, entre le chemin de grande communication n° 6, de Chaudrey à la Haute-Marne, au midi, et le ruisseau de Meldenson, un cercueil de pierre a été découvert il y a quatre-vingts ans. || *Moyen âge.* Église paroissiale de Saint-Pierre-ès-Liens. Abside et nef du xii° siècle; transept du xvi°; portail et clocher tout récents. Plan en forme de croix latine. Longueur, 24 mètres; largeur, transept, 19^m,60, nef, 7^m,30; hauteur, abside et transept, 7^m,50, nef, 5 mètres. Abside à cinq pans, voûtée. Transept, une travée, voûté. Nef non voûtée.

JONCREUIL. *Moyen âge.* Église paroissiale de Saint-Pierre-ès-Liens, xii° siècle, remaniée depuis. Plan en forme de croix latine. Longueur, 23^m,20; largeur, transept, 14^m,50, nef, 12^m,30; hauteur de l'arc triomphal, 7^m,30. Sanctuaire en forme de rectangle; sa voûte et sa fenêtre orientale datent du xvi° siècle. Transept, une travée; voûtes du xvi° siècle, à l'exception des arcs-doubleaux, qui remontent au xii°. Dans la nef, mur occidental et baies du xvi° siècle; le reste du xii°; trois travées; deux collatéraux; piliers carrés, leurs chapiteaux consistent en un congé et deux filets : ils ont 2^m,30 de haut et supportent des archivoltes hautes de 1^m,50; l'intervalle entre chaque pilier est de 3^m,15.

LENTILLES. *Moyen âge.* Nous avons découvert dans l'église du lieu un parement de lutrin, en soie verte, du xii° siècle, qui a été publié dans P. A. et qui appartient aujourd'hui à la cathédrale de Troyes. || *Ép. moderne.* Église paroissiale de Saint-Jacques et de Saint-Philippe, xvi° siècle, en bois. Plan rectangulaire, sauf la saillie de l'abside. Longueur, 21^m,09; largeur, abside, 6^m,05, nef, 11^m,70; hauteur, grande nef, 6^m,17; collatéraux, 4^m,45. Abside à cinq pans; fenêtres jumelles en plein cintre. Nef, cinq travées supportées par des poteaux de 0^m,25 de diamètre, plafond; collatéraux en appentis, avec fenêtres carrées de 0^m,87 de côté, divisées en deux par un meneau qui a 0^m,14 de diamètre, ce qui donne deux ouvertures chacune de 0^m,36 sur 0^m,87; les fenêtres de la nef sont un peu plus hautes et un peu moins larges.

MAGNICOURT. *Ép. romaine.* A un kilomètre au nord du village, lieu dit le Vieux-Moulin, sur une étendue de plusieurs hectares, tuiles romaines mélangées à des pierres qui ne sont pas du pays, ossements humains. || *Moyen âge.* Église paroissiale de Saint-Vinebaud. La plus grande partie de l'abside et de la nef date du XIIe siècle; le reste, du XVIe. Plan en forme de croix latine. Longueur, 24^m,50; largeur, abside, 12^m,70, transept, 16^m,80, nef, 5^m,70; hauteur, abside, 7 mètres, nef, 4^m,70. L'abside n'est pas voûtée. Transept, une travée et deux collatéraux voûtés, tandis que le centre du transept ne l'est pas. La nef, sans collatéraux, non voûtée. Portail occidental roman; largeur de l'ouverture, 1^m,40; hauteur jusqu'au chapiteau, 2^m,40, jusqu'au sommet de l'archivolte, 3^m,80; largeur entre les deux colonnettes qui supportent l'archivolte, 2 mètres. Porche en bois du XVIe siècle, considérablement remanié.

MONTMORENCY, autrefois BEAUFORT. *Moyen âge.* Emplacement du château, qui remontait au moins au XIe siècle et qui aurait été détruit au XVIe. Fossés, parapets en terre. Contenance, 2 hectares 69 ares 58 centiares. Suivant la tradition, le donjon avait de diamètre hors œuvre, 41 pieds, soit environ 13^m,50, et de hauteur, sans compter la toiture, 80 pieds, soit 26 mètres environ; au XVIIIe siècle il subsistait encore des ruines hautes de 40 pieds. La seigneurie de Beaufort appartint à la maison de Beaufort, qui était une branche de la célèbre maison de Broyes, puis à la maison de Rethel. Réunie ensuite au comté de Champagne, elle en fut séparée en 1404, pour être rattachée au duché de Nemours, érigé en faveur de Charles III, roi de Navarre; elle appartint plus tard à Gabrielle d'Estrées. || *Ép. moderne.* Église paroissiale de l'Assomption de la Sainte-Vierge, XVIIe siècle. Elle vient d'être en grande partie reconstruite. Longueur, 29 mètres; largeur, 16^m,30; hauteur de la grande nef, 7^m,50. || *Ép. incertaine.* A l'ouest de la commune, lieu dit le Tertre de Mongangé, on a trouvé, il y a cinq ans, cinq ou six squelettes humains.

PARS-LEZ-CHAVANGES. *Moyen âge.* Église paroissiale de Saint-Hubert, XIIe siècle. Plan rectangulaire, avec abside semi-circulaire. En avant, on a construit, au XVIIe siècle, un prolongement en bois que nous laissons de côté. Longueur, 10^m,30, dont 2^m,30 pour l'abside et 8 mètres pour la nef; largeur, abside, 3^m,80, nef, 4^m,50; hauteur, 4^m,20. Point de voûtes. L'abside est percée de trois fenêtres plein cintre; leurs archivoltes sont supportées par quatre colonnettes, deux en dedans, deux en dehors. Vitrail représentant le Christ en croix, saint Hubert et sainte Tanche; légende : *Frere Claude de Leceupr...... Nicolas Colot, laboureur, demorant audit Luistre, ont donnes ceste verriere l'an mil v^c et neuf.*

SAINT-LÉGER-SOUS-MARGERIE. *Ép. romaine.* A un demi-kilomètre au nord du village, lieu dit le Chemin de Corbeil, à une profondeur de 0^m,50, on a trouvé, il y a trente-six ans environ, un cercueil de pierre renfermant des ossements humains. Longueur, 2 mètres plus large à un bout qu'à l'autre, avec couvercle de pierre faisant dos d'âne. || *Ép. moderne.* Église paroissiale de Saint-Léger, XVIe siècle. Plan en forme de croix latine. Longueur, 22 mètres; largeur, abside, 6^m,40, transept, 13^m,50, nef, 7^m,60; hauteur, 5^m,60. Édifice construit en bois, non voûté. Quelques statues de la fin du XVe siècle et un vitrail du XVIe, représentant le Christ en croix entre la sainte Vierge et saint Jean. Collatéraux supprimés en 1780; les fenêtres de la nef datent de cette époque.

VILLERET. *Ép. moderne.* Église de Saint-Ferréol, XVIe siècle, inachevée; il n'en a été construit que l'abside et le transept. Longueur, 18^m,80, dont 6 mètres pour l'abside et 12^m,80 pour le transept; largeur, abside, 5^m,50, transept, 18^m,50. La nef devait avoir 15^m,40 de large et probablement quatre travées formant une longueur d'au moins 20 mètres, ce qui aurait donné une longueur totale de 40 mètres. Hauteur, 11 mètres; si l'église eût été achevée, les collatéraux auraient environ 5^m,50 de haut. L'abside, à cinq pans, voûtée. Le transept, deux travées et trois nefs d'égale hauteur, entièrement voûté, sauf la seconde travée de la nef centrale. Sur l'autel, un magnifique tabernacle en bois de la seconde moitié du XVIe siècle; on en a supprimé un panneau pour faire une niche; hauteur, 4 mètres. Belle statue peinte. Beaux vitraux. Joli portail du XVIe siècle, orné de deux bustes sculptés en bas-relief: l'un, de femme, serait, dit-on, celui de Gabrielle d'Estrées; l'autre, à droite, celui de Henri IV. Gabrielle d'Estrées, duchesse de Beaufort à partir de l'année 1597, aurait bâti cette église, suivant la tradition.

CANTON DE MÉRY-SUR-SEINE.

(Chef-lieu : Méry.)

ABBAYE-SOUS-PLANCY. *Ép. romaine.* Dans le village même, et à six kilomètres, près de la ferme de la Perte, substructions en silex mêlées de tuiles romaines. — On a découvert, il y a douze ans, dans le village, 1° un cercueil de pierre contenant des ossements et une épée; 2° des ossements sans cercueil; il y a trente ans, au lieu dit les Grèves, un cercueil de pierre.—Voie romaine, traversant le finage du sud au nord ; elle vient de Troyes et de Plancy, et est connue, entre Troyes et Plancy, sous le nom de Voie de Plancy. ‖ *Ép. moderne.* Église de Saint-Martin, xvi° siècle. Plan en forme de croix latine. Longueur, 25^m,50 ; largeur du transept, 15^m,30 ; nef, 5^m,60 ; hauteur des voûtes, 6^m,70. Sur les ogives, les tiercerets et les liernes de la voûte de l'abside, restes de peinture. Transept, une travée ; les quatre piliers centraux remontent en partie du xii° siècle, voûté en pierre. La nef a une voûte en bois récente, sur entraits du xvi° siècle.

BESSY. *Ép. romaine.* Au nord-est du village, lieux dits les Grèves et les Chenevières de l'Étang, substructions et tuiles romaines. Cimetière au lieu dit la Pâture de Bessy. ‖ *Moyen âge.* Église paroissiale de Saint-Michel ; chevet et partie du transept du xii° siècle ; le reste, du xvi°. Si le transept avait deux bras au lieu de n'en avoir qu'un, cette église serait en forme de croix. Longueur, 22 mètres ; largeur au transept, 10 mètres ; hauteur, 5 mètres. Chevet rectangulaire ; le transept et la nef ont chacun deux travées.

BOULAGE. *Moyen âge.* Église paroissiale de Saint-Pierre et de Saint-Paul. Les quatre piliers qui supportent la partie centrale du transept sont du xii° siècle ; le reste, du xvi°. Plan en forme de croix latine ; longueur, 37 mètres ; largeur, transept, 17^m,20 ; nef, 10^m,80 ; hauteur au centre du transept, 8 mètres ; dans la nef, 5^m,60. Transept et nef avec collatéraux ; nef non voûtée. Pierre tumulaire, datée de 1531, bien conservée.

CHAMPFLEURY. *Moyen âge.* Église paroissiale de Saint-Loup, xii° siècle ; remaniée au xiii° et au xvi°. Plan rectangulaire, sauf la saillie du sanctuaire. Longueur, 23 mètres ; largeur, 10 mètres ; hauteur, chœur, 6^m,70 ; nef, 6 mètres ; point de voûtes. Chevet plat, percé de trois fenêtres. Chœur, une travée ; un collatéral au nord. Nef, deux travées, un collatéral au sud ; deux piliers carrés, sans autre chapiteau qu'un filet et un congé ; archivoltes en arc brisé, qu'aucune fenêtre ne surmonte ; le collatéral sans fenêtres ; fenêtres dans le mur nord. Cette église peut être considérée comme le type de la disposition primitive des églises à deux nefs de cette partie du département. ‖ *Ép. inconnue.* A quatre kilomètres au nord-est, lieu dit Bonnevoisine, village détruit.

CHAPELLE-VALLON. *Ép. romaine.* Voie dite de Plancy, venant de Troyes et se dirigeant vers le nord-ouest ; elle traverse le village. — Voie dite de Rhèges, venant de Troyes et se dirigeant vers le nord. ‖ *Moyen âge.* Église paroissiale de Saint-Pierre-ès-Liens. Nef et tour du xii° siècle ; le reste, du xvi°. Plan en forme de croix latine. Longueur, 30^m,70 ; largeur, transept, 18 mètres ; nef, 6^m,40 ; hauteur, abside et transept,

8 mètres ; nef, 6^m,70. Abside à trois pans, ornée de beaux vitraux, voûtée. Transept, trois travées et deux collatéraux ; la partie centrale, qui supporte la tour, n'a que 3^m,80 de large, tandis que les collatéraux ont l'un 5^m,20 et l'autre, 4^m,80 ; les quatre piliers qui supportent la tour construits au xii° siècle, mais remaniés au xvi° ; vitraux du xvi° siècle. Nef sans collatéraux ; trois portes, une sur chaque face, et trois fenêtres, une également sur chaque face ; restes de peintures murales ; les murs paraissent en grande partie construits en silex. Tour centrale haute, y compris la flèche, de 29 mètres, savoir : 1° du pavé aux voûtes, 8 mètres ; 2° épaisseur de la voûte et repous, 0^m,50 ; 3° de la voûte à la flèche, 6^m,50 ; 4° flèche, 14 mètres ; l'étage supérieur est large dans œuvre de 6^m,50, long de 6^m,90, percé de huit fenêtres plein cintre, à meneau octogone dans cinq cas, cylindrique dans trois autres et avec chapiteaux à feuillage. — Au nord-est du village, près de la chapelle Sainte-Geneviève, lieu dit Derrière la Chapelotte, substructions en silex du village de Froide-Parois.

CHARNY-LE-BACHOT. *Ép. romaine.* Voie connue sous le nom de chemin de Troyes, venant de Plancy et se rendant à Plancy ; elle traverse le finage du sud au nord. — On considère aussi comme une voie romaine le chemin dit des Hauts de Charny-le-Bachot, qui va de Rhèges à Étrelles et qui est presque perpendiculaire au premier. ‖ *Ép. moderne.* Église paroissiale de Saint-Étienne ; xvi° siècle. Plan en forme de croix latine. Longueur, 18^m,60 ; largeur, transept, 17^m,65 ; nef (entre les piliers), 5^m,65 ; hauteur, 7^m,50. Abside à cinq pans, voûtée. Transept, deux bras, deux travées, voûté. Nef sans collatéraux, non voûtée. Débris de vitraux.

CHÂTRES. *Ép. romaine.* Voie de Châlons-sur-Marne et de Reims à Sens, traversant le village du nord-ouest au sud-est. — Au lieu dit la Chapelle, cercueil de pierre, tuiles romaines, substructions en silex. ‖ *Moyen âge.* Église paroissiale de Saint-Remy. Nef du xii° siècle ; le reste, du xvi°. Plan en forme de croix latine. Longueur, 31^m,80, dont pour la nef 16 mètres ; largeur de la nef, 7 mètres ; hauteur, 7^m,50. Abside à cinq pans, voûtée en pierre. Transept, une travée voûtée en pierre. La nef est voûtée en bois sur entraits et poinçons apparents.

CHAUCHIGNY. *Moyen âge.* Église paroissiale de la Nativité de la Sainte-Vierge. La portion occidentale est du xii° siècle, sauf le portail ; le reste, du xvi°. Une nef sans transept. Longueur, 33^m,50 ; largeur, 6^m,60 ; hauteur des voûtes, 5^m,50. L'abside est seule voûtée. Clocher central en charpente.

DROUPT-SAINT-BÂLE. *Moyen âge.* Église paroissiale de Saint-Léonard et Saint-Bâle. Nef du xii° siècle ; le reste, du xvi°. Plan en forme de croix latine. Longueur, 32^m,80 ; largeur, transept, 16^m,30 ; nef,

9ᵐ,80 ; hauteur des voûtes, 7ᵐ,10. Abside à trois pans, précédée d'une travée de chœur à une nef et d'une travée de transept à trois nefs. Nef accompagnée d'un collatéral ; piliers rectangulaires. Tour centrale, de forme carrée, sans doute romane.

DROUPT-SAINTE-MARIE. *Ép. romaine*. On qualifie de voie romaine un chemin commençant au lieu dit le Marais et aboutissant à Saint-Just (Marne). || *Moyen âge*. Église paroissiale de la Nativité de la Sainte-Vierge. Nef du xɪɪᵉ siècle ; le reste, du xvɪᵉ. Plan en forme de croix latine. Longueur, 27ᵐ,46 ; largeur de la nef, 12ᵐ,05 ; hauteur, abside et transept, 9 mètres, nef, 5 mètres. L'abside et le transept sont voûtés ; transept, deux travées, deux collatéraux. Nef non voûtée, deux collatéraux ; piliers à colonnettes, avec les chapiteaux ornés de figures humaines ; archivoltes en plein cintre ; les grandes fenêtres murées. Portail du xɪɪᵉ siècle.

ÉTRELLES. *Ép. romaine*. Au lieu dit les Carrés, au sud-est du village, on a trouvé en 1832 un cercueil de pierre d'où l'on a tiré, dit-on, un anneau d'or et une bouteille de verre ; cet anneau appartient à M. Chanoine, conseiller à la Cour impériale de Dijon. Les Carrés sont un quadrilatère long de 600 mètres, large à une extrémité de 200 mètres, à l'autre de 180 mètres, entouré d'un remblai en terre haut de 1ᵐ,50 sans fossés. Ces dimensions nous ont été fournies par M. Boutiot, membre de la société académique de l'Aube ; suivant lui, les Carrés seraient un camp romain. — Voie de Reims et Châlons-sur-Marne à Sens, traversant le village du midi au nord. || *Moyen âge*. Église paroissiale de l'Assomption de la Sainte-Vierge ; xɪɪᵉ siècle, sauf des remaniements postérieurs. Sanctuaire en forme de rectangle, précédé d'une nef rectangulaire plus large. Longueur, 27 mètres ; largeur, sanctuaire, 5ᵐ,85, nef, 8ᵐ,45 ; hauteur du sanctuaire, 8ᵐ50 de la nef, 5 mètres. La voûte du sanctuaire, récente ; la fenêtre orientale et les vitraux sont du xvɪᵉ siècle, mais les quatre fenêtres latérales sont primitives, en plein cintre à l'intérieur, brisées à l'extérieur. Sur les sept fenêtres de la nef, quatre de date récente.

GRANDES-CHAPELLES. *Ép. romaine*. Voie dite de Plancy, traversant le village du sud-est au sud-ouest ; elle vient de Troyes et gagne Plancy. — Autre voie dite de Rhéges, courant aussi du sud-est au sud-ouest et traversant le finage à 1,500 mètres environ du village. C'est un embranchement de la première. || *Moyen âge*. Église paroissiale de Saint-Pierre et de Saint-Paul. Portion occidentale et la plus considérable de la nef, xɪɪᵉ siècle ; le reste, du xvɪᵉ. Plan en forme de croix latine. Longueur, 52 mètres ; largeur, transept, 20 mètres ; partie orientale de la nef, 17ᵐ,20 ; partie occidentale de la nef, 15ᵐ,10 en la supposant complète, 4ᵐ,50 dans l'état actuel. Abside non voûtée ; longueur,

7 mètres ; hauteur, 9 mètres. Transept, longueur, 14ᵐ,20 ; hauteur, 9 mètres ; deux travées. Partie orientale de la nef, deux travées ; longueur, 12 mètres ; hauteur, 6ᵐ,90, voûtée ; la dernière travée supporte la tour. Portion occidentale de la nef, longueur, 18ᵐ,70 ; cinq travées, hauteur, 8 mètres ; les collatéraux démolis en 1819 ; les piliers nord sont cylindriques ; les piliers sud, alternativement cylindriques et octogones ; les arcades qui ouvrent de la nef sur les collatéraux, hautes de 4 mètres, larges de 2ᵐ,50 ; au-dessus, des fenêtres plein cintre. Bénitier du xɪɪɪᵉ siècle : c'est une colonne, dont le chapiteau sert de récipient à l'eau bénite. Carreaux émaillés du xvɪᵉ siècle en grand nombre ; sur l'un, date de 1551 ; sur d'autres, la légende *Vive le Roi*.

LONGUEVILLE. *Ép. romaine*. Au lieu dit le Calvaire, on a trouvé en février 1852 un cercueil de pierre contenant des ossements et un vase de terre, avec un couvercle de forme arrondie ; en octobre 1859, des ossements humains et un cercueil en ciment. || *Moyen âge*. Église paroissiale de Saint-Pierre, xɪɪᵉ siècle, sauf des remaniements plus récents. Plan en forme de croix latine. Longueur, 25 mètres ; largeur, abside, 6ᵐ,80, transept, 17 mètres, nef, 6ᵐ,20 ; hauteur, abside, 6 mètres ; nef, 4 mètres. L'abside seule voûtée, mais la voûte récente. Une partie des fenêtres récemment rélargies ; les primitives en plein cintre à l'intérieur et brisées à l'extérieur.

MÉRY-SUR-SEINE. *Ép. romaine*. Cimetière antique païen, découvert en 1843 dans les travaux du canal de la Haute-Seine au sud de Méry, dans la direction de Droupt-Sainte-Marie : débris de cercueils de bois ; vases de terre, de verre ; fragments de colliers et de bracelets en bronze ; lame d'épée en fer, etc. déposés au musée de Troyes. Au nord de Méry, dans les mêmes travaux et la même année, on a découvert deux vases contenant huit à dix mille monnaies romaines en bronze et un petit nombre en argent ; quatre à cinq mille étaient aux types impériaux, de Caracalla à Aurélien (211-275). Voir un rapport de M. Corrard de Breban, et deux planches dans S. A. 1ʳᵉ série, t. XI, nᵒˢ 87-88, année 1843, p. 128-140. || *Moyen âge*. Église paroissiale de l'Assomption de la Sainte-Vierge, xɪɪᵉ siècle ; remaniée et défigurée depuis, surtout au xvɪᵉ. Trois nefs sans transept. Longueur, 30 mètres ; largeur, 18ᵐ,50 ; hauteur de l'abside et les deux premières travées de la nef, 6 mètres ; dans les deux dernières, 9 mètres. Toutes les baies, à l'exception de deux, ont été refaites au xvɪᵉ siècle. Chapiteaux historiés, retouchés au xvɪᵉ siècle ; alors on y a gravé des légendes en l'honneur de la Vierge : *Ave maris stella; ave Maria; ave regina cœlorum*. — Rue conservant par son nom un souvenir des foires de Champagne : on l'appelle rue de Montpellier. || *Ép. moderne*. Chapelle de l'Hôtel-

Dieu, sous le vocable de l'Annonciation, xvi° siècle. Des travaux récents l'ont entièrement défigurée.

MESGRIGNY. *Ép. moderne.* Petite église construite tout récemment.

PLANCY. *Ép. romaine.* Au lieu dit la Chardonnière, au sud-est du finage, on a trouvé, il y a trente ans, un cercueil de pierre, avec couvercle, contenant un squelette, et à côté de la tête de ce squelette un vase de terre et une pièce de monnaie en bronze. Ce cercueil sert d'abreuvoir dans la ferme de la Caroline. — Le chemin d'intérêt commun n° 7, du Bachot à Plancy, a succédé à une voie romaine qui venait de Troyes, et dont on a enlevé d'énormes pierres qui ont servi à construire un quai et à paver les rues du village. — Autre voie romaine venant de Rhèges et traversant l'Aube et les marais de Plancy; à l'est du village elle a, dans certains endroits, 10 mètres de large. || *Moyen âge.* Au sud-est du village, près de l'endroit où a été découvert un cercueil, emplacement du village de Saturniacus, où habita saint Victor au vii° siècle. Des travaux récents ont mis au jour une quantité considérable de calcaire dur et de silex qui avaient été employés dans les constructions; une foule de débris de toute sorte; un grand nombre d'ossements rangés symétriquement. — Église paroissiale de Saint-Julien. La nef, sauf de nombreux remaniements, et une partie du transept datent du xii° siècle; le reste, du xvi°, ou plus récent. Plan en forme de croix latine. Longueur, 31 mètres; largeur, transept, 16^m,75, nef, 12^m,40; hauteur, 6^m,50. Abside du xvi° siècle, ornée de vitraux. Transept, deux travées, voûté; piliers en partie du xii° siècle. Nef avec collatéraux; une partie des murailles, deux fenêtres et deux arcs-doubleaux du collatéral nord datent du xii° siècle; pignon occidental percé d'une fenêtre du xiii° siècle; le reste de la nef est tellement remanié qu'on pourrait le croire récent.

PREMIERFAIT. *Ép. romaine.* Voie de Rhèges venant de Troyes, courant du sud-est au nord-ouest, traversant le finage de Premierfait à l'ouest du village. — Voie de Plancy venant de Troyes, séparant le finage de Premierfait de celui de Droupt-Saint-Bâle. || *Moyen âge.* Église paroissiale de Saint-Laurent. Nef et une partie du transept du xii° siècle; le reste, du xvi°. Plan en forme de croix latine. Longueur, 23^m,20; largeur, transept, 17^m,80, nef, 6^m,70. Abside à trois pans. Transept, deux travées, voûté; les piliers en partie du xii° siècle, le reste du xvi°; la partie centrale moins large que les collatéraux. Nef sans collatéraux; charpente du xvi° siècle, la seule complétement apparente du département; on n'a pas même plâtré entre les chevrons; hauteur, jusqu'aux entraits, 5 mètres, jusqu'à la sous-faîte, 8 mètres; quatre entraits pour une longueur de 16^m,50; il n'y a pas de poinçon; cinq fenêtres, une au pignon, deux au sud, deux au nord. Peintures murales presque complétement effacées. Chaire en bois du commencement du xvi° siècle. Tour au centre de la seconde travée du transept.

RHÈGES. *Ép. romaine.* Le village est traversé par la voie dite de Rhèges, qui vient de Troyes et qui se dirige vers le nord. — Voie dite de Plancy, séparant le finage de Rhèges de celui de Droupt-Sainte-Marie. — Cercueils de pierre trouvés sur ce finage il y a cinquante ans. || *Ép. moderne.* Église paroissiale de Saint-Antoine et Saint-Sulpice, xvi° siècle. Plan rectangulaire, sauf la saillie du sanctuaire à l'orient et l'élargissement du collatéral sud au transept. Longueur, 20 mètres; largeur, transept, 15^m,85, nef, 14 mètres; hauteur des voûtes, 7 mètres. Chevet plat. Transept, deux travées, deux collatéraux; le collatéral sud, plus large que le collatéral nord et même que la grande nef, servait de chapelle prieurale; joli bas-relief peint, du xvi° siècle, représentant l'Annonciation, la Visitation et l'Assomption. Nef, deux travées voûtées, accompagnée de collatéraux non voûtés.

RILLY-SAINTE-SYRE. *Ép. romaine.* Deux cimetières antiques dans le voisinage desquels on trouve des substructions peut-être romaines. L'un, au centre du village, est probablement celui où fut enterré, au iii° siècle, saint Savinien, premier apôtre du christianisme dans le diocèse de Troyes; on a y a trouvé des cercueils de pierre; c'est là qu'était construite la chapelle de Sainte-Syre, démolie en 1793. — L'autre cimetière, à trois cents mètres au sud du village, lieu dit le Rué; on y a trouvé aussi des cercueils de pierre. || *Moyen âge.* Église paroissiale de Saint-Savinien. Les trois travées occidentales de la grande nef appartiennent au style roman primitif, le reste est du xvi° siècle. Plan en forme de croix latine. Longueur, 35^m,40; largeur, transept, 17^m,60, nef, 15 mètres; hauteur du transept, 7^m,30, de la grande nef, 11 mètres. Abside à trois pans. Transept, trois nefs et deux travées voûtées en pierre. Nef voûtée en berceau et en bois sur trois entraits apparents; quatre travées; deux collatéraux; murs latéraux du xvi° siècle; piliers romans cylindriques en briques, le chapiteau construit en une seule pierre ou rond surmonté d'un filet; archivoltes en plein cintre surmontées de fenêtres aussi en plein cintre, aujourd'hui murées.

SALON. *Ép. romaine.* Voie venant d'Herbisse et connue sous le nom de Chemin de Paris. — Autre voie venant de Troyes et de Rhèges, gagnant Fère-Champenoise. Elles se croisent dans le village même de Salon. — Au sud-ouest du village, lieu dit Jacquemard, cimetière antique d'où l'on a tiré, en 1851, des monnaies romaines, un sabre, un couteau, un vase de grès, etc. || *Moyen âge.* Église paroissiale de Saint-Martin. La nef et la partie centrale en bois sur entraits du xii° siècle; le reste, du xvi°. Plan en forme de croix latine. Longueur, 25^m,80; largeur, transept, 18^m,90, nef, 6 mètres; hauteur, 8^m,60. Abside à cinq pans. Transept, deux travées et deux collatéraux plus récents et plus larges que la partie centrale ; la seconde travée de la partie centrale sert de base à la tour ; chapiteaux des colonnettes engagées, ornés les uns de figures humaines, les autres de volutes et de feuilles à l'imitation du chapiteau corinthien ; le tailloir consiste en une doucine et un filet qui se prolongent au delà du chapiteau de la colonne engagée, sur le pilier lui-même ; voûte d'arête. Nef non voûtée, 5^m,80 de longueur ; mais elle était plus longue autrefois ; collatéral au sud. Débris de vitraux du XVIe siècle. Bas-reliefs de la même époque, représentant la Naissance de Jésus-Christ, la Descente de croix, la Résurrection. Jolie piscine du XVIe siècle dans l'abside. Restes de peintures murales au transept.

SAVIÈRES. *Ép. celtique* (?). Chemin dit de Lette, allant, dit-on, d'Orléans à la forêt d'Ardennes ; il traverse le finage du sud-est au nord-ouest. || *Ép. romaine.* Au nord du village, lieu dit Saint-Gilles, on a trouvé, il y a quinze ans environ, plusieurs cercueils de pierre contenant, dit-on, des armes avec des ossements humains. Il y avait autrefois dans cet endroit une chapelle dédiée à saint Gilles. || *Moyen âge.* Église paroissiale de Saint-Martin, XIIe siècle, remaniée au XVIe. Plan en forme de croix latine. Longueur, 27 mètres ; largeur, transept, 13^m,30, nef, 9^m,40. Sanctuaire rectangulaire voûté en berceau et en pierre ; hauteur, 7^m,70 ; trois fenêtres. Transept, deux travées ; deux collatéraux ; la première travée voûtée en berceau ; dans la partie centrale, le berceau est parallèle à l'axe de l'église ; dans les collatéraux, il est perpendiculaire ; la travée suivante supporte le clocher, elle a été voûtée au XVIe siècle. Nef non voûtée, accompagnée de collatéraux ; quatre travées ; piliers, les uns cylindriques, les autres rectangulaires ; les chapiteaux sont de simples biseaux ; archivoltes en plein cintre, hautes de 5^m,50. Tour centrale, XIIe siècle ; hauteur, 12 mètres, et avec la flèche, 23 mètres.

SAINT-MESMIN. *Ép. romaine.* A l'ouest du village, lieu dit la Chapelle, en 1845 et en 1854, on a trouvé : 1° dix à douze cercueils de pierre, contenant des ossements ; 2° une grande quantité d'ossements qui n'étaient pas renfermés dans des cercueils, entre autres le squelette d'un guerrier qui avait avec lui son cheval, sa lance et son bouclier. || *Moyen âge.* Église paroissiale de Saint-Mesmin, XIIe siècle, sauf l'abside et une partie du transept, qui sont du XVIe siècle. Si elle était achevée, elle serait en forme de croix latine, mais le bras septentrional du transept manque. Longueur, 27 mètres ; largeur, transept, 12^m,60, nef, 6^m,20 ; hauteur de la nef, 5 mètres. Abside à cinq pans. Transept, deux travées, dont la seconde supporte le clocher ; l'arcade qui ouvre de cette travée sur la nef a 1^m,95 de largeur sur 3^m,33 de hauteur, savoir : base des colonnes engagées, 0^m,33 ; fût, 1^m,37 ; chapiteaux, 0^m,53 ; archivolte,

1^m,10. Nef sans collatéraux, ses fenêtres en plein cintre.

SAINT-OULPH. *Ép. romaine.* Voie de Sens à Châlons-sur-Marne, venant de Châtres et se dirigeant sur Étrelles. La route actuelle de Soissons a été établie sur son emplacement. — Dans l'intérieur du village, fondations en pierre dure et débris de tuiles romaines ; ossements humains, notamment squelettes qui avaient encore au bras des bracelets de fer. — Au sud du village, lieu dit de Champigny, on a trouvé, il y a vingt-cinq ans, un cercueil de pierre rempli d'ossements. || *Moyen âge.* Église paroissiale de Saint-Julien, fin du XIIe siècle, remaniée au XVIe. Deux nefs ; transept. Longueur, 31 mètres ; largeur, abside et chœur, 5^m,70, nef, le collatéral compris, 10^m,70 ; hauteur, abside et chœur, 10 mètres, nef, 4^m,20. L'abside et le chœur ont des voûtes qui datent du XVIe siècle. La nef n'a qu'un plafond moderne ; l'arc qui ouvre du chœur sur la nef a 6 mètres de hauteur. Pierre tumulaire de N., chevalier, de *Seint-Ou* (Saint-Oulph), mort en janvier 1272.

VALLANT-SAINT-GEORGES. *Moyen âge.* Église paroissiale de Saint-Julien, XIIe siècle, remaniée en partie voûtée au XVIe. Plan en forme de croix latine. Longueur, 27^m,50 ; largeur, transept, 19^m,40, nef, 6^m,10. Chevet plat, percé de deux fenêtres en arc brisé. Transept accompagné de collatéraux, une travée. Nef autrefois accompagnée d'un collatéral au sud ; on pénétrait dans ce collatéral par des arcades hautes de 3^m,20, aujourd'hui murées, et surmontées de petites fenêtres plein cintre également murées ; le mur nord a été percé de grandes fenêtres au commencement du XIIIe siècle ; hauteur de la nef jusqu'au plafond, 7 mètres, et jusqu'à la sous-faîte, autrefois apparente, 10^m,50.

VIAPRES-LE-GRAND. *Ép. moderne.* Église paroissiale de Saint-Leu, XVIe siècle ; si elle était complète, elle serait en forme de croix latine, mais le bras sud du transept manque. Longueur, 25^m,70 ; largeur, transept, 12^m,30, nef, 5^m,80 ; hauteur des voûtes de l'abside et du transept, 7^m,80, du plafond de la nef, 4^m,70. Vitrail du XVIe siècle. || *Ép. inconnue.* A trois cents mètres au nord du village on trouve des puits et des restes de cave.

VIAPRES-LE-PETIT. *Moyen âge.* Église paroissiale de Saint-Grégoire ; elle vient d'être rebâtie ; mais nous l'avons visitée en 1856, avant sa reconstruction. La seconde travée du transept et la nef étaient du XIIe siècle ; le reste, du XVIe. Cette église, si elle eût été complète, aurait été en forme de croix latine ; mais le bras nord du transept manquait. Longueur, 27^m,25 ; largeur au transept, 10^m,90, dans la nef, 5^m,60 ; hauteur des voûtes de l'abside et du transept, 6^m,30 ; hauteur de la nef jusqu'au plafond, 4^m,70 ; jusqu'au sommet de la voûte en bois masquée par le plafond, 8 mètres. L'abside et la partie centrale du transept voûtées en pierre ;

le collatéral non voûté. L'arcade ouvrant du transept sur la nef était construite en craie alternée avec des assises de briques; trois assises de briques faisant saillie l'une sur l'autre tenaient lieu de chapiteaux; hauteur, 6 mètres; largeur, 2ᵐ,50. Au-dessus du plafond de la nef, voûte en bois, en arc brisé, du xvɪᵉ siècle, soutenue par cinq fermes, dont trois munies de poinçons, les chevrons apparents et les intervalles des chevrons plâtrés. Statue peinte du xvᵉ siècle, représentant saint Serein, revêtu de la cotte de mailles et du gambeson, un manteau sur les épaules, tenant une lance dans la main droite, un écu dans l'autre. Fragment de vitrail du xvɪᵉ siècle, représentant le sacre d'un évêque. Statue de saint Sébastien. Tour romane sur la seconde travée du transept, carrée à la base, octogone au-dessus, surmontée d'une flèche en bois également octogone; longueur d'un côté de la base, hors œuvre, 6ᵐ,30; hauteur, jusqu'au sommet de la flèche, 27 mètres.

CANTON DE RAMERUPT.
(Chef-lieu : Ramerupt.)

AUBIGNY. *Ép. moderne.* Église paroissiale de Saint-Fiacre. La nef a été tout récemment reconstruite en presque totalité; l'abside et le transept paraissent du xvɪᵉ siècle, cependant une partie pourrait bien remonter à une construction primitive du xɪɪᵉ siècle. Plan en forme de croix latine. Longueur, 25 mètres; largeur, sanctuaire, 5 mètres, transept, 13 mètres, nef, 7ᵐ,30; hauteur, abside et transept, 9ᵐ,50, nef, 9 mètres. Sanctuaire rectangulaire, voûté, long de 3ᵐ,50. Le transept est à deux travées, il est voûté : longueur, 8ᵐ,50; l'un des bras à 5ᵐ,70 de saillie, l'autre 0ᵐ,90 seulement. Vitraux du xvɪᵉ siècle. Tour centrale en pierre.

AVANT. *Moyen âge.* Église paroissiale de Saint-Denis. Abside et chœur du xɪɪᵉ siècle, remaniés depuis; le reste, du xvɪᵉ. Plan en forme de croix latine. Longueur, 31ᵐ,50; largeur de la nef, collatéraux compris, 14ᵐ,70. Abside à trois pans. Chœur, une travée sans collatéraux. Transept, une travée, deux collatéraux et deux chapelles. Nef, deux travées et deux collatéraux.

BRILLECOURT. *Ép. romaine.* A cent mètres environ au nord du village, lieu dit l'Ochiot, cimetière antique où l'on a trouvé un grand nombre de vases de terre et, en 1848, un cercueil de pierre avec son couvercle; il contenait des ossements. ‖ *Moyen âge.* Église paroissiale de Saint-Pierre, xɪɪᵉ siècle. Sanctuaire rectangulaire, précédé d'une nef plus large, également rectangulaire. Longueur, 21ᵐ,50; largeur, sanctuaire, 4ᵐ,50, nef, 6ᵐ,70. Point de voûtes. Presque toutes les baies ont été refaites dans ce siècle-ci.

CHAUDREY. *Moyen âge.* Église paroissiale de Saint-Léger. Les piliers nord de la nef datent en partie du xɪɪᵉ siècle; le reste de l'église remonte au xvɪᵉ, sauf la dernière travée de la nef, qui a été reconstruite en 1784. Trois nefs sans transept, suivies d'une abside. Longueur, 21ᵐ,70; largeur totale des trois nefs, 18ᵐ,20; hauteur des voûtes, 7 mètres. Tout est voûté, sauf la dernière travée. Vitraux du xvɪᵉ siècle en mauvais état; l'un, dans le collatéral nord, a cette légende : *Venerable et discrete personne maistre Jehan... de Troyes a donne ceste presente verriere en l'an mil cinq cent et vingt, en l'honneur... saint Augustin. Faites pour luy a Dieu priere.*

COCLOIS. *Ép. romaine.* On considère comme une voie romaine un chemin allant de Troyes à Chavanges suivant les uns, à Vitry suivant les autres, servant de limite entre les finages de Coclois et de Brillecourt, passant au pied de la tombelle d'Aulnay; traces du pont sur lequel il passait l'Aube près de Coclois. — Il y a quarante ou cinquante ans, au nord-ouest du village, dans les fossés de la route départementale de la Belle-Étoile à Lesmont, on a trouvé un cercueil de pierre qui sert d'abreuvoir à Aulnay. ‖ *Ép. moderne.* Église paroissiale de Saint-Maurice, xvɪᵉ siècle. Sanctuaire rectangulaire, suivi d'une nef plus large, également rectangulaire. Longueur, 19ᵐ,70; largeur, 18ᵐ90. Elle est tout entière voûtée. Nef, trois travées et deux collatéraux. Pierre tumulaire couvrant le corps : 1° de Pierre de Marolles, écuyer, mort le 18 juillet 1592; 2° de Marie de Herlus, sa première femme, morte le 5 juin 1563; 3° de Guillemette Bouvot, sa seconde femme, morte le 15 avril 1631. Restes du tombeau de Gabriel des Réaulx, mort en 1634, et de Guillemette de Marolles, sa femme; ce tombeau consistait en un parallélipipède rectangle, haut de 1ᵐ,30 sur une largeur égale et une longueur de 2ᵐ,25, orné d'écussons armoriés et surmonté des statues agenouillées des défunts; ces statues ont disparu. (Un dessin, A. A. 1858.)

DAMPIERRE. *Ép. romaine.* La voie de Langres à Châlons-sur-Marne sépare un instant le finage de Dampierre de celui de Balignicourt. — Autre voie, dite Chemin de Paris, venant de Saint-Léger-sous-Margerie, traversant le village de Dampierre et de là gagnant Lhuître. ‖ *Moyen âge.* Église paroissiale de Saint-Pierre. Sanctuaire et chœur de la fin du xɪɪᵉ siècle; nef du xvɪᵉ. Plan : sanctuaire carré, suivi d'un chœur rectangulaire plus large et d'une nef plus large encore. Longueur, 44 mètres; largeur, sanctuaire, 5ᵐ,70, chœur, 14ᵐ, nef, 15ᵐ,10; hauteur, sanctuaire et chœur, 8ᵐ,50, nef, 11 mètres, collatéraux de la nef, 7 mètres. Tout est voûté. Fenêtres du sanctuaire, plein cintre, surmontées d'un œil de bœuf. Chœur, deux travées, trois nefs; longueur, 11 mètres. Nef, quatre travées; longueur, 27ᵐ,30. Tombeau du xvɪᵉ siècle : longueur, 2ᵐ,40; largeur, 0ᵐ90; hauteur, 0ᵐ,75; statue en ronde bosse de Pierre de Launoy, baron de Dampierre, mort le 8 février 1522, représenté armé, couché, les mains jointes, son casque derrière la tête, les pieds appuyés sur un lion. Tour centrale : hauteur jusqu'à la naissance de la flèche, 23 mètres; de la naissance de la flèche au sommet de la croix, 20 mètres : total, 43 mètres. — Château de la fameuse maison de Dampierre, qui posséda la seigneurie de Bourbon et le comté de Flandre. Donjon démoli de 1804 à 1810; sa base était protégée par une motte haute de 10 mètres au-dessus du sol naturel et de 15 mètres au-dessus des eaux du fossé; maçonnerie haute de 20 mètres au-dessus de la motte, surmontée d'un comble haut de 13^m,33 et d'un épi de fer, haut de 4^m,66, orné d'une couronne et de diverses figures en plomb et d'une bannière en cuivre; hauteur totale, en y comprenant la motte, 48 mètres, et sans y comprendre la motte, 38 mètres; épaisseur des murailles, 4 mètres à la base et 2 mètres au sommet; diamètre, dans œuvre, 13 mètres; les murailles étaient construites en craie, sauf une hauteur d'environ 3^m au-dessus de la motte; comble couvert en ardoises épaisses de 0^m,015. Le château actuel n'a aucun caractère archéologique; mais il subsiste une porte d'entrée de la fin du xvie siècle ou du commencement du xviie, sorte de tour rectangulaire cantonnée de tourelles; hauteur, murailles, 14^m,30, comble, 10 mètres, total 24^m,30; longueur, 20 mètres environ; largeur, 15^m. Sous une des tourelles, cachot circulaire : diamètre, 2^{m}60; hauteur, 1^{m}90; il est au-dessous du niveau des grandes eaux, éclairé par un soupirail; une ouverture percée dans la clef de voûte permettait de communiquer avec le prisonnier sans ouvrir la porte; au-dessus, au rez-de-chaussée, prison circulaire, diamètre, 2^m,30, hauteur, 3^m,60. (Dessins de cette porte dans A. P. 71 et du tombeau dans A. A. 1859.)

DOMMARTIN. *Moyen âge.* On a trouvé, il y a quelque temps, dans le cimetière une pierre tumulaire du xiie siècle, qui sert actuellement de seuil à une porte de maison. Suivant la tradition, l'église était originairement bâtie là où cette pierre a été découverte. || *Ép. moderne.* Église paroissiale de Saint-Martin : la plus grande partie du xvie siècle; la travée occidentale de la nef, du xviie. Plan en forme de croix latine. Longueur, 20 mètres; largeur, abside et nef, 5^m,50, transept, 13^m,80; hauteur, 3^m,90. La partie du xvie siècle construite en bois, la partie du xviie en pierre; rien de voûté. Clocher à l'occident.

DOSNON. *Moyen âge.* Église paroissiale de Saint-Pierre. L'abside est du commencement du xiiie siècle; le reste, du xvie. Plan rectangulaire, sauf la saillie de l'abside, et si ce n'est encore que la dernière travée de la nef n'a qu'un seul bas-côté. Longueur, 22 mètres; largeur, abside, 5^m,10, nef, 16^m,80; hauteur, 6^m,50. L'abside est voûtée; ses fenêtres actuelles sont postérieures à la construction primitive. Nef accompagnée de collatéraux; quatre travées, dont les deux premières sont seules voûtées. Vitraux du xvie siècle. Tour centrale en bois.

GRANVILLE. *Moyen âge.* Église paroissiale de Saint-Martin. Abside du commencement du xiiie siècle; le reste, du xvie. Plan en forme de croix latine. Longueur, 33^m,60; largeur, abside, 5 mètres, transept, 18^m,20, nef, 6 mètres; hauteur, 7^m,50. Abside à cinq pans, voûtée au xvie siècle, avec une fenêtre centrale de même date. Transept, deux travées, et trois nefs voûtées. Nef, trois travées, point de voûte. Beaux vitraux du xvie siècle, l'un daté de 1548. Clocher central en bois.

ISLE-SOUS-RAMERUPT. *Ép. romaine.* On considère, à tort ou à raison, comme une voie romaine le chemin connu sous le nom de Voie d'Herbisse, qui traverse les finages d'Isle et d'Aubigny du sud-est au nord-ouest et sépare le finage de Vinets de celui de Lhuître. || *Moyen âge.* Église paroissiale de Saint-Martin, xiie siècle, sauf les bras du transept. Plan en forme de croix latine. Longueur, 27^m,70; largeur, abside et nef, 6^m,50, transept, 18^m,80; hauteur, abside et transept, 8^m,50, nef, 6^m,50. Abside à cinq pans, voûtée. Transept, une travée, voûté. Nef non voûtée. Fonts baptismaux du xiie siècle. Débris de vitraux du xvie.

LHUÎTRE. *Ép. romaine.* Il y a quatre ans, on a trouvé dans le cimetière, au sud de l'église, un cercueil de pierre. — Certaines personnes considèrent comme une voie romaine le chemin de Paris venant de Dampierre et traversant Lhuitre pour gagner de là Herbisse. || *Moyen âge.* Église paroissiale de Sainte-Tanche. L'abside et la première travée du transept datent du xiiie siècle; la seconde travée du transept, la tour et la partie inférieure de la première travée de la nef du xive, et le reste de la nef du xvie. Plan en forme de croix latine. Longueur, 49^m,80; largeur, abside, 6^m,60, transept, 16^m,60, nef, 15^m,20; hauteur, abside et transept, 8^m,50, nef, maîtresses voûtes, 13 mètres, basses voûtes, 6^m,50. Cette église est tout entière voûtée. Abside à cinq pans; longueur, 6^m,60. Transept, deux travées; longueur, 13^m,80. Nef accompagnée de collatéraux, quatre travées; longueur, 26^m,40. Beaux retables peints, en bois et en pierre, du xvie siècle. Fonts baptismaux du xiie, forme octogone, avec une arcade trilobée sur chaque face et une figure de saint sous chacune de ces arcades. Cette église est couverte en plomb. Au centre de la seconde travée du transept, belle tour carrée surmontée d'une flèche octogone en charpente cantonnée de clochetons triangulaires; ces clochetons sont couverts en plomb; le plomb de la flèche a été remplacé par des ardoises il y a quelques années. Beau portail du xvie siècle. (Voir sur cette église, la plus belle de l'arrondissement, A. P. 69-70.)

LONGSOLS. *Ép. moderne.* Église paroissiale de Saint-Julien et de Saint-Blaise, seconde moitié du xve siècle et commencement du xvie. Plan en forme de croix latine. Longueur, 20 mètres; largeur, transept, 16ᵐ,20, nef, 10ᵐ,50; hauteur de l'abside, du transept et de la grande nef, 6 mètres. Cette église est en bois. Sanctuaire rectangulaire. Nef, trois travées, collatéraux. Débris de vitraux du xvɪᵉ siècle. Dans la sacristie, une croix processionnelle du xvᵉ siècle, en cuivre, et une petite croix en argent servant de reliquaire à un fragment de la vraie croix. Au musée de Troyes, tuile datée de 1472 et provenant de l'église de Longsols.

MESNIL-LA-COMTESSE. *Moyen âge.* Église paroissiale de Saint-Laurent. Fin du xɪɪᵉ siècle, remaniée au xvɪᵉ. Une seule nef, sans transept; une chapelle du xvɪᵉ siècle au nord, faisant hache sur le chœur. Longueur, 27ᵐ,20; largeur, abside, 5ᵐ,15, chœur, chapelle comprise, 10ᵐ,40, nef, 5ᵐ,30; hauteur, abside et chœur, 8 mètres, chapelle, 7ᵐ,50, nef, 6 mètres. Tout est voûté, sauf la nef. Abside à cinq pans. Chœur, deux travées, voûtes du xvɪᵉ siècle. Débris de vitraux du xvɪᵉ siècle. Banc en bois et retable de la même date.

MESNIL-LETTRE. *Moyen âge.* Dans l'église un Christ en croix du xɪɪᵉ siècle, en bronze; une croix processionnelle en argent du xɪvᵉ siècle, et une statue de saint Pierre assis sur un fauteuil analogue à celui qui est si connu sous le nom du roi Dagobert, et portant la mitre à deux couronnes; cette statue est de pierre, xɪvᵉ siècle. || *Ép. moderne.* Église de Saint-Pierre-ès-Liens, xvɪᵉ siècle. Plan en forme de croix latine. Longueur, 25ᵐ,70; largeur, abside, 6ᵐ,60, transept, 19ᵐ,20, nef, 14ᵐ,20; hauteur, 6ᵐ,50. Elle est tout entière voûtée. Le transept et la nef ont chacun deux travées et deux collatéraux. Le transept et la nef sont séparés par une clôture en bois sculpté du xvɪᵉ siècle, longue de 5ᵐ,90, haute de 2ᵐ,80, et dont les portes manquent (P. A.).

MOREMBERT. *Ép. romaine* (?). Lieu dit le Village, près du gué de Meldençon, dans l'enclos du sieur Joseph Félix, cimetière antique, ossements sans cercueils, poignards. || *Ép. moderne.* Église Saint-Jean, xvɪᵉ siècle. Plan rectangulaire. Longueur, 12 mètres; largeur, 6ᵐ,10; hauteur, 4ᵐ,50. Construite en bois. Remarquables fonts baptismaux de la renaissance.

NOGENT-SUR-AUBE. *Moyen âge.* Église paroissiale de Saint-Maurice. L'abside est du xɪɪɪᵉ siècle, le reste ne remonte qu'au xvɪᵉ. Plan rectangulaire, sauf la saillie de l'abside. Longueur, 30 mètres; largeur, abside, 6 mètres, nef, 17ᵐ,30; hauteur, 9 mètres. Tout est voûté. Abside à cinq pans; longueur, 5 mètres. Nef accompagnée de collatéraux de même hauteur, quatre travées, longueur, 25 mètres; les piliers qui ne supportent pas le clocher n'ont que 1ᵐ,40 de diamètre. Vitraux du xvɪᵉ siècle. Cette église est, avec raison, fort admirée dans le pays. Inscription en vers français de 1538 dans le mur du collatéral sud, quatrième travée. Tour centrale en bois.

ORTILLON. *Ép. moderne.* Église Sainte-Madeleine, reconstruite il y a vingt ans environ, petite, non voûtée, sans aucune valeur quelconque.

POIVRE. *Moyen âge.* Église paroissiale de Saint-Antoine, xɪɪᵉ siècle, sauf la plus grande partie du transept et la voûte de l'abside, qui datent du xvɪᵉ siècle. Plan en forme de croix latine. Longueur, 30ᵐ,70; largeur, abside, 6 mètres, transept, 21ᵐ,10, nef, 12ᵐ,20; hauteur des voûtes de l'abside et du transept, 8 mètres, des entraits de la nef, 7 mètres. Transept, deux travées, longueur, 9ᵐ,20; collatéraux beaucoup plus larges que la partie centrale. Nef, deux collatéraux, quatre travées; longueur, 15ᵐ,50; point de voûte; piliers rectangulaires, larges de 0ᵐ,80, longs de 0ᵐ,85 à 0ᵐ,90, non compris deux colonnes engagées destinées à supporter les archivoltes des arcades qui ouvrent de la grande nef sur les collatéraux; ces colonnes engagées ont des chapiteaux complets, tandis que pour les piliers le chapiteau est réduit à un simple tailloir; la hauteur des colonnes engagées est de 1ᵐ,80; intervalle entre les piliers, mesuré entre les fûts, 2ᵐ,40; hauteur des arcades, 3ᵐ,10. Vitraux du xvɪᵉ siècle. Tour romane carrée. || *Ép. moderne.* Chapelle de Sainte-Agathe, autrefois église paroissiale du village de Sainte-Suzanne, xvɪᵉ siècle. Une nef; le transept n'a qu'un bras, celui du nord. Longueur, 14 mètres; largeur, au transept, 9ᵐ,60, dont 5 mètres pour le bras nord. Abside à trois pans, voûtée. Transept, une travée, voûtée. Nef non voûtée. Suivant Courtalon, cette église n'est pas l'église paroissiale primitive de Sainte-Suzanne; elle n'aurait été originairement que la chapelle du château.

POUGY. *Ép. romaine* (?). La voie qui passe près de la tombelle d'Aulnay se retrouve sur le finage de Pougy, qu'elle traverse du nord au sud, à l'ouest du village. || *Moyen âge.* Église paroissiale de Saint-Nicolas. Abside et nef du xɪɪᵉ siècle, transept du xɪɪɪᵉ, du xɪvᵉ et du xvɪᵉ. Plan en forme de croix latine. Longueur, 32 mètres; largeur, transept, 19 mètres, nef, 6 mètres; hauteur, voûte principale du transept, 7 mètres, nef, 10 mètres. Abside longue de 4ᵐ,20, non voûtée, servant de sacristie. Transept, trois travées, longueur, 15 mètres; partie centrale entièrement voûtée; collatéraux en partie voûtés. Nef, longueur, 12ᵐ,30; charpente apparente, seulement on a plâtré entre les chevrons; cette nef est d'un bel effet. Peintures sur bois du xvɪᵉ siècle, représentant divers sujets de la vie de saint Nicolas. — Motte et fossés du château, dont le possesseur était au xɪɪᵉ siècle connétable de Champagne.

RAMERUPT. *Ép. romaine.* A l'ouest de Ramerupt, lieu dit Dalibonne, on a trouvé en 1821 quatre cercueils de pierre. — Lieu dit les Routières, vaste cimetière antique, poignards, fragments de sabre, pièce de monnaie, vases de terre, etc. Point de cercueils de pierre.— La tradition qualifie de Chemin des Romains une rue au nord du village, allant de Romaines à Isle, et dite chemin des Chevées; elle se prolonge sur le finage d'Isle, où elle prend le nom de voie d'Herbisse. ‖ *Moyen âge.* Ramerupt est encore entouré de fossés qui remontent au moins en partie au XIII⁰ siècle, et ou fameux Érard de Brienne, baron de Ramerupt, qui prétendit au comté de Champagne. — Emplacement de l'église prieurale de Ramerupt, qui avait 18ᵐ,70 de long sur 9 mètres de large; fin du XI⁰ siècle. — Au lieu dit la Garenne, à deux cent cinquante mètres à l'ouest de Ramerupt, fondations de la chapelle de la Maladrerie. — Emplacement de l'abbaye de la Piété, ordre de Cîteaux, fondée au XII⁰ siècle. ‖ *Ép. moderne.* Église paroissiale de Saint-Martin, reconstruite dans ce siècle. Beau retable, peint sur bois, du XVI⁰ siècle. ‖ *Ép. incertaine.* Souterrains qui sont probablement d'anciennes caves creusées à une époque où le sol était beaucoup moins élevé qu'aujourd'hui. L'un, dont la voûte se trouve au-dessous du sol des caves actuelles, se divise en trois parties : la première, sans doute la plus récente, est voûtée en plein cintre, la suivante en arc brisé, et la troisième encore eu plein cintre. Les murs et les voûtes sont construits en moellons de craie taillés. Les maçons, suivant un usage encore observé à Ramerupt, ont indiqué sur chaque pierre sa hauteur en chiffres romains. L'unité employée dans chacune des trois parties est différente; elle vaut : 1ʳᵉ partie, 0ᵐ,033; seconde partie, 0ᵐ,030; et troisième partie, 0ᵐ,017, c'est-à-dire moins que le pouce romain, qui valait 0ᵐ,025. L'unité dont se servent aujourd'hui les maçons de Ramerupt est le pouce vulgaire, qui vaut 0ᵐ,027. C'est M. Charles Delaunay, membre de l'Académie des sciences, qui a attiré notre attention sur ces faits.

ROMAINES. *Ép. romaine.* Au sud du village, lieu dit les Cercueils, un vaste cimetière antique. Découverte en 1780 d'un cercueil de pierre; en 1805, de trois avec couvercles, deux d'entre eux contenant des poignards et des vases de terre; en 1817, d'un cercueil de pierre; en 1846, de vases de terre de couleur brune et de fragments de vases de terre grise. ‖ *Ép. moderne.* Église de Saint-Félix, XVI⁰ siècle; mais une partie a été rebâtie récemment. Abside à trois pans et une nef. Longueur, 18 mètres; largeur, 5ᵐ,90. Rien de voûté. Portail occidental du XVI⁰ siècle assez joli.

SAINT-NABORD. *Ép. celtique.* A l'extrémité du village, à l'est, tombelle surmontée d'une croix et sous laquelle on a trouvé des ossements. ‖ *Moyen âge.* Le village paraît avoir été situé autrefois au nord de son emplacement actuel, près de l'Aube, dans un endroit, aujourd'hui boisé, où l'on trouve fréquemment des fondations de maisons et où a subsisté jusqu'à cette année la chapelle de Saint-Julien. Les inondations annuelles de l'Aube couvrent aujourd'hui ce terrain. ‖ *Ép. moderne.* Église paroissiale de Saint-Nabord, construite dans ce siècle, sauf un tronçon de la nef, qui remonte au XVI⁰.

TROUAN-LE-GRAND. *Moyen âge.* Au nord du village, au lieu dit le Targe, fondations et débris divers de bâtiments; là était un village qui existait à l'époque carlovingienne, ainsi que le prouve une charte du cartulaire de Montiérender, publiée dans notre *Histoire des ducs et comtes de Champagne*, t. I, p. 434. On montre encore la place de l'église et du cimetière. — Église paroissiale de Saint-Georges. Fin du XII⁰ siècle, sauf les bras du transept, qui datent du XVI⁰. Plan en forme de croix latine. Longueur, 32 mètres; largeur, abside, 6 mètres, transept, 18 mètres, nef, 13ᵐ,60; hauteur des maîtresses voûtes, 11ᵐ,50 : la dernière travée de la nef conserve seule cette hauteur; ailleurs les voûtes et le tympan des fenêtres de la claire-voie se sont écroulés, à la suite d'un incendie, au XVII⁰ siècle, et la voûte a été remplacée par un plafond à 8ᵐ,50 de haut. Abside à cinq pans; longueur, 4 mètres. Transept, trois nefs, deux travées; longueur, 11 mètres. Nef, cinq travées; longueur, 17ᵐ,20; *triforium* obscur; six gros piliers alternant avec quatre colonnes. Beau portail roman. Cette église est d'un grand effet, qui serait encore plus puissant si elle était complète. (A. P. 77-78.)

TROUAN-LE-PETIT. *Moyen âge.* Église paroissiale de Saint-Pierre. Nef du XII⁰ siècle; abside et transept du XVI⁰. Plan en forme de croix latine. Longueur, 26 mètres; largeur, abside, 6 mètres, transept, 14 mètres, nef, 8ᵐ,45; hauteur, 7 mètres. Abside à cinq pans, voûtée, ornée de beaux vitraux. Transept, une travée voûtée. Nef accompagnée d'un collatéral au sud; longueur, 14 mètres; quatre travées. La nef, non voûtée; au-dessus du plafond, charpente autrefois apparente, avec les intervalles des chevrons plâtrés, hauteur, 10 mètres; les piliers, à partir de 0ᵐ,50 au-dessus du sol, ont leurs angles abattus, hauteur, 2ᵐ,45; les arcades ont 3ᵐ,60 de haut sur 2ᵐ,30 de large.

VAUGOGNE. *Ép. romaine.* A cinq cents mètres à l'est du village, lieu dit le Cercueil, cercueils de pierre dont quelques-uns, dit-on, contenaient des armes et des pièces de monnaie. — A cinq cents mètres au sud-ouest du village, lieu dit la Perrière, un cercueil de pierre, trouvé en 1859. ‖ *Ép. moderne.* Église paroissiale de Saint-Antoine et de Saint-Sulpice, XVI⁰ siècle. Plan en forme de croix latine. Longueur, 27 mètres; largeur, transept, 13ᵐ,70, nef, 7 mètres; hauteur des voûtes, 6ᵐ,50. L'abside et la première travée du transept sont seules voûtées. Transept, deux collatéraux et trois travées. La nef n'a ni collatéraux ni voûtes. Vitraux du XVI⁰ siècle; l'un d'eux, avec une légende en vers français, qui nous apprend que la donation en a été faite en 1520. Clocher central en bois.

VAUPOISSON. *Ép. romaine.* Au sud du village, au lieu connu aujourd'hui sous le nom de Côte d'Apollon, on a trouvé en 1822 une statue d'Apollon, en bronze, haute de 1ᵐ,10, aujourd'hui conservée au musée de Troyes. Substractions qui appartiennent probablement au temple dont cette statue était la divinité. (M. Corrard de Bréban, dans S. A. 2ᵉ série, t. II, p. 11-14; et P. A.) || *Moyen âge.* Église paroissiale de Sainte-Tanche. Les murailles de la nef et deux baies datent du xiiᵉ siècle; le transept et l'abside, du xviᵉ ou de la fin du xvᵉ. Plan en forme de croix latine. Longueur, 22 mètres; largeur, abside, 5 mètres; transept, 17ᵐ,40, nef, 9ᵐ,90; hauteur, abside et transept, 6 mètres, nef, 4ᵐ,50. Abside à cinq pans, voûtée, percée de trois fenêtres du xviiiᵉ siècle. Transept voûté, deux travées et deux collatéraux. Nef sans voûtes ni collatéraux. Clocher central en bois.

VERRICOURT. *Ép. romaine.* Au nord-ouest du village, au lieu dit le Vivasseaux, on a trouvé deux cercueils de pierre; l'un, il y a vingt ans, l'autre, il y a douze ans. || *Ép. moderne.* Église de Saint-Nicolas, xviᵉ siècle. Abside à trois pans; nef sans collatéraux; trois chapelles. Longueur, 18 mètres; largeur de la nef et de l'abside, 7ᵐ,80; hauteur, 5ᵐ,30. La voûte de l'abside s'est écroulée. Nef, trois travées, dont les premières seulement voûtées.

VINETS. *Ép. romaine.* A environ cinq cents mètres à l'ouest du village, au lieu dit les Vignes-des-Grèves, cimetière antique où l'on a trouvé, depuis huit ou dix ans, beaucoup d'ossements humains et, il y a quarante ans, un cercueil de pierre. — Nous ne savons à quelle époque on pourrait rapporter un autre cimetière situé au lieu dit les Grèves, à deux kilomètres à l'ouest du village et à un demi-kilomètre de l'Aube. || *Ép. moderne.* Église paroissiale de Saint-Menge; xviᵉ siècle. Elle serait en forme de croix latine si le bras sud du transept ne faisait pas défaut. Longueur, 26ᵐ,20; largeur de l'abside, 6ᵐ,40 ; du transept, 12ᵐ,50, et s'il était complet, 18ᵐ,60 ; de la nef, 7 mètres; hauteur des voûtes, 8ᵐ,50. Abside à cinq pans. Transept, une travée. Nef, deux travées, sans bas-côtés.

ARRONDISSEMENT DE BAR-SUR-AUBE.

CANTON DE BAR-SUR-AUBE.

(Chef-lieu : Bar.)

AILLEVILLE. *Ép. romaine.* Voie de Langres à Châlons-sur-Marne, passant au nord-est du village. Un tronçon est apparent à un kilomètre environ au nord du village, lieu dit la Plante-aux-Moines. La chaussée est construite en pierres cassées, mêlées de chaux. Largeur de l'empierrement, 4 mètres; épaisseur, 1 mètre. — Un cimetière antique. Plusieurs cercueils de pierre y ont été levés. Chacun contenait, dit-on, un vase de terre et une arme offensive, poignard, sabre ou épée. || *Moyen âge.* Église paroissiale de Saint-Martin, xiiᵉ siècle, sauf les remaniements de baies. Plan en forme de rectangle. Longueur, 25ᵐ,50 ; largeur, 6ᵐ,40 ; hauteur, 4ᵐ,30. Elle n'est pas voûtée. Mur droit à l'orient. La fenêtre ouverte dans ce mur et la porte occidentale sont romanes; les autres baies modernes. — Emplacement de l'abbaye du Val-des-Vignes, ordre de Cîteaux, fondée au xiiiᵉ siècle.

ARCONVILLE. *Ép. romaine.* Au lieu dit les Fourches, à l'ouest du village, cimetière antique; des cercueils de pierre, contenant, dit-on, des armes ont été trouvés. Une cabane a été construite sur le lieu même avec les débris de ces cercueils, qui présentent des fragments arrondis. || *Ép. moderne.* Église paroissiale de Saint-Martin, xviiiᵉ siècle.

ARRENTIÈRES. *Moyen âge.* Doubles fossés et tours du château, xivᵉ siècle (?). || *Ép. moderne.* Église paroissiale de Saint-Jacques.

ARSONVAL. *Ép. romaine.* Voie de Langres à Châlons-sur-Marne, au nord-est du village; certaines parties qui ont été détruites il y a quelques années se composaient, dit-on, d'un lit de béton et d'un pavé de pierre dressé sur champ au-dessus de ce lit. — Dans la vallée de l'Arlette, cimetière antique. || *Moyen âge.* Église paroissiale de Saint-Martin, xiiᵉ siècle; une nef accompagnée, au nord, d'une chapelle latérale du xviᵉ. Longueur, 28ᵐ,10 ; largeur, abside et chœur, 5ᵐ,80, nef, 7ᵐ,40 ; hauteur, abside et chœur, 7 mètres, nef, 8 mètres. Abside à cinq pans, voûtée sur ogives. Chœur voûté sur ogives. Nef voûtée en bois sur entraits du xviiiᵉ siècle. Les baies sont récentes. Peintures sur bois. Tour romane au-dessus du chœur.

BAROVILLE. *Ép. romaine.* Au nord-ouest du village, au lieu dit Rochefort, cimetière antique, où l'on a trouvé des cercueils de pierre contenant des armes et des poteries. || *Moyen âge.* Église paroissiale de Saint-

Étienne. En la rebâtissant, au xviii° siècle, on a conservé l'abside de l'édifice précédent; fin du xii° siècle; cinq pans; fenêtres plein cintre; voûte sur ogives; largeur, 5^m,30; longueur, 6 mètres; hauteur, 7 mètres.

BAR-SUR-AUBE. *Ép. celtique.* On peut considérer comme un oppidum le promontoire qui se détache de la colline, au sud de Bar, sur la rive gauche de l'Aube, colline dont l'altitude maximum est de 349 mètres et qui dépasse de 181 mètres celle du fond de la vallée où est bâtie la ville (168 mètres). La largeur approximative du promontoire est de 300 mètres à la base; elle va se rétrécissant du sud au nord. La surface présente un plan incliné du sud au nord. Des travaux de main d'homme, remparts de terre et fossés, la divisent en deux parties : l'oppidum proprement dit, d'une contenance de 10 hectares; la citadelle, d'une contenance de 4 hect. 96 ares. L'ensemble de la fortification est nommé le Camp de Sainte-Germaine. On y a trouvé dernièrement un objet en bronze en forme de cône, haut de 0^m,03, ayant de circonférence à la base 0^m,08; sur cette base est gravée en creux une licorne foulant aux pieds un dragon. C'est sans doute un coin gaulois; il fait partie du cabinet de M. Marcilly, juge suppléant à Bar-sur-Aube. ǁ *Ép. romaine.* Au lieu dit le Cellier, situé au pied de la côte de Sainte-Germaine, sur la rive gauche de l'Aube, les débris d'une construction romaine importante ont été fouillés et enlevés il y a vingt ou trente ans. Un fragment en subsiste à Proverville, devant la maison de feu Jean-Baptiste Bourgouin, qui appartient aujourd'hui au sieur Defresne. C'est un tronçon d'un fût de colonne; il est placé debout pour servir de banc; sa hauteur, hors de terre, est de 0^m,50; son diamètre, de 0^m,49; il est orné de quatre étages de feuilles, qui se recouvrent mutuellement. Dans le val de Thors, au nord de Bar-sur-Aube, sur la rive droite de l'Aube, on a découvert dernièrement des substructions romaines considérables, qui se développent sur une longueur d'environ 600 mètres. On y a recueilli de nombreux débris, entre autres des fragments de poterie en terre sigillaire et deux statuettes en bronze, dont l'une, haute de 0^m,06, a été reconnue pour être une Vénus; l'autre, haute de 0^m,16, est gravement mutilée; elles appartiennent à M. Parison, juge à Bar-sur-Aube (S. A. 2° série, t. VI, p. 92-94). Dans les fortifications de la côte de Sainte-Germaine on a, dit-on, découvert, il y a trente ans, une pierre, haute de 1 mètre environ, large de 0^m,60, sur laquelle se trouvait un bas-relief représentant deux quadrupèdes précédés par un homme vêtu de la tunique : ce monument n'existe plus; le dessin original appartient à M. Auguste Lebrun, officier retraité à Épagne (Aube). Une reproduction, plus ou moins exacte, se trouve dans l'Histoire de Bar-sur-Aube, de M. Chevalier. L'authenticité de cette découverte est fort contestable.

On a trouvé plusieurs fois à Bar-sur-Aube, et à diverses époques, des sculptures antiques, notamment, dit-on, au Camp de Sainte-Germaine, entre la chapelle et les fortifications; c'est là ou près de là que, suivant la tradition, auraient été découverts autrefois les restes d'un tombeau romain, lithographiés aussi dans l'Histoire de Bar-sur-Aube, de M. Chevalier, d'après un ancien dessin. — Voie romaine de Châlons-sur-Marne à Langres, avec embranchement dans la direction de Chaumont. Une partie encore pratiquée sur la rive droite de l'Aube, au nord-est de Bar, est connue sous le nom de chemin de Cousselange. ǁ *Moyen âge.* Château des comtes de Bar-sur-Aube, dont la dynastie s'éteignit, à la fin du xi° siècle, en la personne de saint Simon de Valois. Il était situé au lieu dit le Châtelet, sur le haut de la pente nord de la côte de Sainte-Germaine. Un dessin des ruines qui subsistaient au xviii° siècle a été publié dans l'Histoire de Bar-sur-Aube, de M. Chevalier. Ces ruines ont disparu : il n'existe plus que la motte, haute de 10 mètres, sur laquelle s'élevait le donjon. — Église paroissiale, autrefois collégiale, de Saint-Maclou, seconde moitié du xii° siècle, sauf les absides, qui sont du xiv°, et le portail, du xvi°. Plan rectangulaire, avec saillie de trois absides à l'orient. Longueur, 41 mètres, largeur, 19^m,90; hauteur dans la grande nef, 16 mètres, dans les collatéraux, 7 mètres. Édifice entièrement voûté. Abside principale à cinq pans, xiv° siècle. Chœur accompagné de chapelles. Transept. Nef avec collatéraux et *triforium* muré. Pilastres cannelés, qui semblent imiter ceux de la cathédrale de Langres. La sacristie est, dit-on, la chapelle des comtes de Champagne, xii° siècle; caractère plus ancien que l'église; point de clefs rondes; ogives chanfreinées; hauteur, 4^m,70; longueur, 10^m,60; largeur primitive égale. Pierres tumulaires du xv° et du xvi° siècle; deux sont en marbre noir. Clocher central en bois. Sur le flanc nord de l'édifice, une tour carrée en pierre, xiii° siècle, percée d'une porte qui était, dit-on, celle du château des comtes de Champagne. (V. A. 201-203 et A. P. 81.) — Église paroissiale, autrefois prieurale de Saint-Pierre, xii° siècle, sauf les voûtes actuelles de l'abside et du chœur, récemment reconstruites, et les chapelles de la nef, qui sont une addition du xvi°. Plan en forme de croix latine. Longueur, 60 mètres; largeur, chœur et transept, 28 mètres, nef, 19^m,60; hauteur de la grande nef, 14 mètres. Chevet à sept pans, supporté par des colonnes qui ont 0^m,80 de diamètre, entouré d'une galerie voûtée sur ogive, comme le reste de l'église, tandis que les chapelles absidales sont voûtées en berceau. Une travée de chœur, accompagnée de collatéraux et de chapelles. Transept, une travée. Nef, six travées, un *triforium*, qui a été muré, et une claire-voie dessinée dans de bonnes proportions. Fragments de pierres tumulaires. Tour massive accolée au flanc sud de l'église; sur le même flanc, des galeries en bois du xvi° siècle. (V. A. 101, A. P. 79.) — Chapelle Saint-Jean, provenant des chevaliers de ce nom, xii°-xiii° siècle. Plan rectangulaire, deux travées voûtées; longueur, 7ᵐ,70; hauteur, 7ᵐ,45; elle ne sert plus au culte. (V. A. 203-204.) — Hôpital Saint-Nicolas. Ancienne salle du xii° siècle, servant de magasin; longueur, 8ᵐ,80; largeur, 3ᵐ,80; voûte en berceau. La chapelle, fin du xii° siècle, n'est que le sanctuaire et le chœur de l'ancienne église; deux travées, la première, large de 4ᵐ,80, la seconde, de 6ᵐ,30; longueur totale, 10ᵐ,60; mur droit à l'orient. — De la maison dite le Petit-Clairvaux, qui appartenait à l'abbaye de Clairvaux, rue de l'Épicerie, subsiste une magnifique cave de la fin du xii° siècle: deux nefs à trois travées, voûtées sur ogives. Le reste de la maison a été reconstruit récemment. La vue d'une ancienne fenêtre de cette maison a été publiée dans V. A. (Voir le texte de cet ouvrage, p. 204.) — Chapelle expiatoire du Pont-d'Aube, élevée sur ce pont en mémoire de la mort du bâtard de Bourbon, jeté dans l'Aube à cet endroit par ordre du roi Charles VII, en 1440. Elle peut dater de cette époque. Son plan est carré. Longueur et largeur, hors œuvre, 2ᵐ,15; hauteur, jusqu'à la corniche sur laquelle s'appuie le toit, 2ᵐ,15. (Une vue a été publiée dans V. A. p. 204.) — Nous ne saurions quelle date assigner à l'éminence en terre, dite le Cavalier, qui est située dans le jardin du général Vouillemont. Elle existait au xiii° siècle et était désignée sous le nom de Motte. (Voir notre *Histoire de Bar-sur-Aube*, p. 113, 114, 127, 128.) Les remparts, bien des fois remaniés et presque entièrement détruits, et les fossés, réduits à l'état de simple ruisseau, remontent au xiii° siècle. ‖ *Ép. moderne.* Hôpital du Saint-Esprit. Il en subsiste dans une maison particulière, rue du Faubourg-Notre-Dame, un pan de mur percé d'une grande fenêtre de la fin du xv° siècle. Cet hôpital existait dès le xiii°. — Chapelle de Sainte-Germaine. C'est la plus ancienne église de Bar-sur-Aube; mais l'édifice actuel est de construction récente.

BAYEL. *Ép. romaine.* Restes importants de la voie romaine de Langres à Châlons-sur-Marne, au sud-ouest du village. ‖ *Moyen âge.* Église paroissiale de Saint-Martin; l'abside et le chœur remontent au xii° siècle. Longueur, 11ᵐ,80; largeur, 4ᵐ,80; hauteur, 5ᵐ,20; voûte d'ogives; abside à cinq pans. La nef date du xviii° siècle. Plusieurs statues peintes plus anciennes, dont une partie peut remonter au xiv° siècle, entre autres une Vierge mère, publiée dans P. A., une Notre-Dame de Pitié. — Au lieu dit Betroi, restes du prieuré de ce nom, xii°-xiii° siècle. Quelques baies de ces dates sont conservées dans des bâtiments d'habitation moderne. Cellier du xiii° siècle, formant deux nefs, chacune de deux travées; longueur, 8 mètres; largeur, 7ᵐ,40; hauteur, 4ᵐ,15. Piscine du xiv° siècle,

seule partie conservée de l'ancienne chapelle. Pièce, voûtée en berceau, servant, dit-on, autrefois de sacristie : hauteur, 4 mètres; longueur, 5ᵐ,60; largeur, 4ᵐ,90. Seconde pièce également voûtée en berceau et attenant à la première : hauteur, 4 mètres; longueur, 8 mètres; largeur, 1ᵐ,75; une portion longue de 2 mètres servait, dit-on, de prison.

BERGÈRES. *Moyen âge.* Cimetière antique au lieu dit la Voie-d'Urville. On y a trouvé, il y a cinquante ans environ, des corps morts dont l'un avait une épée. — Église paroissiale de Saint-Étienne, xii° siècle, avec une abside en cul-de-four. Une vue de ce monument a été publiée dans V. A. Il n'existe plus : un édifice tout récent l'a remplacé.

CHAMPIGNOL. *Ép. romaine.* Des cercueils de pierre ont été levés autrefois à l'est de la chapelle de Mondeville, près du bois dit Tombois. ‖ *Moyen âge.* Chapelle, autrefois église paroissiale, de Mondeville, sous le vocable de l'Annonciation, xii° siècle. Plan en forme de rectangle. Longueur, 24 mètres; largeur, 6ᵐ,20; hauteur des voûtes, 8 mètres. Chevet plat. Quatre travées; les deux vers l'est non voûtées, mais construites pour l'être, les deux autres voûtées; les colonnes engagées qui supportent les voûtes sont cylindriques et les ogives au nombre de trois par travée; tous les chapiteaux sont ornés de feuillages. Carreaux émaillés. Clocher de bois élevé sur la travée occidentale. Le village de Mondeville, autrefois paroisse, n'existe plus. ‖ *Ép. moderne.* Église paroissiale de Saint-Laurent, xviii° siècle.

COLOMBÉ-LE-SEC. *Ép. romaine.* Voie allant, dit-on, de Bar-sur-Aube à Vignory. — Cimetière antique entre Colombé-le-Sec et Colombé-la-Fosse; on y a trouvé, dit-on, des cercueils de pierre et des armes. ‖ *Moyen âge.* Église paroissiale de Saint-Martin, xii° siècle, considérablement remaniée au xvi° siècle et depuis. Plan en forme de croix latine. Longueur, 24ᵐ,60; largeur, chœur, 4ᵐ,90, transept, 17ᵐ,30, nef, 7ᵐ,10; hauteur, 6 mètres. Le chœur, terminé à l'orient par un mur droit, est voûté; deux travées de transept également voûtées; la nef, sans voûte. Il ne reste de roman que deux fenêtres de l'abside, la tour centrale et le grand portail : archivolte ornée de chevrons; dans le tympan, croix grecque accotée d'un *agnus Dei* à gauche et d'un chieu à droite; colonnettes avec chapiteaux à feuillages pour pieds-droits. — A la ferme du Cellier, ancien cellier de Clairvaux, xii° siècle; plan rectangulaire, trois nefs et six travées; longueur, 33ᵐ,60; largeur, 19ᵐ,70; hauteur, 4ᵐ,40; piliers octogones. Une partie notable des bâtiments de la ferme est aussi du xii° siècle. Chapelle du xvi° siècle; plan rectangulaire; longueur, 9 mètres; largeur, 5ᵐ,70; hauteur, 7 mètres; sauf le mur du levant, tout est en bois; nombreux carreaux émaillés; magnifique triptyque peint sur bois, xvi° siècle, long de 1ᵐ,60, haut de 1ᵐ,45 : à l'extérieur, la légende du lait de la Vierge et de saint Bernard; à l'intérieur, le triomphe de la Vierge.

GOUVIGNON. *Moyen âge.* Église paroissiale de Saint-Martin, reconstruite au siècle dernier, en conservant le sanctuaire et une travée de chœur du xii° siècle; longueur, 11^m,50; largeur, 6^m,80; hauteur, 8 mètres; le tout voûté; chevet plat, dont les fenêtres ont été refaites. Dans la sacristie, qui est une ancienne chapelle du xv° siècle, une pierre tumulaire, sans effigie, avec l'épitaphe de Jean Billiard, mort le 28 janvier 1475, d'Isabeau, sa femme, morte en 1480, et de Jean Billiard, leur fils.

ENGENTES. *Ép. moderne.* Église nouvellement construite.

FONTAINE. *Ép. romaine*(?). Voie de Langres à Châlons-sur-Marne, suivant le travail inédit de M. Ménétrier. || *Moyen âge.* Emplacement du château; rectangle entouré de fossés; contenance, 39 ares 10 centiares. || *Ép. moderne.* Église paroissiale sous le vocable de la Nativité de la Sainte-Vierge. Une fenêtre du xvi° siècle; le reste est plus récent.

JAUCOURT. *Ép. romaine.* Des cercueils de pierre au lieu dit les Burthés, près du chemin de Jaucourt à Proverville. || *Moyen âge.* Église paroissiale de Saint-Martin, seconde moitié du xii° siècle. Plan rectangulaire. Longueur, 21 mètres; largeur, 6^m,50; hauteur, 8 mètres. Chœur terminé par un mur droit percé de trois fenêtres, et voûté sur ogives, ainsi que la travée qui le précède. Nef et chapelles latérales de construction récente. Joli reliquaire byzantin en vermeil, monté sur pied, en France, au xiv° siècle, par ordre d'une dame de Jaucourt. (Le dessin dans P. A. et les inscriptions grecques dans A. A. 1856.) — Château, xiv°-xv° siècle, époque de la seconde dynastie des ducs de Bourgogne, à qui Jaucourt appartint. Plan carré, 106 mètres de côté, non compris les fossés, qui ont 20 mètres de large sur une profondeur de 5 mètres. Les murs sont en ruine; épaisseur, 1^m,50. Une tour subsiste en partie; elle a, du fond du fossé, 12 mètres de haut. La chapelle, dédiée à saint Jean, remonte au xii° siècle; plan rectangulaire; longueur, 10 mètres; largeur, 5^m,40; autrefois voûtée en bois; joli portail roman.

JUVANCOURT. *Moyen âge.* Dans l'église paroissiale de Saint-Antoine, qui a été récemment reconstruite, il existe une cloche du xiv° siècle. Hauteur, 0^m,80; circonférence, à la base, 3 mètres.

LIGNOL. *Ép. romaine.* Lieu dit aux Genèvres, on a trouvé des cercueils de pierre, dont l'un est encore conservé : longueur, 2 mètres; largeur à la tête, 0^m,65; aux pieds, 0^m,45; hauteur à la tête, 0^m,38, aux pieds, 0^m,36. — Autre cimetière antique, dans la direction de Bayel. On y a découvert des cercueils de pierre et, dit-on, une arme offensive. || *Moyen âge.* Église paroissiale de Saint-Sylvestre, dont le transept date du xii° siècle et a subi des remaniements au xiv° siècle; le reste est moderne. Plan en forme de croix latine. Longueur, 31^m,30; largeur, abside, 7^m,40, chœur, 13^m,80, transept, 18^m,80. L'abside est du xvi° siècle, à cinq pans, voûtée. Chœur accompagné de chapelles latérales, une travée voûtée, même date. Transept également voûté. Nef, xviii° siècle. Dans le bras méridional du transept, beau retable peint, de la Renaissance, long de 3^m,30, haut de 1^m,50, divisé en sept arcades: celle du milieu contenait un Christ, aujourd'hui brisé; dans chacune des six autres il y a deux statues d'apôtres. Dans le bras septentrional, peintures sur toile qui rappellent divers faits historiques ou légendaires de la vie de saint Bernard. — Petit château qui a une fenêtre du commencement du xiii° siècle; le reste est du xvi°, du xvii° et surtout du xix°.

LONGCHAMP. *Ép. romaine.* Voie de Langres à Châlons-sur-Marne. || *Ép. moderne.* Église paroissiale de Saint-Laurent, xviii° siècle. On y trouve, scellé dans un mur, un bas-relief en marbre peint, xvi° siècle, représentant le Christ en croix, appuyé sur les genoux du Père éternel; d'un côté la Vierge, de l'autre saint Jean.

MONTIER-EN-L'ISLE. *Ép. romaine.* Voie de Langres à Châlons-sur-Marne, courant au nord-est de la route impériale n° 19; couche de béton épaisse, dit-on, d'un mètre. || *Ép. moderne.* Église paroissiale de Saint-Pierre et Saint-Paul, xvi° siècle. Plan en forme de croix latine. Longueur, 30 mètres; largeur, abside, 7^m,50, transept, 23 mètres, nef, 7^m,70; hauteur, 8 mètres. L'abside, le chœur et le transept sont voûtés; le reste ne l'est pas. Pierre sépulcrale d'un seigneur du lieu, mort le 1er mars 1537; dessin gravé au trait représentant ce personnage.

PROVERVILLE. *Ép. romaine.* Une piscine en mosaïque a été trouvée, il y a cinquante ans environ, au bas de la côte de Sainte-Germaine, lieu dit Quene-de-Renard. || *Moyen âge.* Église paroissiale sous le vocable de l'Assomption de la Sainte-Vierge. Le centre du transept et les deux tiers de la nef attenant datent du xii° siècle; le reste est du xvi°. Plan en forme de croix latine. Longueur, 32 mètres; largeur, abside, 6 mètres, transept, 16 mètres, nef, 9 mètres; hauteur, abside et transept, 6 mètres, nef, 9 mètres. L'abside a 6 mètres de long; elle a été voûtée à l'époque de la construction, xvi° siècle. Le transept a la même longueur; il a été voûté aussi à l'époque de la construction, c'est-à-dire le centre au xii° siècle et les bras de croix au xvi°. La nef avait une voûte de bois en berceau, sur entraits, qui vient d'être remplacée par une voûte en pierre de même forme et de même hauteur; la nef a six fenêtres du xii° siècle, deux au midi et quatre au nord; les deux fenêtres avoisinant le portail occidental sont du xvi° siècle, ainsi que ce portail.

ROUVRES. *Moyen âge.* Église paroissiale de Saint-Maurice, xiie, xvie, xviiie et xixe siècle. Le plan serait en forme de croix, si ce n'était que la nef a un collatéral. Longueur, 28m,40; largeur, abside et chœur, 6m,50, transept, 15m,70, nef, y compris le collatéral, 13m,65. Abside, chœur et transept voûtés; hauteur, 8 mètres. Abside à cinq pans, xvie siècle. Chœur, une travée, xvie siècle. Transept, une travée, trois nefs, xvie siècle. Arc qui ouvre du transept sur la nef, du xiie siècle; collatéral du xiie siècle; nef principale, xviiie siècle; un des piliers primitifs subsiste: il est carré et n'a que des moulures pour chapiteau; hauteur, 2m,10; largeur, 2m,80. Beau retable du xvie siècle, gothique; six niches contenant chacune deux statues d'apôtre. Portail, partie du xvie siècle, partie récent. Tour du xiie siècle, sauf quelques restaurations; elle s'élève sur la travée occidentale du collatéral.

URVILLE. *Ép. romaine.* A l'est du village, au lieu dit le Val-de-Millière, dans les vignes appartenant au sieur Bedaine et à plusieurs autres propriétaires, on a trouvé des substructions romaines, notamment les fondations d'un mur long d'environ 20 mètres. Près de ce mur, le sieur Bedaine a tiré de terre un bloc de pierre qui formait la base et une partie du fût d'une colonne: hauteur, 0m,40, dont 0m,15 pour la base; circonférence du fût, 1m,07; il est cannelé, le nombre des cannelures est de douze; ce débris romain sert de patin à un poteau de grange. On trouve encore des fragments de tuiles romaines sur le sol où il a été découvert. || *Moyen âge.* Église paroissiale de Saint-Pierre-ès-Liens. Abside, fin du xiie siècle, carrée, 5 mètres de côté, percée à l'orient de trois fenêtres; voûte moderne. Reste de l'église, xviiie siècle.

VILLE-SOUS-LA-FERTÉ. *Moyen âge.* A l'ouest de la maison centrale de détention de Clairvaux (cne de Ville-sous-la-Ferté), près de la fontaine dite de Saint-Bernard, emplacement de l'abbaye fondée par saint Bernard en 1115. — De celle qu'il fit construire en 1135 dans l'enclos actuel de la maison centrale, mais toujours à l'ouest de cette maison, il subsiste un tronçon d'église: c'est la travée occidentale, divisée en trois nefs; largeur, 16 mètres; longueur, 6m,70. Les trois nefs sont de hauteur égale, 6 mètres; elles ont conservé leurs voûtes d'arête. Cette travée est précédée du portail primitif, large de 18 mètres, qui avait pour tout ornement une porte correspondant à la nef centrale et de chaque côté une arcature correspondant à chaque collatéral, enfin une fenêtre percée sous chacune de ces arcatures. Ces débris sont enclavés dans le logement du médecin et du régisseur de la colonie agricole. — Dans les bâtiments de la maison centrale, il s'est conservé quelques restes de la troisième abbaye, construite dans la seconde moitié du xiie siècle. Le principal est le cellier. Plan en forme de rectangle; rez-de-chaussée et un étage. Longueur, 70 mètres; largeur, 17m,50; à chaque étage, trois nefs et douze travées. Le rez-de-chaussée a une voûte sur arcs-doubleaux en plein-cintre et sur ogives, haute de 4m,25. La voûte de l'étage est sur doubleaux brisés et arêtes, sans ogives, haute de 6 mètres. Au rez-de-chaussée et à l'étage, colonnes octogones avec une simple moulure pour chapiteau. Fenêtres carrées s'ouvrant dans les intervalles des arcatures; contre-forts larges de 1m,35, saillants de 0m,70 et servant de pieds-droits à des arcatures en plein cintre. — Voûtes du xiie siècle, dans un large corridor qui mène de la place d'armes à la cour d'honneur. — Le surplus des bâtiments appartient à ce siècle-ci ou à la quatrième abbaye de Clairvaux, bâtie dans le courant du xviiie siècle sur l'emplacement de la troisième. Sont à remarquer: l'infirmerie, la buanderie, la cuisine, le grand cloître; le réfectoire, converti en chapelle, long de 40m,80, large de 10m,40, haut de 12 mètres; enfin la chapelle Sainte-Anne, servant aux personnes libres de la prison: tableau du xvie siècle, peint sur bois, représentant une Notre-Dame de Pitié. — Église paroissiale de Saint-Martin de Ville-sous-la-Ferté, xviiie siècle. Dans la sacristie, avec des ossements attribués à saint Bernard, un fragment de suaire en soie qui a été reproduit dans P. A.

VOIGNY. *Moyen âge.* Église paroissiale de Saint-Afre. L'abside est du xiie siècle, le chœur du xvie et la nef récente. La seule partie remarquable est l'abside, voûtée en cul-de-four; l'arc est supporté sur deux colonnes engagées qui ont des chapiteaux à feuillage fort curieux. Cette abside a 4m,60 de large, 3 mètres de long et 5m,10 de haut.

CANTON DE BRIENNE-NAPOLÉON.
(Chef-lieu: Brienne-Napoléon.)

BÉTIGNICOURT. *Ép. moderne.* Église paroissiale de Saint-Ferréol, xviiie siècle. Vingt-trois portraits peints sur toile, représentant des saints, entre autres les douze apôtres.

BLAINCOURT. *Ép. moderne.* Église paroissiale, autrefois prieurale du même temps, de Saint-Loup, xvie siècle, sauf la voûte et les fenêtres de l'abside, reconstruites en 1854. Une nef avec un bras de croix au nord. Longueur, 27 mètres; largeur, abside et nef, 6m,10, transept, 12m,60; hauteur, abside, 6m,50, transept et nef, 6 mètres. Abside à cinq pans, voûtée; transept de deux travées voûtées. Nef de deux travées non voûtées. Cloches, l'une du xvie siècle, l'autre datée de 1641.

BLIGNICOURT. *Ép. romaine.* Voie de Troyes à Montiérender; elle sépare les finages de Blignicourt et de Rosnay de celui de Perthes. || *Moyen âge.* Église paroissiale, autrefois prieurale, sous le vocable de Saint-Barthélemy, xiie siècle, remaniée au xvie et depuis. Deux nefs, dont celle du nord est terminée par une abside. Longueur, 16ᵐ,60; largeur, 10ᵐ,40. Abside à trois pans, récente, voûte en bois. Nefs, deux travées; les arcs qui séparent les nefs, les piliers, les arcs-doubleaux, datent du xiiᵉ siècle; cette portion de l'église, en partie voûtée de bois, en partie plafonnée; hauteur des piliers, bases et chapiteaux compris, 1ᵐ,20; la hauteur du fût des colonnettes engagées varie de 0ᵐ,55 à 0ᵐ,75; leur diamètre est de 0ᵐ,30; de simples moulures pour chapiteaux. Retable en bois sculpté, xviᵉ siècle, long de 2ᵐ,20; tabernacle en bois, même date.

BRIENNE-LA-VIEILLE. *Ép. romaine.* Voie dite l'Ancien Chemin des Romains, parallèle à la grande rue du village, à cent mètres à l'est de cette rue, puis se dirigeant au sud-est sous le nom de Haut Chemin, qu'elle doit à son élévation au-dessus des terres : sur une longueur de 100 mètres environ, cette élévation atteint près de 2 mètres. C'est la voie romaine de Langres à Châlons-sur-Marne. — Vers l'an 1800, on a trouvé trois cercueils de pierre, à l'est du village, sur le chemin de Morvilliers. — Plusieurs fois dans le village, en faisant des puits ou des caves, on a trouvé des vases antiques et des statuettes en bronze. ‖ *Moyen âge.* Église paroissiale de Saint-Pierre-ès-Liens, xiiᵉ siècle, agrandie et remaniée à la fin du xviᵉ siècle et au commencement du xviiᵉ; dédiée de nouveau en 1615. Plan en forme de croix latine. Longueur, 38 mètres ; largeur, abside et chœur, 6ᵐ,80, transept, 18ᵐ,70, nef, 8ᵐ,80; hauteur, 8ᵐ,50. Abside à cinq pans, voûtée, xviᵉ-xviiᵉ siècle. Chœur d'une travée sans collatéral, xviᵉ-xviiᵉ siècle. Transept, trois travées; la partie centrale, qui sert de base à la tour, date du xiiᵉ siècle, mais a été revoûtée au xviᵉ siècle; les deux collatéraux également voûtés, entièrement reconstruits au xviᵉ siècle. Nef, xiiᵉ siècle, sauf une partie des fenêtres, qui ont été agrandies au xviiᵉ; voûte en bois, avec entraits, xviiᵉ siècle. Quatre beaux vitraux du xviᵉ siècle dans l'abside. Portail occidental, du xiiᵉ siècle. Cloche datée de 1517 : hauteur, 0ᵐ,87; diamètre à la base, 1ᵐ14; inscription : Je fus faicte en l'an mil ccccc et xvii. *Laudo Deum verum, plebem voco, congrego clerum, defunctos ploro, pestes fugo, festa decoro.* — Au lieu dit Basse-Fontaine, débris de l'abbaye de ce nom. Ils consistent : 1° dans le côté sud du cloître, qui est une galerie du xiiᵉ siècle, longue de 16 mètres et divisée en onze arcades, hautes chacune de 1ᵐ,90, dont 1ᵐ,30 pour la colonne (Voir les détails dans V. A. p. 59-63); et 2° en une arcade gothique construite sur la fontaine qui a donné son nom à l'abbaye.

BRIENNE-NAPOLÉON. *Ép. romaine.* Les traces de la route de Langres à Châlons-sur-Marne sont à peu près effacées; cependant nous croyons qu'on doit reconnaître cette route dans le chemin désigné au cadastre sous le nom de Vieux chemin de Rosnay, entre les deux routes de Troyes et de Vitry. ‖ *Moyen âge.* Église paroissiale de Saint-Pierre et Saint-Paul. Traces du xiiᵉ siècle; un tiers environ date du xivᵉ, le reste du xviᵉ; travaux d'achèvement tout récents. Plan en forme de croix latine. Longueur, 49ᵐ,40; largeur, 22ᵐ,30 à la croisée, 19ᵐ,50 à l'occident de la croisée; hauteur, grande nef, 14ᵐ,50; collatéraux : dans la portion orientale de l'église, 9 mètres; dans la portion occidentale, 7 mètres. Chevet du xviᵉ siècle, avec une galerie d'entourages et des chapelles; l'étage de fenêtres et la voûte sont modernes. Deux travées de chœur, accompagnées de collatéraux et de chapelles, xviᵉ siècle, sauf les fenêtres et la voûte. Première travée de la nef aussi du xviᵉ siècle, mais plus large en totalité et plus haute aux collatéraux que les travées suivantes; la portion la plus ancienne de l'église se compose de quatre travées de nef, accompagnées de collatéraux sans chapelles et supportées par huit piliers; les deux premiers, du xiᵉ siècle, étaient sans doute destinés à supporter, avec les deux derniers piliers du chœur, une flèche centrale : aussi ont-ils un diamètre énorme, 2ᵐ,50; les six autres piliers de la nef datent du xivᵉ siècle : leur diamètre est de 1ᵐ,40, tandis que celui des piliers de l'abside, xviᵉ siècle, est de 1ᵐ,15. Beaux vitraux du xviᵉ siècle dans les chapelles du chevet. Bénitier en fonte, daté de 1530 : grand diamètre 0ᵐ,70; petit diamètre, 0ᵐ,42; hauteur, 0ᵐ,67. Joli retable du xviᵉ siècle, en pierre sculptée. ‖ *Ép. moderne.* Restes des bâtiments de l'École militaire où fut élevé l'empereur Napoléon Iᵉʳ. — Château construit par le comte de Brienne, ministre de la guerre sous Louis XVI; son emplacement est celui de la forteresse bâtie au milieu du xᵉ siècle par Engelbert et Gosbert, et dont le roi Louis d'Outre-Mer fit le siége en 951; la motte de cette forteresse a subsisté jusqu'à la construction du château actuel.

COURCELLES. *Moyen âge.* Église paroissiale de Sainte-Julienne. Une moitié environ remonte au xiiᵉ siècle; le reste est tout récent. Plan rectangulaire. Longueur, 10ᵐ,40; largeur, 5ᵐ,20; hauteur, 4ᵐ,10; deux fenêtres plein cintre, hautes de 1ᵐ,25, larges de 0ᵐ,45. Elle n'est pas voûtée.

DIENVILLE. *Ép. romaine.* Sur la rive gauche de l'Aube, au lieu dit la Grande-Rue, substructions importantes. On y a trouvé un grand nombre de tuiles romaines, un fragment de corniche sculpté et un fragment de meule, tout cela conservé par M. Vinot, instituteur du lieu, ainsi qu'un fragment de plat en terre marqué du nom PASSIEN. — Voie romaine de Langres à Châlons-sur-Marne. ‖ *Moyen âge.* Fer de lance franque, trouvé dans la commune et faisant partie de la collection de M. Vinot. — Dans la campagne, la petite chapelle de Notre-Dame du Tertre, dont une partie remonte du xiᵉ siècle. — Le village était entouré de fossés dont une partie existe encore. ‖ *Ép. moderne.* Église paroissiale de Saint-Quentin, presque entièrement du xvi° siècle, avec des parties du xv° et du xviii°. Plan rectangulaire, sauf les saillies du chœur et de l'abside à l'orient et de la tour à l'occident. Longueur, 38 mètres; largeur, abside, 7^m,50, nef, 20^m,50; hauteur des voûtes, 10 mètres. Les voûtes règnent partout. Abside à cinq pans, xvi° siècle. Le chœur d'une travée, sans collatéraux, xvi° siècle. La nef est accompagnée de collatéraux aussi élevés qu'elle; quatre travées, xvi° siècle, sauf les piliers qui séparent la seconde de la troisième, xv° siècle. La tour est carrée; son rez-de-chaussée a une voûte d'ogives, xviii° siècle. Débris de vitraux, xvi° siècle.

ÉPAGNE. *Ép. moderne.* Église paroissiale de Saint-Georges; misérable construction du xvii° siècle.

HAMPIGNY. *Moyen âge.* Église paroissiale de Saint-Nicolas. Nef en partie du xii° siècle, avec des remaniements récents; chapelles latérales aussi du xii° siècle; le reste, du xvi°. Cet édifice consiste en une abside et une nef accompagnée de chapelles au nord. Longueur, 28^m,50; largeur, abside, 8^m,50, nef, 7^m,10, chapelle, 4^m,50 : total, 11^m,60. Les chapelles sont seules voûtées. Débris de vitraux du xvi° siècle. Fonts baptismaux octogones pédiculés, xvi° siècle. On peut remarquer que la partie de la construction qui remonte au xii° siècle est en pierre dure, celle du xvi° en craie.

LASSICOURT. *Ép. romaine.* Cimetière antique, au lieu dit les Vieilles-Vignes. On y a trouvé beaucoup d'ossements, et il y a, dit-on, un siècle au moins, un cercueil de pierre, qui sert aujourd'hui d'auge : longueur, 1^m,70; largeur, 0^m,43; hauteur, 0^m,30.—Voie connue sous le nom de Chemin de Montiérender. ‖ *Ép. moderne.* Église paroissiale de Saint-Pierre-ès-Liens, xviii° siècle; sur le portail, la date de 1783.

LESMONT. *Ép. celtique.* Haches en silex, aujourd'hui dans la collection de M. Drolet, habitant de la commune. ‖ *Ép. romaine.* Voie de Langres à Châlons-sur-Marne, connue sous le nom de Haut Chemin des Romains, consistant en une chaussée, large à la base de 14 mètres, au sommet de 6 mètres, et haute de 2^m,50 sur un long parcours; ailleurs, sa hauteur se réduit de moitié. L'empierrement en grève et en chaux paraît avoir plus d'un mètre d'épaisseur. — Autre voie venant de Troyes, traversant le village même de Lesmont et la voie de Langres à Châlons-sur-Marne. Elle figure au cadastre sous le nom de Chemin de Montiérender et consiste en une chaussée qui a 14 mètres de large à la base, 5 mètres au sommet et 2 mètres de haut. — A 2,000 mètres à l'ouest du point de rencontre avec la voie de Langres à Châlons-sur-Marne, elle jette vers le nord-est un embranchement qui rejoint à peu de distance la voie de Langres à Châlons-sur-Marne; c'est le chemin du Grand-Poirier, dont la chaussée a 1 mètre de haut et une largeur de 10 mètres à la base, de 4 mètres au sommet. Au nord, elle est encore entièrement conservée; au midi, la culture l'a en partie détruite; cependant elle est encore partout visible. — La voie de Langres à Châlons-sur-Marne, celle de Troyes à Montiérender et le chemin du Grand-Poirier forment une sorte de triangle qui comprend les climats désignés au cadastre sous le nom de *Grande Pièce* et de *Petite Ancée*. Le tout est connu sous le nom de *Camp de César*. La base du triangle a 2,000 mètres, et sa hauteur, 1,100 mètres; mais comme les côtés ne sont pas des lignes droites, sa contenance ne paraît pas dépasser 95 hectares. Description peu exacte par M. de Caylus, dans son Recueil d'Antiquités, VI, 346. ‖ *Moyen âge.* Église paroissiale de Saint-Pierre-ès-Liens. Une partie du transept, du xiii° siècle; le reste, du xvi°. Plan en forme de croix latine. Longueur, 28 mètres; largeur, abside 5^m,50, transept, 15^m,80, nef, 10^m,20; hauteur des voûtes, 6 mètres. Le transept est seul voûté. Deux pierres sépulcrales de la fin du xiii° siècle, mutilées; sur la première, on lit : *Ci. gist. sires. Jehans. de. Molins. ja. diz. fils. damme. Crestianne. la. mairesse..... decembre. priez. pour. l'ame. de. li.*; dans le champ, une figure d'homme, gravée sous un dais, avec cette inscription : *A porta inferi. Erue Domine animam ejus*; au-dessus, deux anges présentent à Dieu, dans un linceul, l'âme du défunt; la partie inférieure de cette pierre manque. Seconde pierre : épitaphe d'une femme défunte en 1299; sa figure, gravée au trait sous un dais; la partie inférieure de la pierre manque. Dans la sacristie, une croix processionnelle du xii° siècle, haute de 0^m,70 (non compris le bâton), large de 0^m,35, ornée de sept émaux en taille d'épargne, les quatre premiers représentant les quatre évangélistes; le cinquième est l'inscription J n S, le sixième et le septième contiennent des motifs d'ornementation peu nettement conservés; cette croix est aussi ornée de pierres précieuses. Une monstrance en cuivre doré, xvi° siècle; hauteur, 0^m,20.

MAIZIÈRES. *Moyen âge.* Église paroissiale de Saint-Julien. Nef, xii° siècle; le reste, du xvi°. Plan en forme de croix latine. Longueur, 27 mètres; largeur, abside, 6^m,70, transept, 16^m,50, nef, 15^m,50; hauteur des voûtes, 8 mètres. Abside à cinq pans et voûtée. Transept, deux travées; trois nefs d'égale hauteur, voûtées. Nef couverte d'un plafond récent, porté sur des colonnes; les baies remaniées, sauf une fenêtre jumelle en plein cintre au-dessus de la porte occidentale. Beaux vitraux du xvi° siècle; au bas de l'un d'eux : *Cette verriere fut faite en mil v° xxix par les aumones des bonnes gens*. Tour sur la travée sud-ouest du transept. La nef, construite en pierre dure; le transept et l'abside, en craie.

MATHAUX. *Ép. moderne.* Église paroissiale de Saint-Quentin, xviii° siècle, en bois.

MOLINS. *Moyen âge.* Église paroissiale de Saint-

Loup. La base de la tour est du xii° siècle ; le reste, du xvi°. Plan en forme de croix latine. Longueur, 31 mètres ; largeur, abside, 13 mètres, transept, 13^m,70, nef, 6^m,30 ; hauteur des voûtes, 6 mètres. Abside à trois pans, voûtée. Transept, trois nefs, deux travées, voûté. Nef, trois travées, sans collatéraux ni voûtes ; elle était destinée à avoir des collatéraux. Statue de Vierge mère assise, en bois, xiii° siècle ; hauteur, 1 mètre. Joli portail occidental du xvi° siècle.

PEL-ET-DER. *Ép. romaine.* Au lieu dit Oger, sur le chemin de Pel-et-Der à Villehardouin, on a trouvé des substructions romaines, indiquées encore à la surface du sol par un grand nombre de fragments qui en proviennent, comme tuiles, briques, pierres taillées, poteries brisées. || *Ép. moderne.* Église paroissiale sous le vocable de l'Assomption de la Sainte-Vierge, xvi° siècle. Plan, deux nefs, plus un bras de croix au nord ; la nef principale, également au nord, a une abside. Longueur, 31 mètres ; largeur, abside, 6^m,50, transept, 17 mètres, nefs, 12 mètres ; hauteur, environ 8 mètres. Tout est voûté. Une tour s'élève sur la travée occidentale du collatéral.

PERTHES. *Ép. romaine.* La voie de Troyes à Montiérender sépare le finage de cette commune de ceux de Rosnay et de Blignicourt. || *Ép. moderne.* Église paroissiale de Saint-Denis, xvii° siècle, construite en bois. Longueur, 15^m,60 ; largeur, transept, 14 mètres, nef, 6^m,30.

PRÉCY-NOTRE-DAME. *Moyen âge.* Dans l'église, font baptismal pédiculé octogone, du xii° siècle. || *Ép. moderne.* Église paroissiale, sous le vocable de l'Assomption de la Sainte-Vierge ; xvi° siècle. Plan en forme de croix latine. Longueur, 17^m,40 ; largeur, abside et nef, 6^m,60, transept, 14^m,30 ; hauteur des voûtes, et aux bras de croix, 5 mètres. Nef non voûtée. Pierre sépulcrale, datée de 1560.

PRÉCY-SAINT-MARTIN. *Ép. romaine.* Au lieu dit le Haut du Tommé, on a trouvé, il y a cinquante ans, trois cercueils de pierre contenant, dit-on, des sabres, des vases de terre, une cruche de terre et des ossements ; plus, en dehors de ces cercueils, des ossements accompagnés de vases de terre qui renfermaient des cendres. — Voie romaine de Langres à Châlons-sur-Marne, séparant les finages de Précy-Saint-Martin et de Saint-Christophe. — Voie de Troyes à Montiérender, séparant le finage de Précy-Saint-Martin de celui de Lesmont. || *Moyen âge.* Église paroissiale de Saint-Martin : une portion de la nef est du xii° siècle ; le reste, du xvi°. Plan en forme de croix latine. Longueur, 30 mètres ; largeur, abside, 5^m,30, transept, 17^m,30, nef, 5^m,60. L'abside et le transept sont seuls voûtés ; hauteur des voûtes, 6 mètres. Vitraux du xvi° siècle.

RADONVILLIERS. *Moyen âge.* Église paroissiale autrefois et simultanément prieurale de Notre-Dame ; l'autel prieural sous le vocable de la Nativité, et l'autel paroissial sous celui de l'Assomption. Gautier, comte de Brienne, en fit donation à l'abbaye de Molesme à la fin du xi° siècle (*Gallia christiana*; XII, 533 D.) ; une partie de l'édifice peut remonter à cette époque, mais il a été considérablement remanié au xvi° siècle. Deux nefs, dont une seule, celle du nord, est suivie d'un chœur et d'une abside. Longueur, 35^m,30 ; largeur, abside, 5^m,35, chœur, première travée, 6^m,20, deuxième travée, 7^m,20, nef, 13^m,50. Abside voûtée en cul-de-four, longue de 3^m,90, haute de 6^m,50, percée de trois fenêtres. Chœur sans voûte. La nef, garnie au nord de chapelles peu profondes, a trois travées, une voûte qui date du xvi° siècle, des piliers de la même époque ; la voûte est haute de 6^m,50, et le diamètre des piliers est de 0^m,70. Bénitier en fonte, du xvi° siècle.

RANCE. *Moyen âge.* Château du vicomte de Rance, qui paraît avoir été le principal fief mouvant du comté de Rosnay ; on en montre l'emplacement au bord de la Voire. La motte a été enlevée, il y a quelques années, pour recharger les chemins. — Église paroissiale sous le vocable de la Nativité de la Sainte-Vierge, xiii°, xvi° et xviii° siècle. Plan en forme de croix latine. Abside à trois pans, xiii° siècle, sauf les fenêtres, qui datent du xvi° ; elle est voûtée, a 3^m,80 de long, 6^m,20 de large et 8 mètres de haut. Transept, trois nefs de hauteur égale : la centrale est du xiii° siècle, les latérales du xvi° ; deux travées à chacune : la première travée de la nef centrale n'a point de clef de voûte ; il en existe une au sommet de l'arc-doubleau qui sépare cette travée de l'abside, et c'est à cette clef de voûte que convergent à la fois les ogives de l'abside et celles de cette travée ; longueur du transept, 9 mètres ; hauteur des voûtes, 8 mètres ; largeur, 16^m,25. Nef du xviii° siècle. Deux pierres sépulcrales du xvi° siècle ; sur chacune d'elles est gravée une figure de chevalier : l'une, dont l'inscription est masquée, recouvrait, dit-on, le corps d'un seigneur de Rance mort en 1530 ; l'autre est la tombe de Jacques de Rance, mort le 8 octobre 1535.

ROSNAY. *Ép. romaine.* La voie de Troyes à Montiérender sépare le finage de Rosnay de celui de Perthes. || *Moyen âge.* Du château primitif de Rosnay il subsiste encore une grande partie de la motte ; elle a 23 mètres de diamètre à sa base et 10 mètres de haut. Ce château existait au x° et au xi° siècle ; ses propriétaires portaient alors le titre de comte ; le dernier d'entre eux se fit moine de Cluny vers l'année 1080. — Fossés autour d'une portion du village, larges de 15 mètres, profonds de 2 à 4 mètres. Rosnay est resté fortifié jusqu'au xvi° siècle. — Église paroissiale, autrefois collégiale, de Notre-Dame, bâtie d'abord du xii° siècle, reconstruit en grande partie à la fin du xv° et dans le courant du xvi°. Cette église a deux étages ; nous commencerons par l'étage supérieur, qui est presque tout entier du xvi° siècle. Plan en forme de croix latine. Longueur, 36m,85 ; largeur, transept, 23m,65, nef, 17m,87. La chapelle de la Vierge, placée derrière le chevet, a 4m,75 de long, 5m,60 de large et 6 mètres de haut; cette hauteur est celle des autres chapelles et des collatéraux ; magnifiques vitraux malheureusement incomplets. Galerie du chevet, large de 2m,90. Longueur du chevet, 8m,50 ; largeur entre deux piliers, 9m,60 ; hauteur, 10m,30 ; il est à sept pans et sans voûte, ainsi que la grande nef, tandis que les collatéraux et les chapelles ont leurs voûtes; le plafond est placé à peu près à la hauteur qu'atteindrait l'intrados des clefs de voûte; cinq colonnes monocylindriques et deux piliers carrés cantonnés de colonnettes, lesquels supportent en même temps la première travée de la nef; à droite et à gauche du chevet, deux chapelles qui forment transept. Nef de quatre travées de long, sur une longueur de 19m,80 ; tous les piliers datent du xve siècle, sauf le second de chaque côté, qui remonte au xiie, si ce n'est un remaniement du xvie siècle dans celui du midi ; murs latéraux du xvie siècle, sauf trois travées du collatéral nord qui remontent au xiie; le mur roman du collatéral nord est orné d'arcatures plein cintre; beaux vitraux du xvie siècle dans les chapelles et les collatéraux : on lit sur une verrière la date de 1526, sur une autre celle de 1537, sur une pierre sépulcrale celle de 1563. Tour en pierre du xvie siècle sur la travée occidentale du collatéral nord. Portail occidental de la fin du xvie siècle. — L'église inférieure correspond au chevet, au chœur et à son collatéral, aux chapelles absidales et à la première travée de la grande nef et des collatéraux. Elle présente en plan la même disposition ; seulement la nef centrale et l'abside sont divisées en trois nefs par un double rang de colonnes. Les colonnes engagées du mur occidental, les murs du nord et de l'est, datent du xiie siècle ; le reste ne remonte qu'à la fin du xve et au commencement du xvie siècle. Longueur, 21 mètres; hauteur des voûtes, 4 mètres; même largeur que dans l'église supérieure. De l'extérieur on observe une grande différence entre la construction primitive et celle du xvie siècle ; la chapelle absidale nord et celle de la Vierge, qui dans l'église basse appartiennent à la construction primitive, présentent du sol au pavé de l'église haute une forme extérieure semi-circulaire ; au-dessus commence la construction du xvie siècle, qui est à pans coupés. La chapelle sud a été reconstruite tout entière au xvie siècle ; elle est à pans coupés à la base comme au sommet. Il est possible qu'on puisse retrouver dans les parties anciennes de l'église basse quelques-uns des restes de l'église dont parle, en 1035, Mainard, évêque de Troyes. Toutefois l'église de Rosnay passe pour avoir été dédiée par saint Thomas de Cantorbéry, c'est-à-dire au milieu du xiie siècle. On sait qu'en 1147 saint Bernard s'arrêta à Rosnay, où il fit un miracle. D'après la tradition, ce fait aurait eu lieu dans l'église supérieure. (Sur les deux églises, voir V. A. 205-208 et A. P. 87-88.)

SAINT-CHRISTOPHE. *Ép. romaine.* Voie de Langres à Châlons-sur-Marne, séparant ce finage de ceux de Lesmont et de Précy-Saint-Martin.—Voie de Troyes à Montiérender, traversant le territoire au sud du village. || *Moyen âge.* Église paroissiale de Saint-Christophe, moitié xiie siècle, moitié xviiie. Plan rectangulaire ; longueur, 14m,80 ; largeur, 5m,90. C'est la portion orientale qui est romane ; elle est percée de deux fenêtres plein cintre. Point de voûtes. Pierre sépulcrale longue de 1m,90 sur une largeur de 1m,20 ; avec cette inscription : *Ci gît Colins li peletiers qui trespassa l'an xxxix le dimanche devant saint Nicolas d'iver. Diex*..... Cette pierre paraît dater de l'année 1339. Les contre-forts placés aux angles du pignon oriental ont 0m,38 de saillie, les autres 0m,12 seulement. — Au sud du village, des substructions et des puits marquent l'emplacement du village de Neuville, qui avait titre de paroisse au xve siècle.

SAINT-LÉGER-SOUS-BRIENNE. *Ép. romaine.* Voie de Langres à Châlons-sur-Marne, connue sous le nom de Haut-Chemin, passant au nord-est du village. — Il a un embranchement connu sous le nom de Chemin des Romains, qui passe entre les deux communes de Brienne-Napoléon et de Saint-Léger et se dirige dans la direction de Valantigny. L'origine romaine qu'on attribue à cet embranchement n'est pas certaine. || *Ép. moderne.* Église paroissiale de Saint-Léger. L'abside et une travée de la nef datent du xvie siècle ; elles ne sont pas voûtées ; on les a modernisées à l'intérieur, de manière à les rendre méconnaissables. Cette partie de la construction est en craie ; le reste, qui a été bâti au xviiie siècle, est en pierre dure.

VALANTIGNY. *Ép. romaine.* Voie de Troyes à Montiérender traversant le village de l'ouest à l'est. || *Moyen âge.* Église paroissiale de Saint-Antoine. Nef du xiie siècle ; abside et transept du xvie. Plan en forme de croix latine. Longueur, 37 mètres; largeur, abside, 6m,30, transept, 17m,80, nef, 8m,30 ; hauteur des voûtes, 10 mètres. Abside à cinq pans, voûtée. Transept, deux travées, trois nefs, les latérales seules voûtées. Nef non voûtée ; elle a été percée primitivement de neuf fenêtres, dont une est aujourd'hui murée. La portion de cet édifice qui date du xiie siècle est en pierre dure, celle qui date du xvie siècle est en craie.

YÈVRES. *Ép. moderne.* Église paroissiale de Saint-Laurent, fin du xve siècle. Plan en forme de croix latine. Longueur, 21m,50 ; largeur, abside, 6m,35, transept, 17m,40, nef, 13 mètres. Hauteur des maîtresses voûtes, 6 mètres ; des collatéraux, 4m,60. Largeur de la grande nef, mesurée entre les piliers, 5m,80 ; du collatéral nord, 2m,30 ; du collatéral sud, 2m,15. Les piliers sont cylindriques, cantonnés de colonnettes ; une partie manque de chapiteaux.

CANTON DE SOULAINES.
(Chef-lieu : Soulaines.)

CHAISE (LA). *Moyen âge.* Église paroissiale de Saint-Berchaire, xii° siècle, sauf l'abside, qui est du xvi°. Plan en forme de croix latine. Longueur, 18 mètres; largeur, abside, 6 mètres, transept, 12m,20, nef, 6m,60; hauteur, 5m,25. Point de voûtes. La porte occidentale a été remaniée au xvi° siècle : on y lit la date de 1531; sur le linteau, bas-relief du xvi° siècle : au centre, une croix; à gauche, un calice; à droite, une monstrance avec les trois lettres I. R. P.

CHAUMESNIL. *Moyen âge.* Église paroissiale de Saint-Louvant; n'offre d'ancien que deux petites fenêtres romanes bouchées, un arc triomphal brisé du xii° siècle. Fonts baptismaux pédiculés, forme octogone, xii° siècle; hauteur, 0m,85; diamètre, 0m,95; le pied et la cuve sont décorés, l'un de quatre têtes humaines, l'autre de quatre bustes grossièrement taillés. Dans l'abside, deux fort jolis chapiteaux romans ornés de figures d'oiseaux et placés là pour servir de piédestaux à des statues.

COLOMBÉ-LA-FOSSE. *Moyen âge.* Église paroissiale de Saint-Louvant, fin du xii° siècle, remaniée au xvi° et depuis. Plan rectangulaire, sauf la saillie de l'abside. Longueur, 24m,70; largeur, abside, 5m,80, nef, 15m,70; hauteur, abside et première travée de la nef, 9 mètres. L'abside est à cinq pans; elle est voûtée en pierre; il en est de même de la première travée de la nef, le reste est voûté en bois sur entraits; chapiteaux romans à feuillages.

CRESPY. *Ép. romaine* (?). Cruche en terre blanche, haute de 0m,17, dans la collection de M. Vinot, instituteur à Dienville. ‖ *Moyen âge.* Église paroissiale sous le vocable de la Nativité de la Sainte Vierge, xii° siècle; abside semi-circulaire, précédée d'un chœur et d'une nef rectangulaires. Longueur, 23m,50, dont 3 mètres pour l'abside, 5m,50 pour le chœur, 15 mètres pour la nef; largeur, abside, 4m,10, chœur, 4m,70, nef, 6m,90; hauteur, abside, 5 mètres, nef, 6 mètres. L'abside est voûtée en cul-de-four; le reste n'est pas voûté. Fenêtres modernes au chœur et à la nef, mais celle-ci a conservé sept fenêtres romanes.

ÉCLANCE. *Ép. romaine.* Au lieu dit le Val-Laurent, dans les vignes, au sud du village, cercueils de pierre trouvés il y a dix ans environ. ‖ *Ép. moderne.* Église paroissiale de Saint-Brice, toute récente, sauf le chœur et la voûte, qui peuvent remonter au xvii° siècle.

ÉPOTHÉMONT. *Moyen âge.* Église paroissiale de Saint-Quentin. Sanctuaire du xii° siècle, remanié au xvi°; nef du xvii° siècle. Plan rectangulaire, sauf la saillie du sanctuaire. Longueur, 15m,50; largeur, sanctuaire, 5m,20, nef, 11m,80; hauteur, 4m,70. Le sanctuaire se termine à l'orient par un mur droit; les fenêtres datent, celles du sud et de l'est, du xii° siècle, celle du nord, du xvi°. Collatéraux à la nef, qui est construite en bois.

FRESNAY. *Moyen âge.* Église paroissiale de Saint-Pierre et de Saint-Paul: Nef du xii° siècle, remaniée au xix°; le reste date du xvi° siècle, sauf deux colonnes engagées du xii° siècle qui devaient servir de pieds-droits à l'arc triomphal. Longueur, 24 mètres; largeur, abside, 5m,90, transept, 15m,80, nef, 6m,20. Les bras du transept sont la seule partie voûtée en pierre; l'abside et le centre du transept ont une voûte récente en bois et plâtre; nef plafonnée. Abside à cinq pans.

FULIGNY. *Moyen âge.* Église paroissiale de Saint-Laurent. La nef date du xii° siècle, sauf un remaniement du xvi°; la chapelle latérale date aussi du xii° siècle; l'abside ne remonte qu'au xvi°; le porche qui précède l'église à l'ouest est du xvii°. Longueur, 28m,50, porche compris; largeur, 6m,70; hauteur, 11 mètres. Voûte en plâtre. Débris de vitrail.

JUZANVIGNY. *Moyen âge.* Église paroissiale de Saint-Martin. Nef du xii° siècle; le reste, de la fin du xvi°. Plan en forme de croix latine. Longueur, 24m,70; largeur, abside, 4m,40, transept, 7m,20, nef, 5m,70; hauteur, 4m,60. L'abside et le transept sont construits en bois; fenêtres carrées divisées en deux par un meneau; débris informes de vitraux. Nef en pierre; fenêtres plein cintre; pas de voûte. — A l'ouest du village, dans la forêt, fossés qui défendaient le château, aujourd'hui détruit, dit le Haut-Guet; sa forme semble avoir été à peu près carrée. Longueur d'un côté mesurée en dedans du fossé, 95 mètres. La profondeur des fossés varie de 1m,50 à 4 mètres; la largeur mesurée au fond est de 5 mètres. Les murs sont détruits; mais on trouve encore sur le sol beaucoup de débris de briques, tuiles et ardoises.

LÉVIGNY. *Ép. romaine.* Deux cimetières antiques, l'un à l'est du village, lieu dit les Tombes, l'autre au midi, lieu dit le Boulaincaut. Un cercueil de pierre trouvé aux Tombes est long de 2m,08; large à la tête de 0m,55, aux pieds, de 0m,31; haut à la tête de 0m,35, aux pieds, de 0m,32. Un cercueil trouvé au Boulaincaut est long de 1m,60, large de 0m,65 à un bout et de 0m,34 à l'autre. ‖ *Ép. moderne.* Église paroissiale de Notre-Dame. La nef date du xvi° siècle, sauf sa voûte; le reste est tout récent.

MAISONS. *Ép. moderne.* Chapelle dépendant de la paroisse de Thors. Trois baies en style gothique flamboyant datent de la fin du xv° siècle ou du commencement du xvi°; le reste est récent.

MORVILLIERS. *Moyen âge.* Église paroissiale de Saint-Laurent, xviii° siècle, sauf l'abside, qui est du xii° siècle et de forme rectangulaire, longue de 8m,20, large de 5m,50 et haute de 7m,50. Trois fenêtres romanes à l'orient sont aujourd'hui bouchées; les fenêtres actuelles datent du xviii° siècle. Près de la porte d'entrée, bénitier en fonte daté de 1530, de forme évasée avec quatre pieds : hauteur, 0ᵐ,54; diamètre au sommet, 0ᵐ,70.

PETIT-MESNIL (LE). *Moyen âge.* Église paroissiale de Saint-Étienne. Abside du XIIᵉ siècle, postérieurement remaniée; plan rectangulaire; longueur, 10 mètres; largeur, 5ᵐ,80; fenêtres primitives bouchées. Le chœur et la nef récents. Sacristie, autrefois chapelle, du XVIᵉ siècle; on y lit l'inscription sépulcrale de *N. Du Maigny, escuyer, sʳ du Maigny, Chaultmaigny, d'Arrantiere et Angente*, fondateur de la chapelle, mort le 16 août 1543. Une autre pierre sépulcrale dans le chœur de l'église porte l'épitaphe de *Jehan d'Amemont, escuyer, seigneur du Petit Maignil et Chaultmaignil*, mort le 29 février 1559. Statue brisée de sainte Anne instruisant la Sainte Vierge, XVIᵉ siècle.

ROTHIÈRE (LA). *Ép. romaine.* Voie de Langres à Châlons-sur-Marne, traversant, à l'entrée du village, la route départementale de Vitry à Dijon et séparant ensuite le finage de celui d'Unienville. ǁ *Moyen âge.* Église paroissiale sous le vocable de la Nativité de la Sainte Vierge. Nef du XIIᵉ siècle; abside du XVIIIᵉ, récemment remaniée. Longueur de la nef, 12ᵐ,30; largeur, 7ᵐ,10; hauteur, 5 mètres; elle n'est pas voûtée et offre d'ancien : 1° trois petites fenêtres à 4 mètres du sol, une sur chaque paroi nord, ouest et sud; 2° deux grandes fenêtres à 2 mètres du sol, au nord; 3° une piscine; 4° l'archivolte qui domine le linteau de la porte occidentale. — Chapelle de Notre-Dame des Sept-Douleurs, XIIᵉ siècle, sauf un prolongement du XVIIIᵉ à l'occident. Dimensions hors d'œuvre, déduction faite de la portion moderne : largeur, 6ᵐ,70; longueur, 10 mètres; hauteur, 3 mètres. Deux fenêtres romanes plein cintre ont 1ᵐ,22 de haut sur 0ᵐ,50; deux autres, 0ᵐ,62 sur 0ᵐ,21.

SAULCY. *Moyen âge.* Église paroissiale de Saint-Brice. Abside du XIIᵉ siècle, rectangulaire; longueur, 4 mètres; largeur, 4ᵐ,80, et hauteur, 5 mètres; les fenêtres ont été refaites. Le reste est du XVIIIᵉ siècle.

SOULAINES. *Ép. romaine.* Lieu dit la Vigne Robert, entre Soulaines et Ville-sur-Terre, on a trouvé, il y a plusieurs années, un cercueil de pierre contenant avec les ossements une épée de fer longue de 1 mètre. ǁ *Moyen âge.* Au nord-ouest du village, dans l'étang aujourd'hui desséché de Villemahu, on voit encore les terrassements du château de Villemahu, qui n'existe plus depuis deux siècles au moins et dont il ne reste plus une pierre. Plan carré, 60 mètres de côté. Les bâtiments occupaient le côté est, où le talus a une largeur de 14 mètres et une hauteur qui varie de 2 à 3 mètres; ailleurs, le talus n'a que 3 mètres de large sur une hauteur de 1ᵐ,50 environ. — Dans le village, la chapelle de Saint-Jean, qui était aussi celle de la Maladrerie, petit édifice en bois du XVIIᵉ siècle, long de 8ᵐ,70 sur une largeur de 5 mètres et sur une hauteur de 6 mètres, avec un porche en bois du XIVᵉ siècle : trois arcs trilobés supportant un appentis. ǁ *Ép. moderne.* Église paroissiale de Saint-Laurent, XVIᵉ siècle. Plan rectangulaire, sauf saillie de l'abside. Longueur, non compris le porche, 32ᵐ,30; largeur, abside, 7ᵐ,80, transept et nef, 20ᵐ,95; hauteur, abside, transept et nef, 13 mètres; collatéraux, 7 mètres. L'abside est à cinq pans; 5ᵐ,40 de long. Le transept a deux travées et trois nefs d'égale hauteur; longueur, 14ᵐ,30. La nef a aussi deux travées, mais ses collatéraux sont moins élevés; longueur, 12ᵐ,60. Si cette église avait été achevée dans le plan ordinaire, la nef aurait deux travées de plus, c'est-à-dire 25ᵐ,20 de long, ce qui donnerait à l'édifice entier, non compris le porche, une longueur totale d'environ 45 mètres. Les maîtresses voûtes gagneraient à être plus élevées; les fenêtres de la grande nef n'ont pas assez de hauteur. Il n'y a pas de pilier engagé dans les murs; les retombées des voûtes portent sur des culs-de-lampe. Belles clefs pendantes; deux travées du transept en ont cinq. Inscription sur le mur nord du transept :

Fama, genus, mores, sapientia, laus et honores
Non retinent hominem quin ruat in cinerem.

Le porche, qui fait suite à la grande nef, supporte une belle tour carrée, XVIᵉ et XVIIIᵉ siècle. La flèche en charpente qui s'élève au centre de l'édifice a été récemment reconstruite.

THIL. *Moyen âge.* Église paroissiale de l'Assomption de la Sainte Vierge. Le mur sud de la nef aurait été, suivant la tradition, bâti par saint Berchaire, c'est-à-dire qu'il remonterait au VIIᵉ siècle; il nous semble dater du XIIᵉ. Le reste de l'église est moderne, du XVIᵉ siècle pour la plus grande partie, et pour une autre du XVIIIᵉ. Plan en forme de croix latine. Longueur, 30ᵐ,50; largeur, chœur et abside, 7 mètres, transept, 19ᵐ,50, nef, 7 mètres; hauteur, 8ᵐ,50 dans l'abside, le chœur et le transept, 5 mètres dans la nef. Tout est voûté, sauf la nef. Abside d'un beau style. Trois vitraux du XVIᵉ siècle, l'un daté de 1521.

THORS. *Moyen âge.* Église paroissiale de Sainte-Madeleine, XIIᵉ siècle. Plan rectangulaire. Longueur, 25ᵐ,80; largeur, 6ᵐ,80; hauteur, 8ᵐ,50. Point de voûtes. Les trois fenêtres du sanctuaire appartiennent à la construction primitive; les autres baies ont toutes été refaites au XVIᵉ siècle ou depuis.

VERNONVILLERS. *Moyen âge.* Église paroissiale de Saint-Vincent. Portail de la fin du XIIᵉ siècle; le reste n'est que de la fin du XVᵉ siècle ou du commencement du XVIᵉ. Abside à cinq pans, précédée d'une nef de trois travées avec collatéraux sans transept apparent sur le plan. Longueur, 22 mètres; largeur, 15ᵐ,20; hauteur, 8ᵐ,50. Point de voûtes. Pierre sépulcrale datée de 1573, avec le dessin au trait de deux figures, l'une d'homme et l'autre de femme.

VILLE-AUX-BOIS-LEZ-SOULAINES. *Moyen âge.* Église paroissiale sous le vocable de l'Assomption de la Sainte Vierge, xii° siècle. Plan rectangulaire. Longueur, 13 mètres; largeur, 7^m,45; hauteur jusqu'au plafond, 7^m,45. Suppression récente de la charpente apparente du comble, et de l'abside qui était voûtée en cul-de-four ovoïde. Huit fenêtres plein cintre. La porte a conservé les restes de beaux ferrements du xii° siècle.

VILLE-SUR-TERRE. *Ép. romaine.* Cimetière antique, lieu dit le Haut du Chemin de Fresnay. On y a trouvé des ossements, des cercueils de pierre avec des couvercles dont un aujourd'hui brisé sert de marche devant une porte de maison à Ville-sur-Terre, des cercueils de bois pourri, mais reconnaissables, des bracelets en terre cuite de plusieurs couleurs dont un appartient à M. Ménétrier, agent-voyer d'arrondissement à Bar-sur-Aube. — Le même M. Ménétrier croit avoir trouvé un camp romain au nord-ouest du village. ‖ *Moyen âge.* Fossés et restes de murailles entourant l'emplacement dit la Grange-au-Roi. La Grange-au-Roi était un carré de 130 mètres de côté, mesure prise au dedans des fortifications. Les fortifications consistent d'abord en un mur large de 2 mètres qui, aujourd'hui, ne s'élève nulle part de plus de 1 mètre au-dessus du sol naturel. Suit un fossé profond de 4 mètres au-dessous du sol naturel, large de 17 mètres au sommet et de 5 mètres au fond. En dernier lieu se trouve un parapet en terre large de 6 mètres et haut de 1 mètre. Les bâtiments d'habitation se trouvaient au nord-ouest, près d'une source qui touche le fossé. Tout ce que nous savons de la Grange-au-Roi, c'est que c'était un fief au xviii° siècle. ‖ *Ép. moderne.* Église paroissiale de Saint-Pierre-ès-Liens, fin du xvi° siècle et xvii°. Plan rectangulaire, sauf la saillie du chœur et de l'abside. Longueur, 32 mètres; largeur, abside et chœur, 6^m,60, nef, 15^m,50; hauteur des maîtresses voûtes, 8^m,50. Abside à cinq pans. Chœur sans collatéraux. Trois travées de nef avec collatéraux ; dans la première travée, les collatéraux sont aussi élevés que la nef, ce qui constitue une sorte de transept. Tour sur la travée ouest du collatéral sud; c'est la partie la plus récente de l'édifice.

CANTON DE VENDEUVRE-SUR-BARSE.
(Chef-lieu : VENDEUVRE.)

AMANCE. *Moyen âge.* Église paroissiale de Saint-Martin, xii° siècle, remaniée au xvi° et depuis. Plan rectangulaire, sauf la saillie de l'abside et du chœur. Longueur, 25 mètres; largeur, abside et chœur, 7^m, nef, 8^m,30. Abside à cinq pans, voûtée en pierre au xvi° siècle. La voûte de la nef est de la même date, mais en bois sur entraits apparents. Débris de vitraux, l'un daté de 1517. — Au hameau de la Ville-aux-Bois, église paroissiale sous le vocable de l'Assomption, xii° siècle. Plan rectangulaire. Longueur, 16^m,70; largeur, 7^m,30; hauteur, 5 mètres. On y remarque la tombe du sieur de la Rochetaillée, xv° siècle, remarquable par sa conservation. (Voyez P. A.) ‖ *Ép. moderne.* Dans la maison d'un particulier, belle cheminée en pierre sculptée, du xvi° siècle, malheureusement mutilée et empâtée. Longueur, 5^m,30; hauteur, 2^m,60.

ARGANÇON. *Ép. romaine.* Cimetière antique au lieu dit le Randon; on y a trouvé des cercueils de pierre. — Le chemin qui suit la rive droite du Landion passe pour être une voie romaine. ‖ *Moyen âge.* Église paroissiale de Saint-Pierre-ès-Liens, xii° siècle, remaniée au xvi° et au xviii°. Plan irrégulier : une nef accompagnée d'une chapelle au nord. Longueur, 22^m,30 ; largeur, 6^m,20 ; hauteur, 9 mètres dans l'abside et la travée voûtée qui suit; dans le reste de la nef, 6 mètres. Presque toutes les baies actuelles sont postérieures à la construction primitive.

BLIGNY. *Ép. romaine.* Des cercueils de pierre ont été trouvés, il y a un certain nombre d'années, dans le cimetière actuel, près de l'église. ‖ *Ép. moderne.* Église paroissiale de Saint-Symphorien, toute récente.

BOSSANCOURT. *Ép. romaine.* Voie de Langres à Châlons-sur-Marne, traversant le finage et le village même. On trouve encore dans les vignes des tronçons d'empierrement consistant en une sorte de béton surmonté de pavés. ‖ *Moyen âge.* Église paroissiale sous le vocable de l'Assomption de la Sainte Vierge, xii° siècle, sauf des remaniements postérieurs. Deux nefs, dont une seule, celle du nord, est munie d'abside. Longueur, 18 mètres; largeur, 13^m,20 ; hauteur, 6 mètres. L'abside est voûtée en berceau et terminée à l'orient par un mur droit. Les deux nefs ont été voûtées au xvi° siècle; elles ont chacune trois travées. La plupart des fenêtres aussi ont été refaites au xvi° siècle.

CHAMP-SUR-BARSE. *Ép. moderne.* De l'église, qui n'était pas ancienne et qui a été démolie il y a cinquante ans, il ne subsiste que la cloche, conservée dans les archives de la commune, xviii° siècle.

DOLANCOURT. *Ép. romaine.* Plusieurs cercueils de pierre ont été trouvés dans cette commune, un notamment dans la propriété de M. Lefranc, architecte, auquel il appartient. Longueur, 1^m,90 ; largeur, à la tête, 0^m,65, aux pieds, 0^m,34 ; hauteur, à la tête, 0^m,54, aux pieds, 0^m,45. Couvercle de forme arrondie. ‖ *Moyen âge.* Église paroissiale de Saint-Léger. La nef date du xii° siècle, sauf les fenêtres, qui sont toutes nouvelles; le reste de l'église est de construction récente. Longueur de cette nef, 8^m,40 ; largeur, 5^m,60 ; hauteur, 5 mètres; elle n'est pas voûtée. Pierre sépulcrale avec la figure d'un prêtre en chasuble, un dais d'architecture sur sa tête et la date de 1296.

FRAVAUX. *Moyen âge.* Église paroissiale de Saint-

4.

Laurent, xii° siècle. Plan rectangulaire. Longueur, 22°,50; largeur, 4°,20; hauteur des voûtes, 6°,50, du plafond de la partie non voûtée, 4°,50. Le sanctuaire et une travée qui le suit sont voûtés sur ogives. Dans la partie voûtée se trouvent des peintures murales du xiv° siècle, publiées en partie dans P. A. Dans l'abside est une fenêtre romane à linteau.

JESSAINS. *Moyen âge.* Église paroissiale de Saint-Pierre-ès-Liens. Nef du xii° siècle; le reste, du xvi°. Longueur, 26 mètres; largeur, abside et chœur, 7°,70, nef, 7°,20; hauteur, abside et chœur, 7 mètres, nef, 6°,50. L'abside et le chœur sont seuls voûtés. Abside à cinq pans; fenêtres de la nef refaites; le portail a été remanié.

JUVANZÉ. *Moyen âge.* Église paroissiale de Saint-Gengoul, xii° siècle. Chœur rectangulaire, précédé d'une nef de même forme. Longueur, 22 mètres; largeur, abside, 5°,70, nef, 7°,50; hauteur du plafond de la nef, 5°,20, mais autrefois l'élévation était plus grande, car l'arc triomphal s'élève au-dessus du plafond. Dans le chœur et la nef, peintures murales recouvertes de badigeon. Portail roman.

LOGE-AUX-CHÈVRES (LA). *Ép. moderne.* Église paroissiale de Saint-Antoine, xvi° siècle. Abside à trois pans, nef, plus une chapelle faisant hache. Cette église est de bois, voûtée en berceau sur entraits. Longueur, 12°,30; largeur, 11 mètres; hauteur, 8 mètres. Débris de vitraux. Jolie cuve baptismale pédiculée, avec cette inscription : M°. *Et. de Messigny, escuyer, conseiller du roy, president a Troyes, sieur de ce lieu et de la Villeneufve-aux-Chesnes, et dame Marie de Pleurre, sa femme, 1559.*

MAGNIFOUCHARD. *Moyen âge.* Église paroissiale de Sainte-Madeleine. Nef du xii° siècle; abside et transept du xvi°. Plan en forme de croix latine. Longueur, 27°,80; largeur, abside et nef, 7°,30; transept, 18°,60; hauteur, 7°,50. L'abside et le transept sont seuls voûtés. La nef n'a conservé que deux de ses fenêtres primitives; elles sont au nord. Joli portail du xii° siècle à l'occident.

MAISON-DES-CHAMPS (LA). *Ép. moderne.* Église de construction toute récente.

MEURVILLE. *Ép. romaine.* Un cercueil de pierre trouvé au lieu dit la Bevrotte. || *Moyen âge.* Église paroissiale de Saint-Benoît; fin du xii° siècle et commencement du xiii°. Plan en forme de croix latine. Longueur, 22°,50; largeur, transept, 16°,80, nef, 7°,90; hauteur, abside, 8 mètres, nef, 10 mètres. Abside à cinq pans, voûtée en pierre. Bras de croix, l'un voûté au xv° siècle, l'autre couvert d'un plafond. Nef voûtée en berceau sur bois, avec entraits. Peintures murales visibles sous le badigeon de l'abside et de la nef.

SPOIX. *Moyen âge.* Église paroissiale de Saint-Didier, xii° siècle. Une nef munie de chapelles latérales. Longueur, 29°,50; largeur des deux premières travées, 6°,80, et, en y comprenant les chapelles latérales, 18°,70; troisième travée, 4°,40; le reste de la nef, 5°,50; hauteur dans les deux premières travées, 7 mètres, dans le reste de l'église, 5°,50. Les deux premières travées voûtées sur ogives, la troisième en berceau plein cintre; le reste, non voûté. Les chapelles sont voûtées : celles du midi datent du xvi° siècle; celles du nord, l'une du xii°, l'autre du xvi°. Pierre tumulaire, en grande partie effacée, datée de l'année 1300. A l'ouest, porche roman, avec un joli comble en charpente; longueur, 5°,50; largeur, 6 mètres. Tour romane, de forme carrée, sur la troisième travée de l'église.

TRANNES. *Ép. romaine.* Voie de Langres à Châlons-sur-Marne, traversant le village du sud au nord. — Cercueils de pierre trouvés au-dessus des forges de Beaulieu. || *Moyen âge.* Église paroissiale de Saint-Michel, fin du xii° siècle. Deux nefs; celle du nord est la principale. Longueur, 21°,80; largeur, 9 mètres; hauteur, 7°,50. Au bout de la nef nord sanctuaire carré, précédé d'une travée de chœur voûtée. Chapiteaux à feuillage d'un beau travail. Les colonnettes qui cantonnent les piliers ne sont point engagées; plusieurs ont disparu. Pierre tumulaire, avec une figure d'homme gravée au trait et l'épitaphe de : *Jehan Candarot, marchant labour[eur].........à Trannes,* mort le 2 mai 1751. Porche gothique de construction récente. Tour au midi, faisant hache sur le chœur. || *Ép. moderne.* De l'abbaye de Beaulieu, ordre de Prémontré, fondée au xii° siècle, il subsiste des bâtiments d'habitation et une portion du cloître, xvii° siècle.

UNIENVILLE. *Ép. romaine.* Au lieu dit les Belles-Mères, découverte de cercueils de pierre, armes, anneau d'or, etc. etc. || *Moyen âge.* Église paroissiale de Saint-Symphorien, xii° siècle; ayant subi remaniements et même reconstructions du xvi° au xix° siècle. Plan en forme de croix latine. Longueur, 25 mètres; largeur, transept, 17 mètres, nef, 7 mètres; hauteur, 6 mètres. Pas de voûtes. L'abside, naguère voûtée en cul-de-four, vient d'être rebâtie; le bras nord du transept l'a été au xvi° siècle; la plus grande partie des baies a été remaniée au xviii° siècle. Débris de vitraux du xvi° siècle. Pierre sépulcrale avec personnage gravé au trait, à la fin du xvi° siècle. Portail occidental du xii° siècle; les ventaux sont gothiques et ont conservé leurs ferrements. La tour était autrefois au midi de l'église faisant hache. Dans la sacristie, une Vierge mère assise, en ivoire, du xiii° siècle; hauteur, 0°,23.

VAUCHONVILLIERS. *Moyen âge.* Église paroissiale de Saint-Pierre et de Saint-Paul, xii° siècle, sauf les bras de croix, qui sont du xvi°. Longueur, 23°,50; largeur, abside, 5°,40, transept, 17°,80, nef, 7°,50; hauteur, abside, 5 mètres, transept, 7 mètres, nef,

$5^m,50$. L'abside a été voûtée au XII° siècle; le transept, au XVI°. Nef non voûtée, décorée de peintures murales du XIV° siècle, où l'on distingue, malgré le badigeon qui les recouvre, un saint Michel et la chasse de saint Hubert.

VENDEUVRE-SUR-BARSE. *Ép. romaine.* Cimetière antique, décrit sommairement par M. Corrard de Breban dans S. A. 2° série, VIII, 416. — Atelier de potier, tuiles et débris de poterie signalés, ibid. 2° série, VI, 99. Une partie de ces derniers objets est au musée de Troyes. || *Moyen âge.* Château du XII° et du XVI° siècle, remanié au XVII°. Il consistait, au XVI° siècle, en un polygone irrégulier, long de 110 mètres, large de 65, contenant environ 70 ares. On y trouvait : 1° à l'angle nord-est, sur une motte, un donjon, dont le dessin a été conservé; cette motte était entourée de fossés qui la séparaient du reste de la forteresse; 2° une chapelle romane, qui a été démolie, mais dont le portail démonté subsiste encore; 3° le bâtiment d'habitation du XII° siècle, qui existe toujours et forme la portion orientale du château actuel. Le rez-de-chaussée a subi peu de modifications. Porte d'entrée en plein cintre, haute de $2^m,40$ et large de $3^m,50$, avec la coulisse de sa herse et un corridor voûté en berceau plein cintre, divisé en deux travées inégales par un arc-doubleau, long de 5 mètres, large de 4 mètres, haut de $4^m,80$; au fond, une autre porte en plein cintre, aujourd'hui murée, qui menait dans la cour. Au-dessus de ces portes et du corridor est une tour qui a 20 mètres de haut, à partir du sol actuel, et qui en avait 25 du fond du fossé; cette tour a 9 mètres de large hors d'œuvre à la base, et ses murs 2 mètres d'épaisseur. Le bâtiment attenant à l'ouest s'élargit assez pour se diviser en deux salles : l'une, au midi, est longue de $13^m,50$, large de 5 mètres, haute de 4, voûtée en berceau; l'autre, au nord, a 15 mètres de long, 8 de large, 4 de haut, se divise en deux nefs, qui ont chacune quatre travées, et est voûtée en berceau; les trois piliers sont cylindriques. La disposition des étages supérieurs a été bouleversée. Un magnifique escalier, dans la portion rebâtie au XVI° siècle, appartient encore à la construction primitive. Le château était entouré de murs, dont quelques substructions sont encore visibles, et de fossés, aujourd'hui en grande partie comblés et autrefois baignés par la Barse, qui prend sa source sous le château même. La portion de la ville qui touchait immédiatement le château était entourée de murs et de fossés, dont la rue des Fossés-Tanraux conserve le souvenir. Cette dernière enceinte décrivait une sorte de demi-cercle, qui enveloppait le château au sud et à l'ouest, c'est-à-dire à l'opposite du donjon. (Voir, sur le château de Vendeuvre, V. A. 213.) — Église prieurale de Saint-Jean. Chœur et sanctuaire de la seconde moitié du XII° siècle; longueur, 9 mètres; largeur, $5^m,20$; hauteur, $6^m,50$; le sanctuaire se termine à l'orient par un mur droit, percé d'un œil de bœuf; voûte sur ogives. La nef date du XVII° ou du XVIII° siècle. — Près de la ferme du Valsuzenay, restes de l'église paroissiale du Valsuzenay, sous le vocable de la Nativité de la Sainte Vierge; XII° siècle. Sanctuaire carré et portion de nef. Longueur, 13 mètres; largeur au sanctuaire, $3^m,80$, à la nef, 6 mètres; hauteur, $3^m,60$. Rien n'est voûté.

|| *Ép. moderne.* Église paroissiale de Saint-Pierre, XVI° siècle. Plan en forme de croix latine. Longueur, 42 mètres; largeur, abside et chœur, $8^m,20$, transept, $30^m,50$, nef, $18^m,50$; hauteur des maîtresses voûtes, 10 mètres, et des collatéraux, 7 mètres. L'abside est à trois pans, précédée d'une travée de chœur, de deux de transept, de quatre de nef. Au dossier du banc d'œuvre, un retable du XVI° siècle, où l'on remarque un beau tableau sur bois de la même date, représentant le martyre des onze mille vierges. Quelques autres tableaux et trois belles verrières de la même date. A l'extérieur, un beau portail, orné de sculptures peintes, style Renaissance. (Voir V. A. 214-215.)

VILLENEUVE-AUX-CHÊNES (LA). *Moyen âge.* Église paroissiale de Saint-Nicolas, XII° siècle, sauf des remaniements modernes. Plan en forme de croix latine. Longueur, 30^m; largeur, abside, chœur et nef, $7^m,50$, transept, $16^m,50$; hauteur, 10 mètres. Abside à trois pans; une fenêtre du XII° siècle, une autre du XVI°. Chœur percé de quatre fenêtres plein cintre, du XII° siècle. Transept en partie reconstruit au XVIII° siècle. Nef du XII° siècle à peu près intacte, sauf les portes. Cette église est voûtée en carène de navire avec entraits. Plafond aux deux bras du transept. Parements extérieurs des murs de la nef formés d'assises alternées de pierres et de briques; les autres parties sont construites presque exclusivement en briques. Clocher à l'occident, de construction récente.

ARRONDISSEMENT DE BAR-SUR-SEINE.

CANTON DE BAR-SUR-SEINE.
(Chef-lieu : Bar-sur-Seine.)

BAR-SUR-SEINE. *Moyen âge.* Sur la rive gauche de la Seine, au-dessus de la ville actuelle, sur un promontoire fort étroit, détaché du sud au nord par la montagne, ruines du château qui occupait toute la surface plane de l'extrémité septentrionale de ce promontoire, xii° et xv° siècle. Murailles d'enceinte dont la partie inférieure subsiste seule. Plan : quadrilatère, dont les côtés sud et nord, à peu près parallèles, sont longs, le premier, de 85 mètres, le second, de 13 mètres, et séparés l'un de l'autre par un intervalle de 120 mètres. Contenance, 58 ares 80 centiares. Fossé large de 20 mètres, séparant le château du reste de la montagne. Suivent la motte et le donjon. La motte forme un parallélogramme dont un des côtés parallèles, qui est le côté sud du château, a 85 mètres de long et l'autre côté parallèle, 55 mètres environ; largeur, 30 mètres; relief, 8 mètres; au sud et à l'ouest, murs ajoutés au xv° siècle; aux angles sud-est et sud-ouest, bases de tours rondes construites au xv° siècle. Des travaux exécutés dernièrement par M. Campeau ont mis à jour les premières assises du donjon construit sur cette motte, xii° siècle; plan rectangulaire; longueur, de l'ouest à l'est, 25 mètres; largeur, du sud au nord, 20 mètres. Salle à l'angle sud; mur épais de 2^m,50; plan à peu près carré, 5^m,20 de l'est à l'ouest, 5^m,30 du sud au nord; voûte haute de 5^m,30, construite sur ogive et sans formerets; porte primitive au nord, large de 1^m,30, haute de 1^m,70, le linteau soutenu par deux modillons; de cette porte on descendait dans la salle par un escalier. Les bâtiments d'habitation occupaient l'extrémité nord du château; on le reconnaît au nombre énorme de fragments de tuiles qui couvrent le sol. A la pointe extrême de la montagne, sur la pente, débris de tours circulaires étagées l'une au-dessus de l'autre, qui remontent sans doute au xv° siècle. Au pied de la montagne, au nord, se trouvait la basse-cour, de forme carrée, le côté long de 80 mètres; des murs et des fossés la défendaient. Ce château est celui des comtes de Bar-sur-Seine, qui régnèrent de la fin du xi° siècle au commencement du xiii°; il appartient ensuite aux comtes de Champagne, qui le conservèrent jusqu'à la réunion de la Champagne à la France, à la fin du xiii° siècle; alors il fut réuni au domaine royal, dont le traité d'Arras le détacha en 1435 pour l'abandonner aux ducs de Bourgogne; Louis XI s'en empara en 1477; et, après avoir été disputé par les ligueurs et les protestants, il fut démantelé en 1597. (Dans L. Coutant, *Histoire de Bar-sur-Seine*, p. 292-296, renseignements utiles, quoique tout ne soit pas exact.) — Chapelle de la commanderie d'Avalleur, fin du xii° siècle. Plan rectangulaire; trois travées; voûtes d'ogives. Les autres bâtiments de la commanderie datent du xvi° siècle. (V. A. 226-227.) || *Ép. moderne.* Église paroissiale de Saint-Étienne, xvi° et xvii° siècles, consacrée en 1618. Plan en forme de croix latine; voûtée. Longueur, 56 mètres; largeur, 25^m,70 dans la nef et 33 mètres au transept; hauteur, 19 mètres dans la grande nef et 7 mètres dans les collatéraux. L'abside est à trois pans et entourée d'un collatéral. Chœur, deux travées, collatéraux. Transept, une travée. Nef, quatre travées accompagnées de collatéraux et de chapelles. Le transept et la nef ont un *triforium*. Beaux vitraux. La tour est au sud du portail occidental; elle a perdu son clocher, démoli pendant la révolution. (V. A. 101-104, A. P. 91 et S. A. 2° série, VIII, 391-405.)

BOURGUIGNONS. *Moyen âge.* Église paroissiale de Saint-Vallier. Une petite partie est du xii° siècle; le reste, du xvi°. Longueur, 34^m,70; largeur moyenne, 7^m,50; hauteur, 6 mètres. Abside, xvi° siècle; trois pans; largeur, 8^m,20; longueur égale; hauteur, 6^m,50. Nef non voûtée, dont la partie occidentale est romane, mais a été remaniée. Chapelle latérale du xvi° siècle; deux travées voûtées; longueur, 14^m,20; largeur, 6^m,50; hauteur, 5 mètres. Beaux vitraux du xvi° siècle. (V. A. 95-96.)

BRIEL. *Ép. romaine.* Voie connue sous le nom de Chemin des Romains, cultivée, venant du finage de Marolles-lez-Bailly et se dirigeant sur celui de Montreuil, passant à l'ouest du village, dans les contrées dites de la Garenne et de la Forêt. || *Ép. moderne.* Église paroissiale de Saint-Maurice, de construction récente; cependant quelques-unes des pierres de taille accusent le xvi° siècle.

BUXEUIL. *Moyen âge.* Église paroissiale de Saint-Loup, xii°, xiii° et xvi° siècle. Plan en forme de croix latine. Abside du xvi° siècle, voûtée au xvi° : longueur, 3^m,50; largeur, 5 mètres; hauteur, 4^m,50. Chœur du xiii° siècle, voûté au xvi°; longueur, 4 mètres : largeur, 5 mètres; hauteur, 4^m,50. Transept : le bras méridional date du xii° siècle, sa voûte exceptée; le bras septentrional et le centre de la voûte du bras méridional sont du xvi° siècle. Nef non voûtée, sans caractère.

CHAPPES. *Moyen âge.* Débris importants des fortifications du château; mottes, fossés. — Église paroissiale de Saint-Loup, xii° et xvi° siècle. Plan en forme de croix latine. Longueur, 31^m,70; largeur, abside, 7 mètres, transept, 15 mètres, nef, 9^m,60. Abside du xvi° siècle; cinq pans; voûte haute de 9 mètres; belles grisailles. Transept; une travée; la partie centrale, du xii° siècle, non voûtée, haute de 7^m,50, servant de base au clocher; les collatéraux, du xvi° siècle, voûtés, hauts de 5 mètres. Nef du xii° siècle, non voûtée, sans collatéraux; hauteur, 7^m,50.

CHAUFFOUR-LEZ-BAILLY. *Ép. moderne.* Église paroissiale de l'Assomption de la Sainte Vierge, xvi° siècle. Plan en forme de croix latine. Longueur, 27 mètres; largeur, abside, 7^m,30; transept, 17^m,40, nef, 7^m,30 pour une travée et 8^m,10 pour les autres; hauteur, abside et transept, 7 mètres, nef, 9^m,60. Abside à cinq pans, voûtée en pierre; le transept est également voûté en pierre. Nef: murs et voûte entièrement construits en bois; cinq travées. Fort beaux panneaux de bois du xvi° siècle, au nombre de vingt-quatre. Douze servent de clôture à la chapelle baptismale : longueur, 4^m,90; hauteur, 1^m,05. Les autres servent de base à la clôture du chœur : longueur, 4^m,40; hauteur, 0^m,88 seulement, parce que les corniches, les bases et une partie des pieds manquent.

COURTENOT. *Moyen âge.* Église paroissiale de Saint-Pierre-ès-Liens. Il y a quelques années, elle était encore presque tout entière romane; mais elle vient d'être rebâtie à peu près complètement, notamment l'abside, qui était semi-circulaire et voûtée en cul-de-four. Il subsiste encore de l'ancienne construction un porche en appentis à l'occident, le mur latéral nord et la tour centrale. (V. A. 93-94.)

FOUCHÈRES. *Ép. romaine.* Voie romaine sur la rive gauche de la Seine, parallèle, ou à peu près, à la route impériale n° 71, de Dijon à Troyes, et courant au sud-ouest de cette route; cultivée; en plusieurs endroits, débris de son pavé. — On a aussi découvert, dit-on, des meules romaines. (S. A. 2° série, VIII, 418.) || *Moyen âge.* Église paroissiale de la Nativité de la Sainte Vierge, xii° siècle, sauf quelques fenêtres plus récentes. Plan en forme de croix latine. Longueur, 29^m,80; largeur, sanctuaire, 5^m,40, transept, 13^m,80, nef, 10^m,60; hauteur, 7^m,50. Sanctuaire rectangulaire; dans le mur oriental trois fenêtres et une rose, dans chaque mur latéral quatre fenêtres formant deux étages; voûte d'ogive divisée en deux travées, mais avec une seule clef, et ainsi deux ogives seulement pour ces deux travées. Transept : deux travées, deux collatéraux, voûtes d'ogive; la partie centrale sans formeret au midi ni clef saillante; fenêtres en plein cintre. Nef accompagnée d'un collatéral, non voûtée; trois travées. Débris d'une tombe et restes de vitraux du xvi° siècle. Croix processionnelle de la même date. — Sur la route, en tête du pont, croix de pierre du xiv° siècle, ornée d'une statue de la Vierge, le tout récemment restauré. (V. A. 21-25.)

FRALIGNE. *Ép. romaine.* Substructions antiques. Voie empierrée, aujourd'hui cultivée, et parallèle au chemin de Magnant à Fraligne. || *Ép. moderne.* Église paroissiale de Saint-Parres.

JULLY-SUR-SARCE. *Ép. romaine.* Voie de Troyes à l'établissement romain de Vertaut. || *Moyen âge.* Jadis château qui avait environ 200 mètres de diamètre; fossés en grande partie comblés : ils avaient, dit-on, 7 mètres de profondeur, il y a vingt ans. — Église collégiale de Saint-Louis, servant de chapelle, démolie : rue des Chanoines. — Église paroissiale de l'Assomption de la Sainte Vierge, xii° siècle, sauf quelques additions et remaniements postérieurs. Plan en forme de croix latine. Longueur, 35 mètres; largeur, sanctuaire, 4 mètres, transept, 12^m,50, nef, 9 mètres; hauteur, abside et transept, 4 mètres, nef, 12 mètres. Sanctuaire terminé par un mur droit; voûte d'ogive en pierre. Chœur : deux travées, toutes deux voûtées en pierre, l'une en berceau, la seconde sur ogive; deux chapelles, une de chaque côté, formant transept. La nef a subi plusieurs remaniements; sa charpente apparente est aujourd'hui masquée par un plancher qui réduit la hauteur à 7 mètres. Porche du xvi° siècle et remanié depuis, portant une tour. La démolition de cette église est, dit-on, projetée.

MAROLLES-LEZ-BAILLY. *Ép. romaine.* Voie venant de Langres et traversant le chemin qui mène du village à la station de Montiéramey. || *Moyen âge.* Église paroissiale de Saint-Remy : la plus grande partie est du xvi° siècle, mais une portion date du xii°. Plan rectangulaire, sauf la saillie du sanctuaire, à l'orient. Longueur, 28 mètres; largeur, abside, 3^m,70, nef, 14^m,70. Sanctuaire carré, xii° siècle; voûte d'arête; point de formerets; hauteur, 4^m,10. Nef accompagnée de collatéraux moins larges; le tout voûté; hauteur de la nef, 5^m,50, et des collatéraux, 5 mètres; la travée de la nef qui touche l'abside date du xii° siècle : elle a une voûte d'arête et sert de base au clocher; le reste est du xvi° siècle.

MERREY. *Ép. moderne.* Église paroissiale de Saint-Pierre-ès-Liens, xvi° et xvii° siècle. Plan en forme de croix latine. Longueur, 30^m,30; largeur, abside, 7 mètres, chœur, 20^m,80, transept, 23 mètres, nef, 17^m,20; hauteur des voûtes, 10 mètres. Une inscription atteste que cette église a été commencée en 1550; on trouve sur des piliers les dates de 1584, 1587, 1589 et 1610, ce qui n'empêche pas cette église d'être gothique.

POLIGNY. Néant.

RUMILLY-LEZ-VAUDES. *Ép. romaine.* On a signalé sur le finage des meules de moulins à bras. (S. A.

2ᵉ série, VIII, 418.) || *Ép. moderne.* Église paroissiale de Saint-Barthélemy, xvıᵉ siècle. Plan rectangulaire, sauf la saillie de l'abside. Longueur, 38 mètres; largeur, 17ᵐ,70; hauteur, maîtresses voûtes, 13 mètres, collatéraux, 6ᵐ,50. Tout voûté, sauf la travée occidentale de la grande nef. Abside à trois pans, longue de 4 mètres. Chœur, deux travées; longueur, 9 mètres, collatéraux et chapelles. Transept, une travée; longueur, 7ᵐ,40. Nef, trois travées; longueur, 17ᵐ,50. Débris importants de vitraux. Au fond de l'abside, beau retable en pierre sculptée, avec cette inscription datée de 1523 :

Parce, Deus, famulo, rectore Johanne Coleto,
Plebs colat æthereum Romiliana polum.

Sur la travée occidentale du collatéral nord, tour haute de 27 mètres, large à la base, hors d'œuvre, de 9 mètres. Une inscription placée sur le trumeau de la porte principale apprend que cette église fut consacrée en 1549; elle avait été commencée en 1527, comme l'indique une autre inscription placée au chevet. — Ancien château des abbés de Molesmes, de la fin du xvıᵉ siècle ou du commencement du xvııᵉ. (V. A. 86-91 et A. P. 93-98.)

SAINT-PARRES-LEZ-VAUDES. *Ép. romaine.* Voie de Troyes à l'établissement romain de Vertaut, passant au hameau de Chemin et se continuant entre la Seine et la route impériale de Dijon à Troyes. || *Moyen âge.* Église paroissiale de Saint-Parres. Nef du xııᵉ siècle; le reste, du xvıᵉ. Plan en forme de croix latine. Longueur, 26ᵐ,30 ; largeur, abside et nef, 6ᵐ,60, transept, 16 mètres; hauteur, 6 mètres. L'abside est à cinq pans et voûtée; transept, une travée voûtée; nef non voûtée. Une partie des vitraux du xvıᵉ siècle, le reste est récent. Banc seigneurial sculpté du xvıᵉ siècle; longueur, 6ᵐ,60. Clocher central en charpente.

VAUDES. *Moyen âge.* Église paroissiale de Saint-Clair. Un tiers environ du xııᵉ siècle; le reste n'est que du xvıᵉ. Plan en forme de croix latine. Longueur, 28ᵐ,80 ; largeur, abside, 7 mètres, transept, 20 mètres, nef, 7 mètres; hauteur, abside et transept, 7ᵐ,50, nef, 7ᵐ,80. Abside et transept seuls voûtés, xvıᵉ siècle. Nef, avec plafond du xvıᵉ siècle. Beaux vitraux et beaux fonts baptismaux du xvıᵉ siècle. Une fenêtre romane de la nef, la seule qui ne soit pas bouchée, a 1ᵐ,35 de haut sur 0ᵐ,15 de large. (V. A. 81.)

VILLEMORIEN. *Ép. romaine.* Voie allant de Troyes à l'établissement romain de Vertaut, passant à peu de distance à l'ouest du village. || *Moyen âge.* Église paroissiale de Saint-Germain, xııᵉ siècle. Un sanctuaire rectangulaire précédé d'un chœur et d'une nef, sans transept. Longueur, 27ᵐ,70 ; largeur, sanctuaire, 5ᵐ,70, chœur, 6ᵐ,30, nef, 8ᵐ,60; hauteur, 7 mètres. Sanctuaire voûté en berceau plein cintre. Chœur, une travée voûtée sur ogive. Nef non voûtée. Une tour de pierre sur le chœur.

VILLEMOYENNE. *Ép. romaine.* Lieu dit le Camp. (S. A. 2ᵉ série, VIII, 418.) || *Moyen âge.* Église paroissiale de Saint-Martin, xııᵉ siècle. Deux nefs; celle du midi a seule une abside. Longueur, 17ᵐ,40 ; largeur, abside, 4ᵐ,60, nefs, 12ᵐ,55. Abside voûtée en cul-de-four, haute de 5ᵐ,58, longue de 3ᵐ,80. Les deux nefs ont chacune deux travées, la première travée de la nef nord seule voûtée; la nef nord a 5ᵐ,70 de large, celle du sud, 6 mètres, et le mur qui les sépare, 0ᵐ,85.

VILLE-SUR-ARCE. *Ép. romaine.* Au nord du village, sur la rive droite de l'Arce, voie romaine latérale à cette rivière. || *Ép. moderne.* Église paroissiale de Saint-Aubin, xvıᵉ siècle. Plan en forme de croix latine. Longueur, 34ᵐ,50 ; largeur, abside, 6ᵐ,80, transept, 21ᵐ,50, nef, 8ᵐ,50 ; hauteur, abside, 11 mètres, transept, 10 mètres, nef, 9 mètres. Abside à trois pans, voûtée en pierre. Chœur, deux travées, collatéraux, voûtés en pierre. Nef, une voûte en bois, plafonnée, sur entraits.

VILLIERS-SOUS-PRASLIN. *Ép. romaine.* Au sud du village, voie romaine allant du nord-est au sud-ouest; des fouilles récentes ont découvert une portion de l'empierrement, composé de pierres mises sur leur plat, et au-dessus d'elles, de deux étages de pierre sur champ; épaisseur totale, 0ᵐ,70. || *Ép. moderne.* Église paroissiale de Saint-Nicolas, de construction récente.

VILLY-EN-TRODE. *Ép. romaine.* Voie dite des Grands-Chemins et Chemin de Montcheroy, passant au midi du village, traversant la section dite des Faches, la séparant de celle de la Voie de Bar et pénétrant sur le finage de Magnant, à l'est. Au lieu dit Montcherey, près de la croix de Montcherey, on a trouvé, il y a vingt-cinq ans, un cercueil de pierre. || *Moyen âge.* Église paroissiale de Saint-Laurent, xııᵉ siècle. Sanctuaire rectangulaire, précédé d'un chœur accompagné de chapelles latérales, et d'une nef munie de collatéraux. Longueur, 25 mètres; largeur, abside et chœur, 5ᵐ,70, nef, 16ᵐ,65; hauteur de la nef, 11 mètres, et de l'abside et du chœur, 7ᵐ,50. Le sanctuaire et le chœur voûtés en pierre; les chapelles remaniées. La nef séparée des collatéraux non par des piliers, mais par deux murs, chacun percé de trois arcades en plein cintre; mesure de l'une de ces arcades : longueur, 2ᵐ,35 ; hauteur jusqu'au biseau qui précède la naissance de l'archivolte, 1ᵐ,55, jusqu'au sommet de l'archivolte, 2ᵐ,90. Peintures couvertes de badigeon; le rouge, le violet et le jaune paraissent avoir été les principales couleurs employées. Joli portail; dans le tympan, bas-relief du xvıᵉ siècle, représentant saint Laurent sur le gril.

VIREY-SOUS-BAR. *Ép. romaine.* Voie de Troyes à l'établissement romain de Vertaut; elle passe au sud-ouest du village. || *Moyen âge.* Église paroissiale de Saint-

Étienne, xii° siècle, remaniée au xvi°. Sanctuaire carré, précédé de deux nefs ayant quatre travées dont la première accompagnée d'une chapelle faisant bras de croix. Longueur, 30^m,50; largeur, sanctuaire, 5^m,50, transept, 18 mètres, nefs, 11^m,60; hauteur des voûtes, 6 mètres. Le sanctuaire et les deux premières travées de la nef voûtées en pierre; le reste, aujourd'hui couvert d'un plafond, avait autrefois sa charpente apparente. La plupart des fenêtres n'appartiennent pas à la construction primitive. Portail occidental à plein cintre, autrefois supporté par six colonnettes, précédé d'un porche en appentis. (V. A. 94.)

CANTON DE CHAOURCE.

(Chef-lieu : CHAOURCE.)

AVREUIL. *Ép. romaine*. Voie venant de Tonnerre, traversant le village du nord au sud et s'y croisant à angle droit avec la voie connue sous le nom de Chemin-de-Lorry. || *Moyen âge*. Église paroissiale de l'Assomption de la Sainte Vierge. Nef du xii° siècle; le reste, du xvi°. Plan en forme de croix latine. Longueur, 26^m,30; largeur, abside et chœur, 7^m,40, transept, 16^m,50, nef, 10^m,40; hauteur, 10 mètres. Abside à cinq pans; voûte récente en pierre, remplaçant une voûte du xvi° siècle, dont elle est l'imitation. Transept non voûté. La nef a une voûte de bois en berceau, sur entraits apparents. Beau retable en pierre sculpté, fin du xvi° siècle.

BALNOT-LA-GRANGE. *Ép. romaine*. Près du chemin de Chesley, tout près du village de Balnot, des cercueils de pierre, qu'on appelle en patois du pays des *noes* (de *noffus* ou *naufus*); corps morts sans cercueils et avec des armes. — Voie romaine, se dirigeant du nord-ouest au sud-est, pour gagner l'établissement romain de Vertault; on trouve le pavé à l'est du hameau de Malassise et entre Balnot et Vaudron. || *Ép. moderne*. Fondations d'un mur qui fait le tour du village. — Église paroissiale de la Nativité de la Sainte Vierge. Abside et transept du xvi° siècle; nef récente. Plan en forme de croix latine. Abside à cinq pans, large de 6^m,30, longue de 6 mètres, haute de 10 mètres et voûtée. Transept long de 10^m,50, large de 17^m,60, haut de 10 mètres; deux travées et deux collatéraux.

BERNON. *Ép. romaine*. A l'ouest du village, à quelques mètres en dehors du fossé des fortifications, non loin de l'église, on a trouvé des cercueils de pierre. — Voie de Troyes à Tonnerre, traversant l'extrémité du finage, section E du cadastre, 1re feuille, et limitant le finage, même section, 2e feuille. || *Moyen âge*. Église paroissiale de Saint-Edmond, xii° siècle, remaniée au xvi°. Plan en forme de croix latine. Longueur, 27 mètres; largeur, sanctuaire, 6^m,60, nef, 7^m,60; hauteur, abside et transept, 6^m,30, nef, 6^m,70. Sanctuaire terminé à l'orient par un mur droit; voûte du xvi° siècle. Transept, une travée; les bras de croix, du xvi° siècle, ainsi que la voûte de la partie centrale. Nef, quatre travées voûtées du xvi° siècle. || *Ép. moderne*. Bernon était entouré de murs et de fossés; une partie des fossés subsiste.

CHAOURCE. *Ép. romaine*. A quatre cents mètres environ au nord de Chaource, au sud de l'Armance, tronçon de la voie dite Chemin-de-Lorry. || *Moyen âge*. Chaource avait un château qui joue un rôle dans les guerres de Thibaut le Chansonnier, au xiii° siècle; on désigne l'emplacement sous le nom de Vieux-Château : contenance, 3 hectares 95 ares 82 centiares. Les vieillards se rappellent la destruction de quatre buttes en terre, derniers débris des fortifications. — Église paroissiale de Saint-Jean-Baptiste, xii° siècle pour un tiers environ, les deux autres tiers du xvi°. Plan : sanctuaire rectangulaire, précédé d'un chœur rectangulaire, plus large que cette abside, et d'une nef également rectangulaire, plus large que ce chœur. Longueur, 41^m,40; largeur, abside, 6^m,60, chœur, 21 mètres, nef, 26^m,80; hauteur, abside et chœur, 8^m,50, nef, 19 mètres, collatéraux, 8^m,50. Tout l'édifice voûté. Sanctuaire de la fin du xii° siècle, 6 mètres de long. Chœur de la même époque, 12^m,40 de long; deux travées et deux collatéraux; la seconde travée accompagnée en outre de chapelles du xvi° siècle; dans la chapelle nord, autel en forme de table, supporté par deux colonnes et surmonté d'un beau retable sculpté, à trois panneaux, portement de croix, crucifiement, résurrection, le tout du xvi° siècle, style renaissance. Nef, xvi° siècle; trois travées et 23 mètres de long; elle devait avoir une quatrième travée, ce qui aurait porté la longueur totale de l'église à 48 mètres; les deux dernières travées sont accompagnées de chapelles. Retable orné d'un triptyque, peint sur bois, représentant Jésus au milieu des docteurs, commencement du xvii° siècle. Autre retable avec un bas-relief figurant la chasse de saint Hubert. Vitraux incomplets du xvi° siècle à onze fenêtres. Chapelle dite du Sépulcre, construite en 1515, en contre-bas de l'église; deux tombeaux, statues agenouillées. (Sur l'histoire de la construction de l'église et du sépulcre, voir notre Voyage paléographique dans le département de l'Aube, 47-55.) || *Ép. moderne*. Fortifications de la ville, dont il ne subsiste plus que les fossés, xvi° siècle.

CHASEREY. *Ép. romaine*. On a trouvé des cercueils de pierre au lieu dit Vallée-de-Toussaint, section du cadastre dite des Grillots, entre le chemin de Tonnerre à Chessy et le chemin de Coussegrey à Chaserey. || *Ép. moderne*. Église de Saint-Edmond. Fenêtre du xvi° siècle, dans le mur droit qui termine l'église à l'orient; le reste plus récent.

CHESLEY. *Ép. romaine*. On a trouvé des cercueils

de pierre au nord du village, sur la rive gauche du Landion. — Voie romaine venant de Tonnerre et se dirigeant vers Pomblin, entre le hameau du Châtelier, à l'est, et le finage de Vallières, à l'ouest. ‖ *Moyen âge.* Église paroissiale de Saint-Didier; fin du xii° siècle. L'abside et le chœur forment un rectangle suivi d'un autre rectangle plus large, qui est la nef. Longueur, 26",50; largeur, abside et chœur, 5",30, nef, 7",70; hauteur, abside et chœur, 6 mètres, nef, 9 mètres. L'abside et le chœur voûtés en pierre; la nef voûtée d'un berceau en bois, sur entraits apparents : cette voûte est moderne et trop basse.

COUSSEGREY. *Ép. romaine.* Entre les deux chemins de Mélisey, au lieu dit Vau-Guillet, on a trouvé des cercueils de pierre. — Voie de Tonnerre à Troyes, traversant le village, au nord duquel il porte le nom de Chemin-de-Troyes et sert de limite entre les finages de Bernon et de Vanlay. ‖ *Moyen âge.* Église paroissiale de l'Assomption de la Sainte Vierge; xii° siècle, sauf le transept, qui est du xvi°. Plan en forme de croix latine. Longueur, 36",40; largeur, sanctuaire et chœur, 6",20, transept, 20",50, nef, 7 mètres; hauteur, sanctuaire, chœur et transept, 7 mètres, nef, 5",50. Chevet plat. Le sanctuaire, le chœur et le transept voûtés en pierre sur ogives. Le chœur et le transept, chacun une travée. La nef, plafonnée, avait autrefois sa charpente apparente, et par conséquent 9 mètres de haut au moins jusqu'à la sous-faîtière. Clocher au-dessus du chœur. Dans le mur sud du transept, à l'extérieur, bas-relief du xvi° siècle, représentant la résurrection de Lazare, avec l'épitaphe d'Ithier Gauchet, prêtre, mort le 12 juillet 1554.

CUSSANGY. *Ép. romaine.* On a trouvé des cercueils de pierre entre le Landion et le chemin de Chesley. — Voie romaine de Tonnerre à Chaource, traversant le village du sud au nord. — Autre voie, connue sous le nom de la Vieille-Voie, venant de l'établissement romain de Vertaut et se dirigeant au nord-ouest, sous le nom de Chemin-de-Roma. Le lieu dit Roma, au nord du village, est sans doute l'emplacement d'un établissement romain. ‖ *Ép. moderne.* Église paroissiale de Saint-Léger, xvi° siècle. Plan en forme de croix latine. Longueur, 34 mètres; largeur, abside, 7 mètres, transept, 21 mètres, nef, 8 mètres; hauteur, 10 mètres. Abside à cinq pans; nef, trois travées. Cette église a été construite tout entière d'un seul jet.

ÉTOURVY. *Ép. romaine.* On a trouvé des cercueils de pierre dans les vignes qui dominent le village au nord, entre le chemin de Chesley et celui de Balnot-la-Grange; dans le village même, des armes et des bracelets de cuivre avec des squelettes sans cercueils; enfin dans le cimetière, des cercueils de pierre. — Voie dite Chemin-des-Fées, allant de l'est à l'ouest, traversant le chemin d'Étourvy à Chesley, entre Étourvy et le Moulin-d'en-Bas. ‖ *Moyen âge.* Église paroissiale de Saint-Georges. Deux des fenêtres, percées dans le mur sud de la nef, remontent au xii° siècle; les autres fenêtres de la nef sont du xviii°, et la plus grande partie des murs, du même temps; l'abside et le transept, du xvi° siècle. L'abside, à cinq pans, est longue de 8 mètres et large de 7",50; le transept a 6",10 de longueur et 20 mètres de largeur : ces deux parties de l'édifice ont une voûte de pierre haute de 9 mètres. Dernièrement, en reconstruisant le mur du cimetière, on y a trouvé un couvercle de cercueil du xiv° siècle, long de 2 mètres, haut de 0",30, large o",60, avec l'épitaphe de *Demonches Goubaus, mort le lundi, voille sint Martin d'été* 1329.

GRANGES (LES). *Ép. romaine.* La voie dite Chemin-de-Lorry passe entre l'Armance et le village. ‖ *Ép. moderne.* Église paroissiale de Saint-Sébastien; deux baies du xvi° siècle; le reste plus récent.

LAGESSE. *Ép. celtique.* M. Coutant, dans son Histoire de Bar-sur-Seine, p. 17, parle de haches en silex trouvées dans cette commune. ‖ *Moyen âge.* Deux buttes artificielles, situées l'une sur le chemin de Chaource, l'autre sur celui des Maisons, sont les restes d'une construction militaire féodale. ‖ *Ép. moderne.* Église paroissiale de Saint-Martin, de construction récente.

LANTAGES. *Moyen âge.* Église paroissiale de Saint-Valentin; la nef récente, le sanctuaire et le transept du xii° siècle, sauf les baies, en partie remaniées au xvi°. Sanctuaire rectangulaire; longueur, 8 mètres, largeur, 8",70. Transept long de 8",50 et large de 21",10. Le sanctuaire et le transept ont conservé leur charpente apparente; hauteur, 10 mètres, dont 6 jusqu'aux entraits. ‖ *Ép. moderne.* Voir dans S. A. 2° série, VI, 171-175, une notice de M. Lucien Coutant sur un atelier monétaire royal découvert dans cette commune.

LIGNIÈRES. *Moyen âge.* Église paroissiale de Saint-Martin, xii° siècle, sauf des remaniements et des additions du xvi°. Sanctuaire rectangulaire, précédé d'un chœur moins large et d'une nef plus large; plus un collatéral au nord et une chapelle faisant bras de croix au sud. Longueur, 27 mètres; largeur, sanctuaire, 4",80, chœur, 3",80, nef, 6",80, le collatéral et la chapelle non compris. Sanctuaire voûté en berceau et haut de 7",50; les fenêtres ont été reconstruites au xvi° siècle. Chœur non voûté, 5",50 de haut, remarquable par ses dimensions étroites; longueur, 3",30; largeur, mesurée entre les piliers et non entre les murs, comme plus haut, 2",10. Nef, 5",50 de haut, elle n'est pas voûtée et toutes les fenêtres ont été remaniées. Le collatéral commence au niveau du portail occidental et dépasse un peu le chœur; 24"50 et six travées de longueur, 6 mètres de largeur, 6 mètres de hauteur; voûté; xvi° siècle.

LOGE-POMBLIN (LA). *Ép. romaine.* Voie de Troyes à Tonnerre, passant l'Armance au hameau de Pomblin.

‖ *Ép. moderne.* Église paroissiale de Saint-Thomas de Cantorbéry; récente.

LOGES-MARGUERON (LES). *Ép. moderne.* Église paroissiale de Saint-Robert; récente.

MAISONS (LES). *Ép. moderne.* Église paroissiale de Saint-Sébastien. L'abside et le transept du xvi° siècle, le reste récent. Plan en forme de croix latine. Abside à cinq pans, longue de 8 mètres, large de 7^m,50; transept long de 6 mètres, large de 17^m,50; tous deux voûtés en pierre et hauts de 10 mètres. Le marché fait pour leur reconstruction, en 1547, a été imprimé dans notre Voyage paléographique, 81-84.

MAROLLES-SOUS-LIGNIÈRES. *Ép. moderne.* Église paroissiale de Saint-Germain. L'abside et le transept du xvi° siècle, la nef plus récente. Plan en forme de croix latine. Abside à cinq pans; longueur, 6^m,20; largeur, 7^m,90. Le transept, deux travées; longueur, 12 mètres; largeur, 17^m,20. L'abside et le transept voûtés en pierre; hauteur de ces voûtes, 10 mètres.

METZ-ROBERT. *Ép. romaine.* La voie dite Chemin-de-Lorry passe au Veau, dépendance de Metz-Robert. ‖ *Moyen âge.* Église paroissiale de l'Assomption de la Sainte Vierge. Abside et transept du xvi° siècle; nef du xii°. Plan en forme de croix latine. Longueur, 23^m,30; largeur, abside, 9^m,20, transept, 9^m,30, nef, 5^m,80; hauteur, abside et transept, 6^m,50, nef, 6^m,60. Abside à trois pans; transept, deux travées et point de collatéraux; ces deux parties voûtées en pierre. La nef voûtée en bois sur entraits.

PARGUES. *Ép. romaine.* Voie traversant le finage, section des Lames; on se souvient d'en avoir détruit l'empierrement dans les n°^{s} 351, 352, 353 et 354 du cadastre. ‖ *Moyen âge.* Église paroissiale de la Nativité de la Sainte-Vierge. Les quatre arcs qui supportent le clocher datent du xii° siècle; le reste, du xvi° et du xvii°. Plan en forme de croix à deux croisillons. Longueur, 41 mètres. A l'abside primitive on a substitué une coupole cantonnée de quatre demi-coupoles, formant une sorte de croix grecque dont chaque croisillon a 23 mètres de long, le diamètre intérieur de la coupole compté pour 9^m,30; du pavé au sommet de la voûte de la lanterne, hauteur, 23^m,30; cette coupole a été construite en 1663 par les soins d'un prieur de Pargues, nommé Bouvier. Transept dont la partie centrale date du xii° siècle. Ce qui semble de construction récente et qui peut être un édifice roman rajeuni.

PRASLIN. *Ép. moderne.* Église paroissiale de Saint-Parres, xvi° et xviii° siècle. Plan en forme de croix latine. Abside et transept du xvi° siècle. L'abside à cinq pans, longue de 6 mètres, large de 7; le transept long de 6^m,50 et large de 16^m,80. Les voûtes hautes de 10 mètres. La nef, malgré sa date, 1770, dit-on, est voûtée sur ogives. Deux beaux vitraux du xvi° siècle.

Beau retable en bois sculpté de la même date, longueur, 1^m,30; hauteur, 1^m,07; divisé en sept arcades contenant chacune des statues en ronde-bosse: dans celle du milieu, le Christ en croix entre la Sainte Vierge et saint Jean; dans chacune des autres, deux statuettes d'apôtre. — Fossés du château qui a appartenu à la maison de Choiseul-Praslin.

PRUSY. Néant.

TURGY. *Ép. romaine.* Voie désignée sous le nom de Chemin-des-Romains, de Chemin-de-Turgy-aux-Granges, de Vieux-Grand-Chemin. Il sépare les sections D et C du cadastre, traverse les sections C et B et sépare le finage de Vanlay de celui de Turgy. — Autre voie passant au nord-est du village, dans les contrées des Petits-Têtards et de la voie de Cussangy, se dirigeant vers Cussangy. ‖ *Moyen âge.* Église de Saint-Loup-de-Sens. Sanctuaire du xii° siècle et nef du xvi°. Le sanctuaire, rectangulaire, est précédé d'une nef rectangulaire plus large. Longueur, 24^m,50; largeur, sanctuaire, 7 mètres, nef, 9^m,50; hauteur, abside, 9 mètres, nef, 10 mètres. Voûte de bois en berceau brisé sur entraits.

VALLIÈRES. *Ép. romaine.* Voie passant entre ce village et le Châtelier, contrée dite du Champ-des-Vignes. ‖ *Ép. moderne.* Église paroissiale de Saint-Bénigne, xvi° siècle. Abside à cinq pans, précédée d'une nef rectangulaire. Longueur, 27 mètres; largeur, 8 mètres; hauteur, 8 mètres. La nef a quatre travées. Les voûtes démolies.

VANLAY. *Ép. romaine.* Voie dite Chemin-de-Lorry, traversant le finage de l'est à l'ouest, dans les sections A, B du cadastre et dans le hameau de Pature-Boucher. — Autre voie dite Chemin-de-Troyes-à-Tonnerre, séparant les sections C et D du cadastre des sections G et F. ‖ *Moyen âge.* Église paroissiale de Saint-Jean. Nef du xii° siècle; abside et chœur du xvi°. Plan en forme de croix latine. Longueur, 36 mètres; largeur, abside, 7^m,80, transept, 17^m,80, nef, 8^m,40; hauteur, abside et chœur, 12^m,66, nef, 4 mètres. Rien de voûté. Abside à cinq pans, longue de 7 mètres. Transept, deux travées; longueur, 11^m,50; de la voûte il n'existe que les arcs-doubleaux. La nef a 17^m,50 de long, quatre fenêtres de chaque côté; autrefois le plancher qui la couvre n'existait pas, et jusqu'à la sous-faîtière de la charpente apparente la hauteur devrait être d'environ 9 mètres.

VILLIERS-LE-BOIS. *Ép. romaine.* On conserve dans ce village des cercueils de pierre trouvés tout près de là sur le finage d'Artonnay. — Voie parallèle au chemin de Chaource à Villon; autre voie parallèle au chemin de Villiers à Artonnay; le pavé de ces chemins subsiste encore en grande partie. ‖ *Moyen âge.* Église paroissiale de Saint-Jean: une moitié environ du xii° siècle; le reste, du xvi°. Plan en forme de croix latine. Longueur, 26^m,30; largeur, abside et chœur, 8^m,10, transept, 9^m,30, nef, 5^m,80; hauteur des voûtes de l'abside et du chœur, 7 mètres. Sanctuaire rectangulaire, xvi° siècle. Chœur, une travée, xvi° siècle. Le bras nord du transept a une voûte romane en berceau ; le bras sud, une voûte du xvi° siècle. Le centre n'est pas voûté, la nef non plus.

VOUGREY. *Moyen âge.* Église paroissiale de l'Assomption. L'abside, terminée en hémicycle, percée de deux baies romanes en plein cintre, paraît dater du xii° siècle; largeur, 7 mètres; longueur, 7^m,60. La date de la nef incertaine, les baies récentes.

CANTON D'ESSOYES.
(Chef-lieu : Essoyes.)

BERTIGNOLLES. *Moyen âge.* Église paroissiale de Saint-Étienne, xii° siècle. Le sanctuaire et le chœur forment un rectangle précédé d'un autre rectangle plus large, qui est la nef. Longueur, 20^m,30; largeur, sanctuaire et chœur, 5^m,50, nef, 6^m,20; hauteur de la voûte du sanctuaire et du chœur, 4^m,50. Cette voûte est en berceau. La nef a sa travée orientale voûtée sur ogives, sans clef ornée. Bénitier du xiii° siècle; il consiste en une colonne dont le fût a 0^m,18 de haut; la base est à empattement, le chapiteau sert de vasque.

BEUREY. *Ép. romaine.* Voie venant de Langres et traversant la première subdivision de la section des Charmes; au nord du chemin de Magnant à Vitry-le-Croisé, au midi du village de Beurey, au nord de cette voie, entre elle et le village, on a trouvé, il y a plusieurs années, des cercueils de pierre. || *Moyen âge.* Église paroissiale de Saint-Andoche. Nef du xii° siècle, sauf des remaniements; le reste, du xvi° et du xix°. Plan en forme de croix latine. Longueur, 34^m,50 ; largeur, abside, 8^m,50, transept, 21 mètres, nef, 8 mètres. L'abside et le transept ont des voûtes qui datent du xix° siècle. La nef n'est pas voûtée. Abside à trois pans. Transept à deux travées; le collatéral nord est de construction récente. || *Ép. moderne.* Le village était entouré de murs et de fossés, dont il subsiste des débris; xvi° siècle. Le village n'a que trois entrées, où se trouvaient autrefois des portes.

BUXIÈRES. *Ép. romaine.* Voie latérale à l'Arce. || *Ép. moderne.* Église paroissiale de Saint-Martin, xvi° siècle; toutefois la nef, malgré les remaniements qu'elle a subis, pourrait avoir certaines parties romanes; elle présente actuellement les caractères du xii° siècle. Plan en forme de croix latine. Longueur, non compris la nef, 16^m,40; largeur, abside et chœur, 8^m,20, transept, 21^m,60; hauteur des voûtes, 6 mètres, nef, 8 mètres. Pierre tumulaire d'un *mariglier de céans*, décédé le 6 mars 1508. Clocher central en bois.

CHASSENAY. *Moyen âge.* Ancienne église paroissiale de Saint-Nicolas, fin du xii° siècle, en grande partie démolie; il ne subsiste que l'abside et une travée de nef. Longueur, 9 mètres; largeur, 6^m,30; hauteur, 8 mètres. Abside à sept pans, voûtée en pierre; la travée qui précède voûtée en bois. Cette église est située dans le château, qui, démoli en partie et en partie réparé, offre aujourd'hui pour un archéologue beaucoup moins d'intérêt qu'autrefois. Des pentes escarpées l'environnent de trois côtés; le quatrième est défendu par trois rangs de fossés, aujourd'hui à demi comblés. || *Ép. moderne.* Église paroissiale récente.

CHERVEY. *Ép. romaine.* Voie parallèle au chemin actuel de Vitry-le-Croisé à Bar-sur-Seine et passant un peu au nord de ce chemin; dans les vignes; on en trouve encore les pavés. — Le 15 décembre 1841, on a trouvé dans un jardin de Chervey un vase contenant 8,000 monnaies romaines en bronze. (S. A. 1re série, t. XI, année 1842, p. 95.) || *Moyen âge.* Église paroissiale de Saint-Victor. La nef seule du xii° siècle; le reste, du xvi°. Plan en forme de croix latine. Longueur, 23^m,70; largeur, sanctuaire, 5^m,70, transept, 16 mètres, nef, 6^m,10; hauteur des voûtes, 9^m,50. Sanctuaire terminé par un mur droit, voûté. Transept, deux collatéraux et deux nefs. Nef non voûtée. Débris de vitraux. — Débris d'une haie dite *Randon*, qui marquait autrefois les limites de la baronnie de Chassenay.

CUNFIN. *Ép. moderne.* Église paroissiale de Saint-Maurice, récente.

ÉGUILLY. *Moyen âge.* Église paroissiale de Saint-Martin, xii° siècle. Plan rectangulaire, sauf une chapelle latérale au sud. Longueur, 26 mètres; largeur, 6 mètres; hauteur de la voûte du sanctuaire, 6 mètres. Sanctuaire terminé à l'orient par un mur droit, voûté sur ogives. La voûte de la nef est récente. La chapelle latérale, longue de 6^m,30, large de 4^m,70, haute de 4 mètres, voûtée sur ogive au xii° siècle. Clocher récent en avant de l'église.

ESSOYES. *Ép. celtique.* Deux tombelles dans la forêt, au sud du village; elles ont été fouillées. || *Ép. romaine.* Deux articles de M. Corrard de Breban, dans S. A. 2° série, t. VI, 96, et t. VIII, 410, parlent, 1° d'ossements et de poteries romaines trouvés, en 1854, en construisant le chemin de grande communication d'Essoyes à la Haute-Marne, lieu dit le Val-Voisin, où la côte Crochot; 2° d'une piscine en mosaïque incolore, découverte en 1855 au lieu dit Cros-Duï : cette piscine était longue de 2 mètres et large de 1^m,17; elle a été brisée, nous en avons vu un fragment à la mairie d'Essoyes. — Sur la montagne qui sépare les vallées de l'Ource et de la Seine, au sud d'Essoyes, une voie pavée, se dirigeant du sud-est au nord-ouest. || *Moyen âge.* De l'ancienne église paroissiale de Saint-Remy, maintenant rebâtie, subsistent le sanctuaire et le chœur, xii° siècle. Plan rectangulaire. Longueur, 15^m; largeur, 7 mètres; hauteur, 8 mètres. Sanctuaire voûté sur ogives. Chœur, deux travées; la première est voûtée en berceau brisé; la seconde a une voûte d'arêtes et servait de base au clocher; les collatéraux sont de date récente. La nef actuelle et ses collatéraux, à peine terminés, remplacent une nef et des collatéraux romans; longueur, 16 mètres; trois travées toutes voûtées en berceau; les voûtes en berceau des collatéraux étaient perpendiculaires à celle de la nef; la hauteur des collatéraux, de 4 mètres sous les arcs-doubleaux, de 8 mètres au sommet des voûtes; la grande nef avait 10m,50 de haut. ǁ *Ép. moderne.* Essoyes fut au xvi° siècle entouré de murs et de fossés dont on peut encore trouver les traces.

FONTETTE. *Ép. romaine.* Voie se dirigeant d'Essoyes vers Bar-sur-Aube et connue sous le nom de Chemin-Lorrain; elle est pavée en pierres sur champ. — Autre voie venant de Langres et se dirigeant vers le nord-ouest, en passant entre Fontette et les Fosses. ǁ *Ép. moderne.* Église paroissiale de Saint-Corneille et de Saint-Cyprien, récente.

LANDREVILLE. *Ép. celtique.* M. L. Coutant, A. A. 1857, 2° partie, page 102, indique une hache celtique en silex trouvée à peu de distance à l'ouest du village. ǁ *Ép. romaine.* M. L. Coutant, dans l'article cité plus haut, signale, p. 101-122 : 1° des cimetières antiques, au nombre de sept, qui auraient existé dans cette commune, quatre au sud de l'Ource et trois au nord de cette rivière. Dans la carte jointe à son travail les premiers portent les n°ˢ 4, 6, 17 et 18; les autres, les n°ˢ 13, 19 et 21; le n° 4 se trouve au sud-ouest de Landreville, tout près d'un gué de l'Ource; le n° 6, au sud de Landreville, également près de l'Ource; les n°ˢ 17 et 21, qui pouvaient ne former qu'un seul cimetière, étaient à une certaine distance du n° 6; les n°ˢ 13 et 19, situés à l'est de Landreville, ne formaient probablement qu'un seul cimetière; le n° 21 est à l'ouest de Landreville. — 2° Trois voies romaines au nord de l'Ource: l'une, n° 3 de sa carte, se dirige de l'ouest à l'est; une autre, n° 9, va du nord au sud; la troisième, n° 14, plus rapprochée de l'Ource que les précédentes, va, comme la première, de l'est à l'ouest. — 3° Des substructions gallo-romaines, les unes au nord de Landreville, n°ˢ 10, 11 et 20 de sa carte; d'autres à l'est, n° 14; d'autres enfin au sud du village et de la rivière, n° 6. — 4° Un moulin à bras trouvé au n° 5 de la carte, au sud de l'Ource. ǁ *Moyen âge.* Église paroissiale sous le vocable de l'Assomption de la Sainte Vierge. La première travée de la nef, celle qui sert de base au clocher, remonte au xii° siècle; transept et abside du xvi°, le reste plus récent. Plan en forme de croix latine. Longueur, non compris la nef, 16m,40; largeur, abside, 6 mètres, transept, 21 mètres; hauteur des voûtes, 7 mètres. Abside à cinq pans. Transept; deux travées. Sur le mur latéral gauche de l'église, peinture datée de 1519, et représentant saint Roch. ǁ *Ép. diverses.* Collection archéologique de M. A. Olivier qui contient notamment des objets recueillis dans les sépultures de Landreville.

LOCHES. *Ép. celtique.* M. L. Coutant, dans A. A. 1857, 2° partie, page 102, indique une tombelle située au nord-est et à peu de distance du village. ǁ *Ép. romaine.* M. Coutant, même article, signale aussi une sépulture antique à l'ouest du village, au sud de l'Ource, et des substructions gallo-romaines au nord du village, lieu dit Val-Pallas. ǁ *Moyen âge.* Église paroissiale de Saint-Pierre et de Saint-Paul. Sanctuaire et transept du xii° siècle; nef récente. Plan en forme de croix latine. Longueur, non compris la nef, 11 mètres; largeur, abside, 6 mètres, transept, 18m,80. Sanctuaire rectangulaire et voûté sur ogives; le mur oriental percé de trois fenêtres. Dans le transept, la partie centrale et le collatéral nord voûtés sur ogives, une travée; le collatéral sud, aussi long mais plus étroit que le collatéral nord, est divisé en deux travées, toutes deux voûtées en berceau : dans la première, le berceau parallèle à l'axe de l'église; dans la seconde, perpendiculaire; cette seconde travée du collatéral sud servait de base au clocher.

LONGPRÉ. *Ép. romaine.* On a trouvé une épée et une boucle dans un cercueil de pierre, entre ce village et Bligny, à droite du chemin qui mène de Longpré à Bligny, au lieu dit les Vignes-du-Bois. ǁ *Moyen âge.* Église paroissiale de Saint-Pierre-ès-Liens. Une portion, de la fin du xii° siècle ou du commencement du xiii°; la plus grande partie date du xvi° siècle ou même du commencement du xvii°. Plan rectangulaire, sauf la saillie de l'abside. Longueur, 28m,50; largeur, abside, 5m,60, nef, 18 mètres; hauteur des voûtes, 7 mètres. Abside à cinq pans, xvi° siècle. Nef, quatre travées, accompagnée de collatéraux; dans les deux premières travées, les voûtes de la nef centrale et une partie des piliers appartiennent à la première construction, le reste à la seconde, xvi°-xvii° siècles; une clef de voûte, datée de 1624; un pilier, qui semble du xiii° siècle, est octogone, muni, en dedans de la nef centrale, d'une colonne engagée qui fait une saillie de 0m,20 : aussi ce pilier, qui a 1 mètre de largeur, n'a-t-il que 0m,80 de longueur. Beaux vitraux. Bénitier du xvi° siècle, en pierre.

MAGNAN. *Ép. romaine.* Voie romaine venant de Langres, passant à l'extrémité est du village, puis au hameau de Viller. Entre Magnan et Viller, elle est en quelques endroits en remblai; hauteur, 1m,50; largeur, 9 mètres. ǁ *Moyen âge.* Église paroissiale de Saint-Julien. Le porche seul est du xii° siècle; l'abside et le transept du xvi°; le reste plus récent. Plan en forme de croix latine. Longueur, non compris la nef, 19 mètres; largeur, abside, 7m,60, transept, 20 mètres; hauteur des voûtes, 8m,50. L'abside et le transept voûtés. Abside à cinq pans. Transept, deux travées, deux collatéraux. Vitraux du xvi° siècle dans l'abside et le transept.

MONTMARTIN. *Ép. moderne.* Église paroissiale nouvellement construite.

NOÉ-LES-MALLETS. *Moyen âge.* Église paroissiale de Saint-Pierre-ès-Liens, xii° siècle. Plan rectangulaire. Longueur, 17^m,20 ; largeur, 6^m,80. Voûte de bois en berceau, récente. Portail occidental curieux.

PUITS-ET-NUISEMENT (LE). *Ép. romaine.* Entre le Puits et Longpré on a trouvé un certain nombre de cercueils de pierre, l'un bien conservé, long de 1^m,98, large de 0^m,63 à la tête et de 0^m,32 aux pieds, haut de 0^m,49 à la tête et de 0^m,40 aux pieds. Dans un de ces cercueils on a recueilli une monnaie de bronze à l'effigie de Maximien. Deux autres cercueils brisés: l'un était, à la tête, haut de 0^m,48 et large de 0,60 ; c'était le seul qui ne fût pas complétement brut; la face extérieure du côté de la tête était partagée par des traits en quatre rectangles égaux, subdivisés chacun en quatre parties par leurs diagonales. ‖ *Ép. moderne.* Église paroissiale de l'Assomption de la Sainte Vierge, xvi° siècle. Une inscription porte que les trois autels ont été consacrés en 1523. Une abside et un transept. Longueur, 19 mètres; largeur, abside, 7^m,80 , transept, 18^m,80 ; hauteur des voûtes, 9 mètres. L'abside à cinq pans. Le transept, deux travées. Si cette église était achevée, elle aurait environ 40 mètres de longueur.

SAINT-USAGE. *Ép. romaine.* Voie dite Chemin-de-César, venant de Langres, suivant la rive droite de l'Arce, se dirigeant sur Vitry-le-Croisé. — Autre voie dite Chemin-Lorrain, venant d'Essoyes et gagnant Champignol. Le Chemin-de-César, disent les habitants, va de Paris à Rome. ‖ *Ép. moderne.* Église paroissiale de Saint-Eusèbe, nouvellement reconstruite.

THIEFFRAIN. *Ép. romaine.* Une médaille de Dioclétien trouvée dans ce lieu et signalée dans S. A. 2° série, t. V, page 499. ‖ *Moyen âge.* Église paroissiale de Saint-Mammès. L'abside est de la fin du xii° siècle ou du commencement du xiii°, le transept du xvi°, et la nef paraît toute récente. Plan en forme de croix latine. Longueur, non compris la nef, 15^m,50; largeur, abside, 8 mètres, transept, 17^m,50 ; hauteur, 8 mètres. Abside à cinq pans. Transept, deux travées.

VITRY-LE-CROISÉ. *Ép. romaine.* Voie venant de Langres, traversant le village et suivant au nord-ouest ce que l'on appelle le Randon, c'est-à-dire la ligne qui sépare le finage d'Éguilly de ceux de Vitry-le-Croisé et de Longpré. ‖ *Moyen âge.* Église paroissiale de Saint-Bénigne, fin du xii° siècle et commencement du xiii°. Plan en forme de croix latine. Longueur, 33^m,50 ; largeur, abside, 8 mètres, transept, 20 mètres, nef, 8 mètres; hauteur des voûtes, 8 mètres. Abside à cinq pans, cinq fenêtres et voûte d'ogives. Transept, une travée voûtée sur ogives. La nef n'est pas voûtée. Le clocher, qui se trouvait autrefois au centre du transept, a été transporté en avant de l'église.

VIVIERS. *Moyen âge.* Église paroissiale, autrefois prieurale, de Saint-Victor, xii° siècle, sauf des remaniements du xv° et du xvi°. Deux nefs sans transept. Longueur, 22^m,50; largeur, 13^m,30. La nef sud a cinq travées : la première, terminée à l'orient par un mur droit, servant de sanctuaire et voûtée du xvi° siècle; la seconde travée, voûtée au même siècle; les deux suivantes sont voûtées en berceau; la dernière tout entière du xvi° siècle. La nef nord a trois travées : la première est du xv° siècle et se termine à l'orient par un mur droit, la seconde du xii° siècle (ces deux premières ne sont pas voûtées), et la dernière, qui date du xvi° siècle, voûtée.

CANTON DE MUSSY-SUR-SEINE.

(Chef-lieu : MUSSY-SUR-SEINE.)

CELLES. *Ép. romaine.* M. Lucien Coutant, dans A. A. 1857, 2° partie, p. 101, 102, 103 et 122, signale : 1° une voie romaine située au sud de l'Ource, au lieu dit Villenox, et qui porte le n° 2 de sa carte; 2° un cimetière antique qui porte le n° 22 de sa carte et qui est situé au nord de l'Ource et de la route actuelle, près du finage de Landreville. ‖ *Moyen âge.* Ruines de l'abbaye de Mores, ordre de Cîteaux. On peut encore reconnaître le plan de l'église en forme de croix latine. Longueur, 56 mètres; largeur, 10 mètres au sanctuaire, 26 mètres au transept. 20 mètres dans la nef. Point de collatéral autour du sanctuaire. Sanctuaire en forme de rectangle. Nef accompagnée de deux collatéraux. Cloître au midi; sa face occidentale, qui subsiste en partie, a 33 mètres de long et huit travées. Mores était une abbaye cistercienne de la filiation de Clairvaux. ‖ *Ép. moderne.* Église paroissiale de Sainte-Madeleine, xvi° siècle. Plan en forme de croix latine. Longueur, 27^m,30; largeur, abside, 7^m,20, transept, 20 mètres, nef, non compris les collatéraux qui datent du xviii° siècle, 7^m,30 ; hauteur des voûtes, 7 mètres. Abside à cinq pans. Transept, une travée. Nef, trois travées. Tout voûté. Débris de vitraux.

COURTERON. *Ép. moderne.* Église paroissiale de Saint-Lambert, xvi° siècle. Une clef de voûte porte la date de 1560, une autre celle de 1561. Plan rectangulaire, sauf la saillie de l'abside. Longueur, 23^m,30 ; largeur, abside, 5^m,80, nef, 14^m,93; hauteur des maîtresses voûtes, 13 mètres, et des collatéraux, 7 mètres; tout est voûté. Abside à cinq pans, longue de 4^m,80. Nef accompagnée de collatéraux, longue de 18^m,50; largeur de la grande nef, 5^m,75 ; diamètre des piliers 0^m,84 ; largeur des collatéraux, 3^m,35 ; saillie des colonnes engagées. 0^m,40. Cette église est du nombre de celles qui donnent en coupe les meilleures proportions.

GYÉ-SUR-SEINE. *Moyen âge.* Église paroissiale de Saint-Germain, xii° siècle, sauf les murs latéraux de la nef, qui sont de construction récente. Nef terminée par un sanctuaire rectangulaire et accompagnée de deux collatéraux terminés par des chapelles aussi rectangulaires; point de transept. Longueur, 32^m,30; largeur, mesurée aux chapelles terminales, 16^m,40. Sanctuaire de la fin du xii° siècle; longueur, 8^m,50; largeur, 6 mètres; hauteur, 7^m,50; orné d'arcatures, percé de trois fenêtres à l'orient; trois ogives supportent sa voûte, qui n'a qu'une clef. Les deux chapelles qui terminent les collatéraux sont longues de 3^m,80, larges de 4^m,30, moins élevées que le sanctuaire principal, ornées aussi d'arcatures et voûtées sur ogives. La grande nef, qui paraît dater du commencement du xii° siècle, longue de 23^m,80, large de 7^m,10, haute, jusqu'aux entraits, de 10 mètres; elle devrait, par conséquent, avoir de hauteur jusqu'à la sous-faîtière, qui était apparente dans la construction primitive, de 12 à 13 mètres environ; cinq travées; de chaque côté quatre piliers rectangulaires, larges de 0^m,68, longs, les deux premiers de chaque côté, de 0^m,92, les deux derniers de 1^m,13; leur hauteur est de 2^m,70, savoir: base, 0^m,15, fût, 2^m,40, biseau tenant lieu de chapiteau, 0^m,15; hauteur de l'arc au-dessus du pilier, 2^m,30, sur une largeur de 3^m,77 seulement; au-dessus de ces arcs, fenêtres plein cintre aujourd'hui bouchées.

MUSSY-SUR-SEINE. *Moyen âge.* Église paroissiale, autrefois collégiale, de Saint-Pierre-ès-Liens, fin du xii° siècle, sauf une partie des chapelles, qui ne date que du xvi°. Plan en forme de croix latine. Longueur, 44 mètres; largeur, transept, 28 mètres, nef, 25^m,25; hauteur des maîtresses voûtes, 16 mètres, des collatéraux, 7 mètres, et des chapelles, 6 mètres; tout est voûté. Abside à cinq pans, longue de 6 mètres. Chœur, deux travées accompagnées de collatéraux; cinq travées, 9^m,20. Transept, une seule travée; longueur, 8^m,20. Nef, cinq travées et 20^m,50 de long. Dans le chœur, des meneaux aux grandes fenêtres, sans y', point. Dans l'abside, vitraux du xiv° siècle; vitraux du xvi° dans diverses autres parties. Pierre tumulaire du xiv° siècle, ornée de deux statues en ronde-bosse, sans inscription. Jolie chapelle octogonale à l'angle du bras sud du transept et du collatéral du chœur. Tour rectangulaire, haute de 38 mètres, sur la dernière travée de la grande nef. (V. A. 222-226 et A. P. 105-106, notamment dans V. A. un dessin de la pierre tumulaire.)

NEUVILLE-SUR-SEINE. *Ép. celtique.* Un cimetière que l'on croit celtique, signalé par M. Corrard de Breban, dans S. A. 2° série, t. II, p. 22. M. L. Coutant, dans S. A. 2° série, t. III, p. 250-251, parle de deux tombelles qui n'existent plus, mais de la destruction desquelles il a été témoin. ∥ *Ép. romaine.* Villa découverte par le même M. L. Coutant, où l'on a trouvé des fragments de fresque et une piscine en mosaïque, longue de 3 mètres, large de 2, haute de 1, aujourd'hui conservée au musée de Troyes. (S. A. 2° série, t. III, p. 251-256.) Des fouilles entreprises postérieurement sous la direction de M. Corrard de Breban et avec l'aide de la Société française pour la Conservation des Monuments ont amené la découverte de substructions étendues au même lieu. (S. A. 2° série, t. VI, p. 106-108.)
— Près de là M. L. Coutant a découvert un cimetière où les cercueils de pierre sont en grand nombre. (S. A. 2° série, t. III, p. 255.) ∥ *Moyen âge.* Église paroissiale de la Nativité de la Sainte Vierge. Le sanctuaire et le transept du xii° siècle. Plan en forme de croix latine. Longueur, non compris la nef, 12^m,90; largeur, abside, 4^m,40, transept, 17^m,50; hauteur des voûtes, 7 mètres. Sanctuaire rectangulaire. Transept, deux travées et trois nefs; la seconde travée supporte une tour romane.

PLAINES. *Moyen âge.* Église paroissiale de Sainte-Croix, xii° siècle, presque tout entière remaniée au xv°. Plan en forme de croix latine. Longueur, 24^m,70; largeur, abside, 5^m,50, transept, 19 mètres, nef, 5^m,45; hauteur, abside et transept, 6 mètres, nef, 5^m,50. L'abside et le transept seuls voûtés. Abside à cinq pans. Transept, une travée. Vitraux du xvi° siècle. Jolie cuve baptismale du xiii° siècle, provenant, dit-on, du prieuré de la Gloire-Dieu.

POLISOT. *Ép. moderne.* Église paroissiale de Saint-Denis, xvi° siècle. Plan en forme de rectangle, sauf la saillie de l'abside. Longueur, 35 mètres; largeur, abside, 5^m,50, nef, 16^m,10; hauteur, maîtresses voûtes, 9 mètres, collatéraux, 7 mètres. L'abside à trois pans, voûtée. La nef aussi voûtée, accompagnée de collatéraux. Vitraux du xvi° siècle. Tour sur le portail occidental.

POLISY. *Moyen âge.* Église paroissiale de Saint-Félix. Le sanctuaire et le chœur du commencement du xii° siècle; le reste, du xvi°. Forme très-irrégulière: de deux collatéraux un seul bâti, celui du sud; pas de transept, mais de chaque côté du chœur on a élevé, au xvi° siècle, des chapelles de largeur inégale. Longueur, 30^m,50; largeur, sanctuaire et chœur, 4^m,80, nef et collatéral, 11^m,20; hauteur, sanctuaire et chœur, 7 mètres, nef, 9 mètres, collatéral, 6 mètres. Le sanctuaire et le chœur voûtés en berceau brisé de pierre, tous deux rectangulaires, longs, le premier de 3^m,40, le second de 4^m,50. La voûte de la nef en bois, celle du collatéral en pierre. ∥ *Ép. moderne.* Château du xvi° siècle, remanié depuis, qui n'a à l'extérieur aucun aspect monumental, mais dont une salle conserve un magnifique carrelage émaillé de la fin du xvi° siècle, publié dans P. A. — Dans la campagne, croix en pierre du xvi° siècle.

CANTON DES RICEYS.
(Chef-lieu : LES RICEYS.)

ARRELLES. *Ép. celtique.* Dans le bois de Fiel, tombelle fouillée en 1857 par le docteur Prié, des Riceys. Bracelets et fibules trouvés dans cette fouille et donnés au musée de Troyes. || *Ép. romaine.* Voie de Troyes à l'établissement romain de Vertaut. A Arrelles elle passe sur la rive droite de la Sarce. — Cimetière antique sur la rive gauche, dans les vignes. On y a trouvé un grand nombre de cercueils de pierre. Nous en avons mesuré trois : 1° Longueur, 1^m,92; largeur, à la tête, 0^m,62, aux pieds. 0^m,35; hauteur, à la tête, 0^m,40, aux pieds, 0^m.30. Couvercle de même longueur et largeur; hauteur, à la tête, 0^m,27, aux pieds, 0^m,20. Le cercueil a conservé ses angles; ceux du couvercle abattus et arrondis. 2° Longueur, 2^m,12; largeur, à la tête, 0^m,64, aux pieds, 0^m,53; hauteur, à la tête, 0^m,46, aux pieds, 0^m,45. Le couvercle brisé. 3° Longueur, 2^m,10; largeur, à la tête, 0^m,64, aux pieds, 0^m,38; hauteur, à la tête, 0^m,45, aux pieds, 0^m,43. Le couvercle brisé. || *Moyen âge.* Église paroissiale de Saint-Pierre-ès-Liens, reconstruite presque entièrement en 1825. Quatre colonnes engagées avec leurs chapiteaux, fin du XIIe siècle, et portions de voûte de même date.

AVIREY-LINGEY, *Ép. romaine.* Voie de Troyes à l'établissement romain de Vertaut. Elle passe d'abord sur la rive droite de la Sarce, puis traverse cette rivière près de l'église, dans la cour du château. Au sud d'Avirey elle est sur la rive gauche, qu'elle suit jusqu'à Bagneux. || *Moyen âge.* Au hameau de Lingey, une petite chapelle, partie romane, partie du XVIe siècle. || *Ép. moderne.* Église paroissiale de Saint-Phal, XVIe siècle. Plan rectangulaire, sauf la saillie de l'abside. Longueur, 24^m,40; largeur, abside, 7^m,20, transept et nef, 17^m,70; hauteur des maîtresses voûtes, 9 mètres; les voûtes des collatéraux, si elles existaient, auraient 6^m,50 de haut. Abside à cinq pans; transept, deux travées; l'abside et le transept voûtés. Nef inachevée, non voûtée, non plus que ses collatéraux; elle n'a qu'une travée, au lieu de quatre qu'elle devrait probablement avoir, ce qui ferait pour l'église une longueur de 40 mètres.

BAGNEUX. *Ép. romaine.* Voie allant de Troyes à l'établissement romain de Vertaut. Elle est, à Bagneux, sur la rive gauche de la Sarce; elle passe sur la rive droite entre Bagneux et Beauvoir. || *Ép. moderne.* Église paroissiale de Saint-Valentin, une des plus jolies du pays, XVIe siècle. Plan en forme de croix latine. Longueur, 30 mètres; largeur, abside, 5^m,70, chœur, 13^m,80, transept, 18 mètres, nef, 13^m,80; hauteur, maîtresses voûtes, 15 mètres, collatéraux, 6 mètres. Abside à cinq pans, longue de 6 mètres. Chœur, une travée accompagnée de collatéraux; longueur. 3^m,80. Transept, une travée; longueur, 6^m,30.

Ces trois premières parties sont voûtées en pierre. La nef est voûtée en bois sur arcs-doubleaux et ogives; longueur, 14 mètres, quatre travées. Inscription sur le premier pilier de la grande nef : *En l'an mil v^e xxxiii Estienne Lavet donna xx libvres pour la premiere pierre assoier de ce pillié-si à l'esglise et pour faire son épitaphe. Priés Dieu qu'il y ayt son ame.* Le clocher était autrefois situé sur le transept; aujourd'hui une tour construite en avant de l'église masque le portail occidental et ôte le jour.

BALNOT-SUR-LAIGNE. *Ép. romaine.* Dans le village même, *villa* signalée par M. le docteur Prié et par M. Corrard de Bréban, dans S. A. 2e série, t. VIII, p. 411-412. Dans cette *villa* se trouvait une piscine longue de 3 mètres, large de 2^m,17. — Cimetière antique sur la côte de Veau, à 400 ou 500 mètres au nord du village; on y a trouvé un cercueil de pierre conservé au musée de Troyes. || *Moyen âge.* Église paroissiale de Saint-Savinien. Nef du XIIe siècle, remaniée au XVIe; le reste, du XVIe. Plan en forme de croix latine. Longueur, 27^m,80; largeur, sanctuaire, 6^m,60, transept, 17^m,60, nef, 6^m,10; hauteur : voûte de l'abside et du transept, 7 mètres; nef, 9 mètres, elle n'est pas voûtée. Chevet plat. Transept, une travée.

BEAUVOIR. *Ép. romaine.* Voie de Troyes à l'établissement romain de Vertaut. Elle passe sur la rive droite de la Sarce. || *Ép. moderne.* Église paroissiale de l'Assomption de la Sainte Vierge. Transept du XVIe siècle : longueur, 6^m,70; largeur, 17^m,60; hauteur, 8^m,50. Le reste est plus récent. Croix processionnelle du XVIe siècle, en argent repoussé, publiée dans P. A.

BRAGELOGNE. *Ép. romaine.* Voie partant de l'établissement romain de Vertaut et se dirigeant vers Malassise et Chaource. Elle passe au nord-est du village. || *Moyen âge.* Église paroissiale de Saint-Pierre-ès-Liens, récente, sauf le sanctuaire, le chœur et les chapelles latérales qui accompagnent ce dernier, fin du XIIe siècle. Sanctuaire terminé à l'orient par un mur droit. Avec le chœur il donne un rectangle long de 14 mètres, large de 7 mètres; hauteur, 8^m,50; voûtes.

CHANNES. *Ép. romaine.* Voie venant de l'établissement de Vertaut et se dirigeant à l'ouest, en passant entre Channes et Artonnay, au sud de Channes et sur le finage de cette commune. On en tire encore tous les jours des pavés. || *Ép. moderne.* Église paroissiale de la Nativité de la Sainte Vierge, récente, sauf quelques débris du XVIe siècle.

RICEYS (LES). *Ép. romaine.* Aux lieux dits Paulin et Corroy, au-dessus de Ricey-Haut, substructions couvrant une surface de 5,000 à 6,000 mètres, découvertes en 1854 par MM. Royer et signalées par M. Corrard de Bréban dans S. A. 2e série, t. VI, p. 97-98. — Cimetière antique découvert en 1622, par Vignier, au lieu dit Chancogné. Vignier y ouvrit trois cercueils de pierre dans l'un desquels il trouva une couronne, une épée et des bracelets. Son récit et le dessin qui l'accompagne sont reproduits dans l'Almanach de Bar-sur-Seine pour 1848, p. 211-213. M. Lucien Coutant a depuis fait, dans cet endroit, des fouilles dont il a rendu compte dans la Revue archéologique, année 1859. Un cercueil de pierre qui en provient est conservé au musée de Troyes. ‖ *Ép. moderne.* Église paroissiale de Saint-Pierre-ès-Liens de Ricey-Bas, xvi⁰ siècle, sauf le dernier arc-doubleau du collatéral sud du chœur et ses pieds-droits, qui datent du xii⁰ siècle, et les deux derniers piliers du chœur, dont les chapiteaux peuvent dater du xv⁰ siècle. Une abside à trois pans, précédée de trois travées de chœur accompagnées de collatéraux et de chapelles, une travée de transept sans chapelle et une nef accompagnée, comme le chœur, de collatéraux et de chapelles. Longueur, 48ᵐ,40, ainsi répartie : abside, 4ᵐ,10, chœur, 17ᵐ,50, transept, 4ᵐ,80, nef, 22 mètres; largeur, abside, 6ᵐ,80, chœur et nef, 24ᵐ,70, transept, 18ᵐ,50; hauteur des maîtresses voûtes, abside, chœur et transept, 12 mètres, nef, 17 mètres, collatéraux, 7ᵐ,50. Galerie obscure au-dessous des fenêtres de la grande nef. (Pour plus ample description, V. A. p. 219-222, A. P. 101.) — Église paroissiale de Saint-Jean-Baptiste de Ricey-Haute-Rive, xvi⁰ siècle. Plan rectangulaire, sauf la saillie de l'abside. Longueur, 44ᵐ,60; largeur, abside, 7ᵐ,70, chœur, transept et nef, 18ᵐ,20; hauteur des maîtresses voûtes, 16 mètres environ, des collatéraux, 8 mètres. Abside à cinq pans, voûtée; longueur, 6 mètres. Chœur, deux travées, accompagné de collatéraux; longueur, 10ᵐ,60, voûté. Transept, une travée; longueur, 7 mètres, voûté. Nef, longueur, 21 mètres, quatre travées, les deux premières voûtées, les deux dernières non voûtées, accompagnée de collatéraux entièrement voûtés. Débris de vitraux. Une tour plus récente que le reste de l'église au milieu du transept. (V. A. 217-218.)—Église paroissiale de Saint-Vincent de Ricey-Haut, xvi⁰ siècle. Elle se compose de deux églises qui se coupent à angle droit. Nous commencerons par la première, qui est orientée. Longueur, 31 mètres; largeur, 21 mètres; hauteur, maîtresses voûtes, 14 mètres, collatéraux et chapelles, 7 mètres. Une abside à cinq pans, voûtée en pierre; une travée de chœur accompagnée de collatéraux; un transept qui, se continuant au nord, forme la nef de la seconde église; deux travées de nef voûtées en bois, accompagnées, au sud, d'un collatéral et de chapelles voûtées en pierre, au nord, d'un collatéral seulement. Cette église, placée entre la rivière, à l'occident, et la Grande rue, à l'orient, ne pouvait être prolongée ni du côté de l'abside ni du côté de la nef; on a prolongé le bras nord du transept, de telle sorte que la première église ne semble plus qu'un accessoire ou même une partie d'une église plus grande dont l'abside regarde le nord. Cette seconde église a 46 mètres de long, dont 21 mètres fournis par la largeur de la première église et 25 mètres composant l'addition; cette addition consiste en trois travées de nef, accompagnées de collatéraux et de chapelles, et en une abside. Largeur, abside, 6ᵐ,50, nef, 26ᵐ,10, hauteur, 14ᵐ pour les maîtresses voûtes, 13 mètres pour les collatéraux et chapelles; le tout voûté en pierre. Abside à cinq pans. (V. A. 215-217, A. P. 103.)—Restes du château de Ricey-Bas, xvi⁰ siècle. (V. A. 222.) — Les Riceys ont été fortifiés au xvi⁰ siècle. On trouve encore quelques vestiges des murs et des fossés qui les entouraient.

ARRONDISSEMENT DE NOGENT-SUR-SEINE.

CANTON DE MARCILLY-LE-HAYER.
(Chef-lieu : Marcilly-le-Hayer.)

AVANT. *Ép. celtique.* Dolmen en grès [1] sur la côte des Ormeaux, à gauche du chemin d'Avant à Tremblay; les supports ont 1 mètre de haut; la table, 2ᵐ,50 de long sur 1ᵐ,70 de large et 0ᵐ,30 d'épaisseur. On l'a fait tomber il y a environ vingt ans, en voulant fouiller dessous. — Au nord-est du village, à l'est du hameau de Tremblay, menhir, dit la Pierre-au-Coq. Hauteur, 1ᵐ,40; largeur, 1ᵐ,10; épaisseur, 0ᵐ,35. — A l'ouest du village, autre menhir, dit la Pierre-à-Marguerite. Hauteur, 1 mètre; largeur, 0ᵐ,70. ‖ *Moyen âge.* Église paroissiale de l'Assomption; fin du xii⁰ siècle. Plan en forme de croix latine; longueur, 32 mètres. Sanctuaire voûté et terminé à l'orient par un mur droit; hauteur, 10 mètres; largeur, 6 mètres; chacune des trois faces est percée de deux fenêtres en arc brisé, sans meneaux, surmontées d'un œil-de-bœuf. Transept également voûté et dont la nef centrale a 6 mètres de

---

[1] La pierre employée dans les monuments celtiques de cet arrondissement étant le grès du pays, nous croyons inutile de répéter cette mention à l'avenir.

large, comme l'abside. Nef, non voûtée, 8m,25 de large.

AVON-LA-PÈZE. *Ép. romaine.* Voie dite Chemin-de-Troyes-à-Traînel, passant au hameau de la Pèze. ‖ *Moyen âge.* Église paroissiale de Saint-Pierre-ès-Liens; xve siècle. Plan irrégulier. Longueur, 26 mètres; largeur moyenne, environ 14 mètres; hauteur, 7m,50. Abside à cinq pans, voûtée. Nef, quatre travées, deux collatéraux; elle est voûtée; le collatéral gauche ne l'est pas; celui de droite n'a de voûté que ses deux premières travées, à partir de l'occident.

BERCENAY-LE-HAYER. *Ép. celtique.* Entre l'Orvin et le chemin de Bercenay à Marcilly, dolmen à trois supports, dont l'un renversé; la table a 2m,90 de long, 2m,80 de large, 0m,45 d'épaisseur; hauteur totale du monument, 1m,15. La tradition constate qu'il a existé un cromlech autour de ce dolmen. — Au hameau de Lannerey, il y avait un dolmen dit la Pierre-Couverte, qui a été détruit il y a vingt ou vingt-cinq ans. ‖ *Ép. romaine.* Voie de Sens à Châlons-sur-Marne, dite Chemin-de-Sens, passant l'Orvin au hameau de Lannerey. ‖ *Moyen âge.* Église paroissiale de la Nativité de la Sainte Vierge; xiie et xve siècle. Longueur, 30 mètres; largeur, chœur, 7m,30, transept, 10m,10, nef, 7m,40; hauteur moyenne, 8 à 9 mètres. Abside, xve siècle, voûtée, cinq pans. Chœur, xve siècle, voûté, une travée. Transept, xiie siècle; le centre voûté sur ogive, les bras en berceau. Nef, xiie siècle, non voûtée.

BOURDENAY-LE-HAYER. *Ép. celtique.* Près du hameau de Bellevillotte se trouvait un dolmen dit la Pierre-Couverte, dont les supports seuls restent en place. La table, enlevée il y a environ quarante ans, sert de pont sur l'Orvin; largeur, 2m,80; longueur, 2m,90; épaisseur, 0m,50. ‖ *Ép. romaine.* Voie de Sens à Châlons-sur-Marne, séparant le finage de Bourdenay de celui de Marcilly-le-Hayer. ‖ *Moyen âge.* Église paroissiale de Saint-Privat, xve siècle, sauf l'arc qui unit le centre du transept au bras droit, xiie siècle. Plan en forme de croix latine. Longueur, 31m,80; largeur, 6 mètres au chœur, 16 mètres au transept, 14 mètres dans la nef; hauteur des maîtresses voûtes, 8 mètres. Abside à trois pans. Chœur d'une travée sans collatéraux. Nef accompagnée de deux collatéraux. ‖ *Ép. moderne.* Restes des fossés des fortifications, xvie siècle.

CHARMOY. *Ép. romaine.* Voie connue sous le nom de Chemin-de-Troyes-à-Traînel. ‖ *Moyen âge.* Église paroissiale de Saint-Nicolas, xiie siècle. Plan rectangulaire. Longueur, 18 mètres; largeur, 5m,60; hauteur de la voûte, 7 mètres. Sanctuaire voûté sur arêtes et terminé par un mur droit. Une partie de la nef a été récemment reconstruite.

DIERREY-SAINT-JULIEN. *Moyen âge.* Au lieu dit Moirey existait autrefois un village avec l'église paroissiale de Saint-Aubin. ‖ *Ép. moderne.* Église paroissiale de Saint-Julien-de-Brioude, xvie siècle. Plan en forme de croix latine, le tout voûté. Longueur, 25 mètres; largeur dans la nef, 7m,10; hauteur sous clef, 7 mètres. Nef, deux travées; elle devait être accompagnée de deux collatéraux, et la première travée était destinée à porter une tour.

DIERREY-SAINT-PIERRE. *Ép. moderne.* Église paroissiale de Saint-Pierre-ès-Liens, xvie siècle, sauf les voûtes de la nef, reconstruites au xviiie. Plan primitif, une croix latine. L'abside manque. Longueur, 27 mètres; largeur, nef, 8 mètres, transept, 19m,70; hauteur des voûtes, 7 mètres. Transept, deux travées, deux collatéraux. Nef, trois travées, point de collatéraux. Flèche centrale en bois.

ÉCHEMINES. *Ép. celtique.* Contrée dite la Tomelle, située à l'est du village. ‖ *Ép. romaine.* Ce village est bâti au point où une voie romaine partant de Troyes se divise en deux bras, l'un se dirigeant sur Meaux, l'autre sur Paris. Ces deux voies sont décrites dans les itinéraires. ‖ *Moyen âge.* Église paroissiale de Saint-Martin, xiie et xvie siècle. Plan en forme de croix latine. Longueur, 24 mètres; largeur, nef, 6m,20; transept, 17m,50; hauteur sous clef de voûte, 7 mètres. Abside à trois pans, voûtée, xvie siècle. Chœur, une travée sans collatéraux, voûtée, xvie siècle. Nef, sans bas-côtés, non voûtée, xiie siècle.

FAUX-VILLECERF. *Moyen âge.* Église paroissiale de Saint-Martin, xiie et xvie siècle. Plan rectangulaire, sauf la saillie de l'abside. Longueur, 30 mètres; largeur, 7m,10; hauteur, 7 mètres. Abside, xve siècle, à cinq pans, voûtée. Nef, xiie siècle; deux travées joignant l'abside sont voûtées, le reste ne l'est pas.

FAY. *Moyen âge.* Église paroissiale de Saint-Mandé et Saint-Privat, xiie siècle. Plan rectangulaire. Longueur, 27m,50; largeur, 5m,40; hauteur, 7m,50. Voûte de bois du xvie siècle, en berceau sur entraits apparents.

MARCILLY-LE-HAYER. *Ép. celtique.* Au nord-est du village, au delà de l'Orvin, deux dolmens, dits les Pierres-Couvertes. Le plus rapproché de l'Orvin a trois supports; hauteur de la table au-dessus du sol, à l'intérieur du dolmen, 1m,20 : à l'extérieur, le sol est plus élevé; la table est de forme triangulaire : base du triangle, 2m,80; hauteur, 3m,50; épaisseur, 0m,55. Le second dolmen a deux supports parallèles formant allée, deux autres pierres fermant les deux issues de cette allée jusqu'aux deux tiers de la hauteur; hauteur entre le sol et la table, 1m,30; épaisseur de la table, 0m,50, longueur, 3 mètres, largeur, 2m,30. ‖ *Ép. romaine.* Voie de Sens à Châlons-sur-Marne, dite Chemin-de-Sens, séparant le finage de Marcilly de celui de Bourdenay et traversant l'extrémité du finage de Marcilly. — Cimetière chrétien, fouillé en 1842 sous la direction de M. Corrard de Breban, S. A. 1re série, n° 79-80, p. 195-199. ‖ *Moyen âge.* Église paroissiale de Saint-Loup-de-Sens et Saint-Flavit. La nef est de construction récente; le reste, du XIIe et du XVe siècle, savoir : abside, XIIe siècle, cinq pans, voûtée; chœur, une travée, XIIe siècle, voûté, point de collatéraux : longueur totale de ces deux parties, 9m,50; largeur, 6m,80; hauteur sous clef de voûte, 8 mètres. Suit la base de la tour, XIIe siècle, formant une travée voûtée, de forme carrée, 4m,90 de côté. La nef vient ensuite. Le clocher, le chœur et l'abside sont bordés à droite par une chapelle du XVe siècle qui ouvre sur eux; elle est voûtée; largeur, 7m,70; hauteur, 8 mètres.

MARIGNY-LE-CHÂTEL. *Ép. celtique.* Deux tombelles, au nord du village, sur la rive gauche de l'Ardusson. ‖ *Ép. romaine.* Voie de Sens à Châlons-sur-Marne, dite Voie-de-Lannerey, traversant le village du sud-ouest au nord-est. — Voie romaine de Troyes à Paris, traversant le village de l'est à l'ouest. ‖ *Moyen âge.* Restes des fossés du château, qui était fort important au XIIe et au XIIIe siècle et qui appartenait à la maison de Traînel. — Travail en terre, dit Tour Saint-Blin. — Église paroissiale de Saint-Pierre-ès-Liens, XVe et XVIe siècle. Il ne subsiste que l'abside, le chœur, le transept et une travée de la nef. Longueur, 23 mètres; largeur, transept, 15m,80, nef, 6 mètres; hauteur des voûtes, 8 mètres. Abside à cinq pans, voûtée. Chœur, une travée, voûté, point de collatéraux. Transept, deux collatéraux; la partie centrale est seule voûtée. La nef, réduite à une travée non voûtée, sans collatéraux, avait autrefois des collatéraux et une longueur proportionnée au reste de l'édifice, qui a eu ou était destiné à avoir au moins 40 mètres de long. Débris de pierre tumulaire; légende : *Qui trepassa an l'an de grace M. CC. IIIIxx XV.* Retable peint, du XVIe siècle, en peinture.

MESNIL-SAINT-LOUP. *Moyen âge.* Église paroissiale de Saint-Loup-de-Sens, XIIe siècle. Plan rectangulaire, sauf la saillie de l'abside. Longueur, 26m,05; largeur, 7 mètres. Abside semi-circulaire, autrefois voûtée en cul-de-four, maintenant plafonnée. Dans la nef, la charpente était apparente; un plafond la couvre également.

PÂLIS. *Moyen âge.* Église paroissiale de Saint-Médard et Saint-Georges. Quoiqu'elle ait été presque complétement rebâtie à une date récente, le dernier pilier de gauche et l'arc qui ouvre du chœur sur le collatéral gauche sont encore du XIIe siècle. L'arc qui ouvre du chœur sur le collatéral droit date du XVe siècle. Débris de vitraux du XVIe siècle.

PLANTY. *Moyen âge.* Église paroissiale de Saint-Félix-de-Nole, XIIe siècle. Plan, deux rectangles : le premier, à l'orient, long de 12 mètres, large de 8 mètres : c'est le chœur; le second, à l'occident, long de 16 mètres, large de 5m,80 : c'est la nef. Longueur totale, 28 mètres. Le chœur, voûté en bois sur entraits et poinçons apparents; hauteur, 10 mètres. La nef, plafonnée; hauteur, 5 mètres.

POUY. *Moyen âge.* Église paroissiale de Saint-Jean-Baptiste-de-Pouy, XIIe siècle. Plan rectangulaire. Longueur, 25 mètres; largeur, 7m,20. Sanctuaire, voûté. Hauteur des voûtes, 8 mètres. Nef non voûtée. A gauche, une chapelle latérale du XVe siècle. Deux travées. ‖ *Ép. moderne.* Château qui paraît dater du commencement du XVIIe siècle. Plan rectangulaire; une tour ronde à chaque angle; fossés remplis d'eau.

PRUNAY-BELLEVILLE. *Ép. romaine.* Voie connue sous le nom de Chemin-de-Troyes-à-Traînel. ‖ *Moyen âge.* Église paroissiale de Saint-Germain-de-Prunay, XIIe siècle. Plan rectangulaire. Longueur, 18 mètres; largeur, 6m,50. Plafond. — Dans le hameau de Belleville, église annexe de Sainte-Madeleine, de la fin du XIIe siècle, voûtée. Plan rectangulaire. Longueur, 13 mètres; largeur, 6m,50; hauteur sous clef, 7m,50.

RIGNY-LA-NONEUSE. *Moyen âge.* Église paroissiale de Saint-Nicolas. Une partie de la nef est du XIIe siècle; le reste de l'église date du XVIe. Plan rectangulaire. Longueur, 28m,50; largeur, 5m,70; hauteur, 6 mètres. Sanctuaire voûté. Chœur voûté; deux travées. Nef plafonnée. Retable en bois sculpté du XVIe siècle.

SAINT-FLAVY. *Ép. romaine.* Voie de Troyes à Paris, connue sous le nom de Chemin-de-Marigny-à-Troyes. ‖ *Moyen âge.* Église paroissiale de l'Assomption. Nef du XIIe siècle; le reste, du XVIe. Plan rectangulaire, sauf les pans coupés de l'abside. Longueur, 28m,70; largeur, 8 mètres; hauteur des voûtes, 6 mètres. Abside à cinq pans, voûtée. Chœur voûté; deux travées. Nef plafonnée; fenêtres remaniées. Débris de vitraux du XVIe siècle; ferrements de porte du XIIIe.

SOMME-FONTAINE-SAINT-LUPIEN. *Ép. celtique.* Tombelle. (S. A. 1re série, n° 41.) ‖ *Ép. romaine.* A l'ouest du village, voie romaine se dirigeant du nord au sud. ‖ *Moyen âge.* Église paroissiale de Saint-Lupien. Une travée, la seconde du transept, à partir de l'orient, est du XIIe siècle; le reste date du XVIe. Plan en forme de croix latine. Longueur, 33 mètres; largeur, nef, 13m,60, transept, 21m,70; hauteur des maîtresses voûtes, 8m,50, et des basses, 6m,50. Tout est voûté. Abside, deux travées, longueur, 4 mètres. Transept, deux travées, un collatéral, le tout de même hauteur; le collatéral nord a été récemment démoli; la partie centrale, ayant une travée romane, est moins large que le collatéral; on mesure entre les piliers 3m,70, et d'un pilier au pilier engagé correspondant, 5m,50; les piliers ont 2m,20 de diamètre. Nef, accompagnée d'un collatéral moins élevé, celui du nord a été récemment démoli; elle a 5 mètres de large; les piliers, 1 mètre de diamètre; le collatéral, 3 mètres de large. Tombeau de saint Lupien ; cercueil de pierre du ix° siècle, en forme de parallélipipède rectangle avec couvercle semi-cylindrique : longueur, 2™,12 ; largeur, 0™,65 ; hauteur 0™,95. Carreaux émaillés épars dans l'église. Beau retable peint du xvi° siècle : hauteur, 2™,30 ; longueur, 2™,70. Autre en mauvais état, même date : largeur, 0™,80 ; hauteur, 2™,40.

TRANCAULT. *Ép. celtique.* Lieu dit de la Tomelle, au nord-est du village, sur la rive droite de l'Orvin ; il tire son nom d'une tombelle qui s'y trouve. — Non loin de là, au nord du village, toujours sur la rive droite de l'Orvin, deux dolmens, dits les Pierres-Écouvéclées. L'un a ses deux supports renversés : intervalle entre la table et le sol, 0™,20 ; longueur de la table, 2 mètres ; largeur, 2 mètres ; épaisseur, 0™,45. L'autre dolmen, placé à 12 mètres du premier ; ses deux supports sont debout ; distance entre la table et le sol, 1 mètre ; longueur de la table, 2™,60 ; largeur, 2™,20 ; épaisseur, 0™,40. Il existait autrefois dans cette localité un nombre de dolmens plus considérable. M. Camut-Chardon en a signalé sept en 1832 (S. A. 1™ série, n° 41, p. 9) ; M. Chertier en indiquait quatre en 1853 (C. A. tableau placé en face de la page 30). — Sur la rive gauche de l'Orvin, près du village, existait un menhir, dit la Pierre-aux-Pigeons, qui avait près de 3 mètres de haut ; il est détruit. Autre menhir, dit la Pierre-au-Coq, servant de borne entre les finages de Trancault et de Soligny-les-Étangs, sur la rive gauche de l'Orvin ; hauteur, 2™,60 ; largeur, 2 mètres ; épaisseur, 0™,45. (Revue archéologique, année 1859, pl. 368, n° 2.) || *Ép. romaine.* Cimetière antique, dit la Croix-de-Murtra. On y a trouvé des cercueils de pierre à diverses époques. (Voir notamment C. T. H. t. III, p. 220, et S. A. n° 45, p. 16-18.) On y a trouvé en 1835 un monument funéraire sur lequel était gravée une croix, avec cette légende : IN HOC TVM[VL]O REQVIESCIT INNOCENTIA∇ VIXIT ANNOS XX∇ ; ce monument n'existe plus. Un cercueil de pierre enlevé de ce cimetière sert d'auge au moulin du lieu. || *Ép. moderne.* Église paroissiale de Saint-Pierre et Saint-Paul et chapelle Saint-Èvre ; construction récente. — Au hameau de Charmesseaux, église de Saint-Jean-Baptiste, nouvellement rebâtie.

VILLADIN. *Moyen âge.* Église paroissiale de la Translation de Saint-Martin et de Saint-Maur, xii° et xvi° siècle, sauf une tour et une chapelle récentes. Plan rectangulaire. Longueur, non compris la tour, 27™,30 ; largeur moyenne, 8 mètres ; hauteur, 9 mètres. Abside, xvi° siècle, voûtée. Chœur, xvi° siècle, voûté ; deux travées, pas de collatéraux. Nef, xii° siècle, voûte de bois en berceau. Dans le chœur, un vitrail du xvi° siècle, représentant l'arbre de Jessé. Dans la chapelle, fonts baptismaux du xii° siècle et Notre-Dame de Pitié du xv°.

CANTON DE NOGENT-SUR-SEINE.

(Chef-lieu : NOGENT.)

BOUY-SUR-ORVIN. *Ép. celtique.* Au nord du village, entre le chemin de la ferme du Clos à Bouy et le bois du Loi, menhir, dit la Haute-Pierre ; hauteur, 2™,50. || *Ép. romaine.* Voie connue sous le nom de Chemin-de-Troyes-à-Traînel et désignée au plan cadastral de Bouy sous le nom de Chemin-de-Bray. || *Moyen âge.* Église paroissiale de Saint-Aventin, xii° siècle. Plan rectangulaire. Longueur, 18 mètres ; largeur, 6 mètres ; hauteur, 9™,50 dans la nef et 8 mètres dans le sanctuaire. Chevet plat percé de trois fenêtres ; le sanctuaire voûté. Nef non voûtée ; la charpente apparente.

COURCEROY. *Ép. romaine.* Au couchant du village, sur une éminence, cimetière païen et chrétien, décrit par M. Corrard de Breban (S. A. 1™ série, n°™ 74, 75, p. 213-215). — Voie romaine connue sous le nom de Chemin-de-Troyes et de Chemin-de-Bray ; elle sépare le territoire de cette commune de celle de Gumery. || *Moyen âge.* Église paroissiale de Saint-Pierre et Saint-Paul, xii° siècle. Sans bras de croix ni collatéraux. Longueur, 19™,40. Abside semi-circulaire, voûtée en cul-de-four ; hauteur, 5 mètres ; longueur, 3™,80 ; largeur, 4™,40. Chœur non voûté, mais surmonté d'un lambris cintré ; longueur, 6™,70 ; largeur, 5 mètres ; hauteur, 7 mètres. Le chœur et l'abside sont ornés d'arcatures. Nef non voûtée ; longueur, 8™,70 ; largeur, 6™,20 ; hauteur jusqu'au plafond, 7 mètres ; quand ce plafond n'existait pas et que la charpente était apparente, la nef avait environ 9 mètres de haut.

FONTENAY-BOSSERY. *Ép. romaine.* La voie connue sous le nom de Chemin-de-Troyes ou Chemin-de-Bray se perd sur le finage de cette commune ; on cesse de l'apercevoir à partir de sa jonction avec le chemin de la Motte-Tilly à Bouy par les Ormeaux. — Autre voie allant de Pont-sur-Seine à Sens et connue sous le nom de Chemin-de-Pont. || *Moyen âge.* Église de Saint-Jean-Baptiste, xii° siècle. Plan rectangulaire, arrondi à l'orient ; longueur, 9™,20. Abside semi-circulaire, voûtée en cul-de-four ; longueur, 3 mètres ; largeur, 4™,70 ; hauteur, 6™,30. Nef non voûtée ; longueur, 6™,20 ; largeur, 5™,20 ; hauteur, jusqu'au plafond, 6™,90. Chapelle ajoutée à cet édifice, au commencement du xvii° siècle ; même hauteur que la nef, longueur, 6™ ; largeur, 7 mètres.

GUMERY. *Ép. romaine.* Voie connue sous le nom d'Ancien-Chemin-de-Troyes ou de Chemin-de-Bray-sur-Seine. || *Moyen âge.* Église paroissiale de Sainte-Sévère, xii° siècle, sans collatéraux ni croisée. Longueur, 29 mètres. Sanctuaire et chœur terminés à l'orient par un mur droit ; voûtés ; deux travées ; longueur, 14 mètres ; largeur, 6 mètres ; hauteur, 9 mètres. Nef non voûtée ; longueur, 15 mètres; largeur, 9^m,20; hauteur, jusqu'au plafond, 7 mètres. Clocher placé au sud du chœur.

LOUPTIÈRE (LA). *Ép. romaine.* A l'est du village, voie de Pont-sur-Seine à Sens. || *Moyen âge.* Église paroissiale de Saint-Jean-Porte-Latine. Dans la nef, à gauche, une fenêtre bouchée du XIIe siècle; le reste, du XVIe. Plan en forme de croix latine. Longueur, 22^m; largeur, abside et nef, 6^m,80, transept, 18 mètres; hauteur sous clef de voûte, 8 mètres. Abside à cinq pans; transept, une travée; nef, deux travées; le tout voûté.

MÂCON. *Ép. romaine.* Voie de Pont-sur-Seine à Sens, connue sous le nom de Ruelle-Caillot, de Voie-Creuse et de Chemin-de-Mâcon-à-Traînel. || *Moyen âge.* Église paroissiale de la Nativité de la Sainte Vierge, XIIe siècle. Plan en forme de croix latine. Longueur, 28 mètres; hauteur, 8 mètres. Sanctuaire carré, 6^m,50 sur chaque face. Transept, une travée; longueur, 6^m,90; largeur, 20 mètres. Nef accompagnée d'un collatéral; trois travées non voûtées; piliers carrés; longueur, 1^m,60; largeur, grande nef, 6^m,10, pilier, 0^m,80; collatéral, 3^m,20.

MARNAY. *Moyen âge.* Église paroissiale de l'Assomption de la Sainte Vierge, autrefois église prieurale dépendant de l'abbaye de Saint-Denis-en-France, XIIe siècle; mais les fenêtres ont été élargies et le portail reconstruit au dernier siècle. Plan rectangulaire; longueur, 21^m,50; largeur, 11^m,85; hauteur, maîtresses voûtes, 8 mètres, collatéraux, 4^m,50. Chevet plat percé de deux fenêtres en plein cintre qu'un œil-de-bœuf surmonte; le tout est aujourd'hui muré. Cinq travées. Les collatéraux ont des voûtes d'arêtes sur doubleaux; la nef, voûtée sur ogives; les retombées portent sur des chapiteaux dont une partie consiste en un simple biseau; dans les collatéraux, pas de chapiteaux. La largeur de chacune des trois nefs est à peu près moitié de la hauteur. Débris de pierres tumulaires du XIVe et du XVe siècle.

MÉRIOT (LE). *Moyen âge.* Église paroissiale de Saint-Pierre et de Saint-Paul. Quoiqu'elle date presque tout entière du siècle dernier, quelques parties sont plus anciennes. Deux fenêtres du XIIe siècle. Sanctuaire terminé à l'orient par un mur droit, XIIIe siècle, sauf la fenêtre. Pierre tumulaire du XIVe siècle.

MOTTE-TILLY (LA). *Ép. romaine.* Voie connue sous le nom d'Ancien-Chemin-de-Troyes, séparant le finage de Fontenay-Bossery de celui de la Motte-Tilly. || *Ép. moderne.* Église paroissiale de Saint-Pierre et de Saint-Paul. Le transept et le chœur datent du XVIe siècle; le reste est plus récent.

NOGENT-SUR-SEINE. *Moyen âge.* Église paroissiale de Saint-Laurent, XVe et XVIe siècles. Plan rectangulaire. Longueur, 52^m,50; largeur, 30^m,70. Abside à cinq pans et deux travées de chœur sans collatéraux, le tout voûté, datant de la première moitié du XVe siècle; hauteur de la voûte, 10 mètres. Les collatéraux inachevés et les chapelles qui existent de chaque côté de l'abside et du chœur ont été commencés en 1551; cette portion de l'édifice a 10^m,50 sous clef de voûte et demanderait un chœur et une abside de hauteur double. Nef avec collatéraux et chapelles, cinq travées, commencée en l'an 1500; les collatéraux et les chapelles voûtés, 10^m,50 de haut; la nef n'a été conduite que jusqu'à moitié environ de la hauteur des fenêtres; plafond en bois; hauteur, 15^m,50. Belles pierres tumulaires du XVIe siècle, vitraux et buffet d'orgue de la même époque. Beau tableau du XVIIe siècle, représentant le triomphe de la Vierge, et sur le maître autel, martyre de saint Laurent que l'on prétend être de Lesueur. Sur la chapelle nord-ouest, une tour qui a 35 mètres de haut jusqu'à la plate-forme et sur cette plate-forme une gigantesque statue de saint Laurent. Une description détaillée de cette église se trouve dans A. Aufauvre, Histoire de Nogent-sur-Seine, p. 140 et suiv. (A. P. 109.)

PLESSIS-GÂTEBLÉ (LE). *Moyen âge.* Église paroissiale de Saint-Jacques, XIIe siècle. Plan rectangulaire, sauf la saillie de l'abside. Longueur, 25^m,50; largeur, 6^m,20; hauteur, 8 mètres. Abside voûtée en cul-de-four. Nef avec voûte de bois du XVIe siècle, en berceau brisé, sur entraits apparents.

PONT-SUR-SEINE. *Ép. celtique.* Il y avait sur le finage des dolmens et un menhir qui n'existent plus. Grosley, G. M. H. t. I, p. 138, considère ces dolmens comme des autels élevés par Attila. (S. A. 1re série, n° 41, p. 10.) || *Ép. romaine.* Voie de Troyes à Meaux, traversant la ville. || *Moyen âge.* Château de Foujon. Chemise du donjon : plan rectangulaire, 24 mètres de long; 16 mètres de large; une tour à chaque angle; chacune a 3^m,50 de diamètre; les tours et les murs en ruine paraissent avoir eu une hauteur moyenne de 8 mètres. Au centre du rectangle, un donjon carré qui a 16 mètres de côté et autant de hauteur, mais dont une seule face subsiste encore aujourd'hui. Fossé autour de la chemise; largeur, 8 mètres; en grande partie comblé; profondeur de 3 mètres. Quelques débris d'une enceinte plus étendue; dans l'endroit où elle est le plus rapprochée du donjon, elle en est séparée par un intervalle de 5 mètres. Je prenais ces notes en 1857; aujourd'hui on dit que le donjon de Foujon n'existe plus. (A. P. 116.)—Église paroissiale de Saint-Martin. Le centre du transept date du XIIe siècle; le reste est du XVIe. Plan en forme de croix latine; longueur, 28 mètres; largeur, 13^m,35; hauteur de la grande nef, 10 mètres, et des collatéraux, 4^m,35, voûtes. Sanctuaire carré; transept et trois travées de nef. Cette église est tout entière couverte à l'intérieur de peintures murales, généralement assez mauvaises et attribuées à Lesueur par la tradition. (A. P. 113.) || *Ép. moderne.* Débris des fortifications de la ville de Pont remontant au xvi° siècle.

SAINT-AUBIN. *Ép. celtique.* A droite du chemin de Saint-Aubin à Longue-Perthe, cromelech, connu sous le nom de Pierres-des-Autels. Sa forme est irrégulière; il consiste en neuf pierres rangées autour d'une pierre centrale, et ces neuf pierres ne sont point placées à la même distance de la pierre centrale. Distance moyenne, environ 30 mètres; une des pierres à 37 mètres, une autre à 22^m,50. — Menhir dit la Grande-Pierre, situé au nord du village, sur la rive droite de l'Ardusson; hauteur, 3 mètres; longueur, 1^m,80; largeur, 1 mètre. || *Ép. romaine.* Voie romaine dite Chemin-d'Orléans, Chemin-de-Sens, et passant au lieu dit Cortquelin, qui était autrefois un village. — Au-dessus de la Chapelle-Godefroy, à l'est de ce hameau, au lieu dit le Haut-de-la-Gloriette, cimetière antique décrit par M. Deschiens. (S. A. 2° série, t. IV, p. 209-212.) || *Moyen âge.* Église paroissiale de Saint-Aubin, xii° et xvi° siècle. Plan en forme de croix latine. Longueur, 30^m,50 ; hauteur et largeur qui varient suivant les différentes parties. Abside, xvi° siècle, voûtée, accompagnée de deux chapelles aussi voûtées au xvi° siècle, mais dont les murs sont de date plus ancienne; longueur, 6 mètres; largeur, 14 mètres; hauteur 8 mètres. Transept, une travée; trois nefs; la nef centrale a été voûtée au xvi° siècle; longueur, 7 mètres; largeur, 22^m,50; hauteur, 7 mètres. Nef, sans collatéraux, xii° siècle, non voûtée, 8^m,50 de largeur, 17^m,50 de longueur, 7 mètres de hauteur jusqu'au plafond. — Au Paraclet, il ne subsiste rien du monastère primitif; le château actuel est un débris de construction du xvii° siècle. De l'église démolie, il ne reste plus que les caveaux : 1° Un caveau situé autrefois sous l'abside; longueur, 6^m,30; largeur, 2^m,40; hauteur, 1^m,50 ; voûte en berceau : c'est là que reposaient les corps d'Héloïse et d'Abailard. 2° Un caveau situé autrefois sous la nef et divisé lui-même en deux nefs et quatre travées; longueur, 17^m,20; largeur, 7^m,90; hauteur, 1^m,70; trois piliers carrés, ayant 1^m,10 de côté en plan, supportent une voûte d'arête. Il semble résulter de là que l'église du Paraclet avait 24 mètres de long, y compris l'abside, sur une largeur de 8 mètres. De plus, dans le mur du moulin, au-dessus de la chute d'eau, un arc brisé, haut de 2^m,50 et large de 3, qui peut remonter à la fin du xii° siècle. Enfin, dans un bâtiment qui dépend de la ferme, nous avons cru reconnaître le cellier de l'abbaye primitive; il se compose d'un rez-de-chaussée voûté et d'un étage non voûté; le rez-de-chaussée forme une nef divisée en cinq travées; voûte d'arêtes sur doubleaux en plein-cintre; longueur, 20 mètres; largeur, 5 mètres; hauteur, 3 mètres; toutes les ouvertures sont nouvelles, sauf une petite fenêtre en plein cintre. Près de là se trouve une margelle de puits, ronde à l'intérieur, octogone à l'extérieur, ornée d'une tête de grenouille, xiii° siècle (?).

SAINT-NICOLAS. *Moyen âge.* Église paroissiale de Saint-Nicolas, xii° siècle, sauf le portail, qui date du xvi°, et des portions de voûtes du xvi°. Plan en forme de croix latine. Longueur, 34 mètres; hauteur, 9 mètres; largeur, 15 mètres. Abside voûtée en cul-de-four; longueur, 6 mètres; largeur, 5^m,30 ; accompagnée de deux petites absides aussi voûtées en cul-de-four, murées à l'occident, servant de sacristies, et longues de 4^m,50 sur 3^m,40 de large : la fenêtre qui éclaire celle de gauche a, dans l'intérieur, 1^m,80 de haut sur 0^m,80 de large; à l'extérieur, 1 mètre de haut sur 0^m,30 de large. Transept, voûté; au centre, voûte d'arêtes en plein cintre, xii° siècle; voûtes latérales du xvi°. Nef accompagnée de deux bas-côtés : le tout non voûté; trois travées; piliers rectangulaires, longs de 1^m,72, larges de 1^m,22; arcs plein cintre, ouvrant de la nef sur les collatéraux; fenêtres de la nef, plein cintre, aujourd'hui bouchées par suite de l'exhaussement des basses nefs. Tour au centre du transept.

SOLIGNY-LES-ÉTANGS. *Ép. celtique.* Nous avons parlé plus haut (colonne 87) du menhir qui s'élève sur la ligne séparative de cette commune et de celle de Trancault. — Nous n'avons pas trouvé le dolmen signalé par M. Camut-Chardon en même temps que ce menhir (S. A. 1re série, n° 41, p. 9-11); il était situé près du hameau de Fontenay-le-Pierreux. || *Ép. romaine.* Voie-de-Troyes-à-Traînel, passant sur la chaussée dite du Péage. || *Ép. moderne.* Église paroissiale de Saint-Léger. Abside et transept du xv° siècle. La nef est récente. Abside, voûtée; longueur, 6 mètres; largeur, 6^m,50 ; hauteur, 8 mètres. Transept, voûté; longueur, 6^m,20 ; largeur, 13^m,80; hauteur, 8 mètres.

TRAÎNEL. *Ép. romaine.* Deux cimetières antiques : l'un dit la Croix-Meurtrat, situé au nord-ouest du village; l'autre, situé à l'est, près de l'église Saint-Gervais, lieu dit la Croix-Blanche. — Voie connue à l'est sous le nom de Chemin-de-Troyes, à l'ouest sous le nom d'Ancien-Chemin-de-Bray. — Autre voie allant de Pont-sur-Seine à Sens et connue sous le nom de Chemin-de-Sens. || *Moyen âge.* Terrassements qui, maintenus par des murs, formaient, avec un bras artificiel de l'Orvin, l'enceinte du château de Traînel. Plan à peu près triangulaire; longueur, 200 mètres; largeur à la base du triangle, 80 mètres. Trois tours principales, aujourd'hui démolies, mais dont l'emplacement est désigné par des éminences de terre dites la Butte-du-Dos-d'Ane, le Puy-du-Guet et le Donjon : la première, à l'est, près de l'ancienne porte de Troyes; la seconde, au nord; la troisième, à l'ouest, près de l'ancienne porte de Bray. Le Puy-du-Guet a 20 mètres de haut; diamètre, 16 mètres au sommet et 36 environ à la base : c'est la seule de ces éminences qu'on ait laissé intacte. Au delà du terrassement qui marque la place du rempart, un fossé, et dans certains endroits, deux fossés. Un pan de mur du rempart qui subsiste a $1^m,80$ d'épaisseur. Tous ces travaux défendent le château au nord-est et à l'ouest; au sud, un bras dérivé de l'Orvin le séparait du bourg.—Le bourg, situé au sud, était protégé par des fossés qui servent de promenades aujourd'hui et par le lit naturel de l'Orvin. Le faubourg Saint-Gervais était défendu par des fossés qui existent toujours. — Église paroissiale de Notre-Dame, située dans le château, commencement du xii° siècle. Plan en forme de croix latine. Longueur, $30^m,50$; elle a dû avoir, dans la nef, $16^m,35$ de large; elle n'en a plus que $11^m,60$; largeur du transept, 28 mètres. Sanctuaire, deux travées voûtées en berceau brisé; longueur, 6 mètres; largeur, 7 mètres; à l'orient, mur droit; il était accompagnée de deux chapelles plus basses, celle de gauche subsiste seule; voûte d'arête; largeur, $3^m,60$. Transept, le centre voûté en berceau; hauteur, $11^m,60$; longueur, $7^m,50$; largeur égale. Nef autrefois accompagnée de deux collatéraux, celui de gauche subsiste seul; longueur, 19 mètres; cette nef voûtée en bois sur entraits apparents; hauteur, 10 mètres. Tour au centre du transept. Saint Bernard a célébré la messe dans cette église en 1147.—Église paroissiale de Saint-Gervais, xii° siècle. Plan en forme de croix latine. Longueur, $40^m,50$; largeur, sanctuaire, $6^m,50$, chœur, 16 mètres, transept, 18 mètres, nef, $14^m,90$. Sanctuaire, carré, voûté sur ogives; longueur, $6^m,50$; hauteur, $10^m,50$. Chœur, une travée voûtée sur ogives, accompagnée de deux chapelles plus basses, également voûtées; longueur, 7 mètres; hauteur, $10^m,50$. Transept, voûté sur ogive. Nef, non voûtée; cinq travées, 20 mètres de long; hauteur, $13^m,50$; collatéraux, voûte nef voûtée en bois sur entraits apparents; hauteur, 4 mètres; les piliers carrés, les fenêtres de la grande nef, sont en plein cintre, les toits des collatéraux les masquent. La tour était construite sur le portail occidental; elle n'existe plus depuis environ soixante et dix ans. ǁ *Ép. moderne.* Petite chapelle prieurale de Sainte-Madeleine, ancienne dépendance du Paraclet, xvi° siècle.

CANTON DE ROMILLY-SUR-SEINE.
(Chef-lieu : Romilly.)

CRANCEY. *Moyen âge.* Église paroissiale de Saint-Loup. Toute la nef a été récemment reconstruite. Plan en forme de croix latine. Sanctuaire du xii° siècle, remanié au xvi°; les fenêtres et la voûte datent de cette dernière époque. Chevet plat. Longueur, $5^m,50$; largeur égale; hauteur sous clef, 6 mètres. Chœur, xvi° siècle, collatéraux, deux travées, voûté; longueur, $9^m,50$; largeur, 15 mètres; même hauteur que l'abside. Le clocher est construit sur la première travée du collatéral sud.

FERREUX. *Ép. romaine.* Voie romaine de Paris à Troyes. ǁ *Moyen âge.* Église paroissiale de Saint-Loup-de-Sens et Sainte-Agathe, xii° siècle, remaniée au xvi°. Plan en forme de croix latine. Longueur, $29^m,50$; largeur, $5^m,30$; hauteur des voûtes, 6 mètres. Abside à trois pans, xvi° siècle, voûtée. Nef, cinq travées, les trois premières voûtées au xvi° siècle, la quatrième au xiii°, la cinquième non voûtée; les quatre premières travées ont seules conservé des fenêtres du xii° siècle. Deux chapelles du xvi° siècle accompagnent la nef; celle de droite correspond à la première et à la seconde travée, celle de gauche à la première seulement.

FONTAINE-SAINT-GEORGES. *Moyen âge.* Église paroissiale de Saint-Nicolas, xii° siècle, presque entièrement reconstruite au xvi°. Plan rectangulaire. Longueur, $22^m,70$; largeur, $6^m,40$ dans la nef, $5^m,80$ dans le sanctuaire et le chœur; hauteur, 4 mètres dans la nef et $5^m,50$ dans le sanctuaire et le chœur. Sanctuaire terminé, à l'orient, par un mur droit, voûté. Les bases et l'arc triomphal sont du xii° siècle; le reste, du xvi°. Chœur, xvi° siècle, une travée, voûtée. Nef, xvi° siècle, non voûtée.

FOSSE-CORDUAN (LA). *Ép. celtique.* Sur la même rive de l'Ardusson, près du chemin rural dit la Voie-Lambert, dolmen dit la Pierre-aux-Alouettes, à demi renversé; trois supports; une table dont une partie a été récemment brisée et enlevée: elle n'a plus que $1^m,70$ de long sur une largeur égale, au lieu d'environ 3 mètres sur 2. — Sur la rive droite de l'Ardusson, triangle équilatéral, ayant 75 mètres de côté. Les angles sont marqués par trois blocs renversés, dont voici les dimensions : 1° longueur, $3^m,50$, largeur, $1^m,80$; 2° longueur, $5^m,40$, largeur, $1^m,70$; 3° longueur, 3 mètres, largeur, $2^m,80$. Un bloc moins volumineux indique le centre du triangle. ǁ *Ép. romaine.* Le long de la côte qui domine le village au nord-est il subsiste encore les traces d'une chaussée romaine, du haut de laquelle on aperçoit ce village. C'est cette situation qui lui a sans doute fait donner ce nom de la Fosse.

GÉLANNES. *Moyen âge.* Église paroissiale de Saint-Barthélemy, xii° et xvi° siècle. Plan en forme de croix latine. Longueur, 35 mètres. Abside, xvi° siècle, voûtée, cinq pans; longueur, 7 mètres; largeur, $7^m,70$; hauteur, 8 mètres. Transept, xvi° siècle, deux travées, deux collatéraux, voûté; hauteur, 8 mètres; longueur, 13 mètres; largeur, $18^m,70$. Nef, xii° siècle; les fenêtres viennent d'être considérablement agrandies; voûte de bois en berceau, sur entraits apparents; hauteur, 9^m; largeur, $7^m,70$; longueur, 15 mètres. A l'occident, portail roman. Clocher en pierre du xvi° siècle sur la travée occidentale du collatéral nord.

MAIZIÈRES-LA-GRANDE-PAROISSE. *Moyen âge.* Église paroissiale de Saint-Denis, xii° et xvi° siècle. Plan en forme de croix latine. Longueur, $40^m,50$; largeur, transept, 18ᵐ,30, nef, 13ᵐ,60 ; hauteur, abside et transept, 9ᵐ,50, et grande nef, 7ᵐ,50. Abside, xvɪᵉ siècle, cinq pans, voûtée. Transept, deux collatéraux, deux travées non voûtées; elles l'étaient autrefois. Suit la base de la tour, voûtée en berceau, xɪɪᵉ siècle; puis une nef accompagnée de collatéraux, le tout non voûté, cinq travées.

ORIGNY. *Ép. romaine.* La voie romaine de Châlons-sur-Marne à Sens marque la limite des finages d'Origny et d'Orvilliers. || *Moyen âge.* Église paroissiale de Saint-Denis, xɪɪᵉ siècle; les fenêtres remaniées, à l'exception d'une. Des chapelles récentes donnent à cette église la forme de croix latine. Longueur, 31 mètres; hauteur, 7 mètres; largeur, 5ᵐ,50 dans le sanctuaire et le chœur, 7 mètres dans la nef. Chevet plat. Chœur, deux travées, dont la seconde porte un clocher. Portail occidental orné de dents de scie.

ORVILLIERS. *Ép. romaine.* La voie romaine de Châlons-sur-Marne à Sens sépare le finage de cette commune de ceux d'Origny et d'Ossey : on l'appelle la Vau-Luisse. || *Moyen âge.* Église paroissiale de Saint-Julien. La base de l'arc triomphal est du xɪɪᵉ siècle; le reste, du xvɪᵉ. Plan en forme de croix latine. Longueur, 32 mètres; largeur, abside, 5ᵐ,60, transept, 17ᵐ,20, nef, 5ᵐ,50; hauteur, abside et transept, 7ᵐ,50, nef, 5ᵐ,10. Abside à cinq pans, voûtée. Transept, deux collatéraux, deux travées, dont la première est voûtée complètement et la seconde en partie.

OSSEY-LES-TROIS-MAISONS. *Ép. romaine.* Voie de Châlons-sur-Marne à Sens, dite Voie-de-Châtres, séparant le finage d'Ossey de ceux de Saint-Flavy et d'Orvilliers. || *Moyen âge.* Église paroissiale de Saint-Pierre-ès-Liens, xɪɪᵉ siècle; les fenêtres, à l'exception d'une, ont été récemment rélargies. Sanctuaire carré, voûté; hauteur, 6 mètres; largeur, 6ᵐ,10; longueur, deux travées, 6ᵐ,50. Nef récemment voûtée en plâtre; longueur, 16 mètres; hauteur, 8ᵐ,50; largeur, 5ᵐ,30.

PARS. *Moyen âge.* Église paroissiale de Saint-Martin. Elle n'a conservé du moyen âge qu'une pierre tumulaire brisée en six morceaux; longueur, 2ᵐ,25; largeur, 1ᵐ,05; figure de femme sous un dais gothique; épitaphe de la mère d'un curé du lieu, morte le 11 février 1325. Le sanctuaire et le chœur, du xvɪᵉ siècle; la nef toute récente. Sanctuaire rectangulaire, voûté; longueur, 3ᵐ,80; largeur, 5ᵐ,70; hauteur, 5ᵐ,50. Chœur, deux nefs voûtées, d'égale hauteur, 5ᵐ,50 ; deux travées, longueur, 7ᵐ,50, largeur, 10 mètres.

QUINCEY. *Moyen âge.* Église paroissiale de Saint-Martin, xɪɪᵉ siècle. Plan rectangulaire. Longueur, 22ᵐ,50; largeur, 7ᵐ,50. Sanctuaire voûté sur ogives, terminé à l'orient par un mur droit. Chœur, une travée, voûtée sur ogives; hauteur des voûtes, 7 mètres. Chapelle latérale, voûtée en berceau; hauteur, 4ᵐ,50.

Nef non voûtée; hauteur, 5 mètres. Porte occidentale, récente.

ROMILLY-SUR-SEINE. *Ép. romaine.* Voie latérale à la Seine, découverte en faisant les travaux du chemin de fer. || *Moyen âge.* Sur le finage a existé l'abbaye cistercienne de Scellières, fondée au xɪɪᵉ siècle. || *Ép. moderne.* Église paroissiale de Saint-Martin. Elle est presque tout entière de construction récente; cependant une partie du chœur date du xvɪᵉ siècle.

SAINT-HILAIRE. *Ép. celtique.* Entre Faverolles et Gelannes, section dite de Minay, lieu dit de la Tomelle, où se trouve une tombelle. || *Ép. romaine.* Voie romaine de Pont-sur-Seine à Saint-Martin-de-Bossenay, séparant le finage de Saint-Hilaire de ceux de Quincey, de Ferreux et de Saint-Loup-de-Buffiguy et traversant un instant le finage de Saint-Hilaire. || *Moyen âge.* Église paroissiale de Saint-Hilaire. Le premier étage de la tour date du xɪɪᵉ siècle ; le reste est récent.

SAINT-LOUP-DE-BUFFIGNY. *Ép. celtique.* Menhir dit Pierre-à-l'Abbé, situé à trois kilomètres à l'ouest du village, sur la rive gauche de l'Ardusson ; hauteur, 1ᵐ,60; largeur égale. A un mètre de terre il s'aplatit horizontalement, de manière à former une sorte de table d'autel, derrière laquelle s'élève un retable haut de 0ᵐ,60. Entre la table et le retable se trouve une cavité profonde de 0ᵐ,30. — Certains habitants se souviennent encore avoir vu un dolmen dans le lieu dit de la Pierre-Écuvéclée. || *Ép. romaine.* Cimetière gallo-romain sur lequel on pourra consulter S. A. 1ʳᵉ série, n° 62, 63, 64, p. 130-147. Des vases qui en proviennent sont conservés au musée de Troyes. || *Moyen âge.* Église paroissiale de Saint-Loup, xɪɪᵉ siècle, sauf les voûtes et quelques bains. Plan en forme de croix latine. Longueur, 24ᵐ,50 ; largeur, 7ᵐ,30 ; hauteur, 9 mètres. Abside à cinq pans, voûtée. Le centre du transept est couvert en plâtre; le reste ne l'est pas.

SAINT-MARTIN-DE-BOSSENAY. *Ép. romaine.* Voie romaine venant de Pont-sur-Seine. || *Moyen âge.* Au hameau de Saint-Pierre existait une église, aujourd'hui démolie, qui, selon la tradition, serait la plus ancienne du diocèse; Courtalon (C. T. H. III, 216) nous apprend que cette tradition existait déjà au siècle dernier.— Église paroissiale de Saint-Martin. Le sanctuaire, la première travée de la grande nef et le pignon occidental sont romans; le reste, du xvɪᵉ siècle. Plan rectangulaire, sauf la saillie du sanctuaire à l'orient. Longueur, 30 mètres; largeur, 14 mètres. Chevet plat. Nef, deux collatéraux, six travées: la première et la seconde sont de même hauteur que les collatéraux, 7ᵐ,50 ; dans les quatre autres travées, les collatéraux ont 6ᵐ,50 de haut; la nef est plus élevée : à en juger par la hauteur du pignon, la nef de l'église romane devait avoir au moins 12 mètres de haut sous voûte de bois en berceau. Vitrail du xvɪᵉ siècle assez bien conservé. Clocher de bois sur la seconde travée. Tour de pierre projetée et non exécutée, sur la sixième travée du collatéral nord.

CANTON DE VILLENAUXE.
(Chef-lieu : VILLENAUXE.)

BARBUISE. *Moyen âge.* Église paroissiale de Saint-Pierre-ès-Liens. Il n'y subsiste du moyen âge qu'un fragment d'une pierre tumulaire du XIV° siècle avec dais, tête de chevalier, et l'épitaphe de Jean le Camus; le reste manque. Abside et transept du XVI° siècle; nef du XVII°. Abside à cinq pans; longueur, 8 mètres; largeur, $7^m,70$; hauteur de la voûte, 8 mètres. Transept, deux collatéraux; hauteur, 8 mètres, voûtés; largeur, 23 mètres, et longueur, $5^m,85$. Le retable de l'autel est orné de quatorze émaux peints, chacun à $0^m,12$ sur $0^m,15$. En voici les sujets à partir de la gauche : 1° Mater dolorosa, 2° Christ en croix, 3° Portement de croix, 4° Flagellation, 5° Ecce homo, 6° Résurrection, 7° Arrestation de Jésus-Christ au jardin des Olives, 8° Jésus devant Hérode, 9° Jésus au tombeau, 10° Jésus priant au jardin des Olives, 11° Cène, 12° Adoration des Mages, 13° Naissance de Jésus-Christ, 14° Annonciation.

MONTPOTIER. *Ép. romaine.* Cette localité doit son nom aux fours à poterie et au grand nombre de poteries que l'on y découvre. — Voie de Troyes à Meaux dite Chemin-Perré ou Chemin-des-Romains. || *Moyen âge.* Église paroissiale de Saint-Loup, XV° siècle, sauf le bras de croix nord, qui peut être du XII°. Plan en forme de croix latine. Longueur, 31 mètres; largeur, 8 mètres dans la nef, au transept, 17 mètres; les bras sont inégaux : celui du nord a 2 mètres de long; celui du sud, 6 mètres. Une partie de cette église est voûtée; la voûte du bras nord de la croix est en berceau et peut dater du XII° siècle; les autres voûtes semblent être du siècle dernier.

PÉRIGNY-LA-ROSE. *Ép. moderne.* Église paroissiale de Saint-Remy, fin du XVI° siècle. Plan en forme de croix latine. Longueur, $22^m,50$; largeur, dans l'abside et la nef, $6^m,50$, et au transept, 15 mètres; hauteur des voûtes, 7 mètres. Tour sur le bras nord du transept.

PLESSIS-BARBUISE. *Ép. romaine.* Voie de Troyes à Meaux dite Voie-Perrée ou Chemin-des-Romains, séparant le finage de cette commune de celui de Barbuise. || *Moyen âge.* Église paroissiale de Saint-Barthélemy. Elle est rebâtie depuis trois ans; je l'ai vue en démolition en 1857; une partie remontait au XII° siècle; deux piliers carrés avaient un simple biseau pour chapiteau; ils supportaient un arc brisé.

SAULSOTTE (LA). *Ép. celtique.* Sur les bords d'un chemin latéral à la Seine, lequel s'appelle Chemin-de-Bray et paraît remonter à une haute antiquité, se trouvent, près du hameau de Liours, cinq dolmens en fort mauvais état. L'un, au nord du chemin, a perdu sa table; restent trois supports placés en forme de triangle; hauteur de ces supports, $1^m,20$; longueur du premier, $2^m,40$, du deuxième, $0^m,70$, du troisième, $2^m,50$. Les quatre autres dolmens sont au sud du chemin; ils ont tous conservé leurs tables. Trois n'ont gardé qu'un support. Le quatrième a encore ses trois supports, mais l'un, celui du nord, s'est écarté de manière à laisser la table toucher terre; longueur de la table, $2^m,50$; largeur, $1^m,70$; épaisseur, $0^m,50$. Description par M. Bourquelot, dans le Bulletin de la Société bibliophile-historique, août 1838. — Près du hameau de Frécul, autre dolmen que ses dimensions pourraient faire considérer comme une allée couverte. Longueur, 4 mètres; hauteur extérieure, $0^m,90$; hauteur intérieure, du sol à la table, $1^m,40$; épaisseur de la table, $0^m,35$, largeur, $1^m,70$. Cette table se compose de trois pierres juxtaposées; le nombre des supports est de trois de chaque côté : total, neuf pierres, auxquelles il faut en joindre deux de moindre dimension qui ferment chacune l'une des deux issues. (Revue archéologique, année 1859, pl. 368, n° 3.) || *Moyen âge.* Église paroissiale de Saint-Ferréol, XII° et XV° siècles. Longueur, 34 mètres. L'abside est à trois pans, voûtée, XV° siècle; longueur, 5 mètres; largeur, 10 mètres; hauteur, $7^m,50$. Chœur, XII° siècle; deux travées, voûtées; 10 mètres sur 10 mètres; hauteur, $7^m,50$. Nef, XII° siècle, non voûtée; longueur, 19 mètres; largeur, $8^m,50$. — Ruines de la commanderie du Temple de Resson, XII° siècle. Petite chapelle.

VILLENAUXE. *Ép. romaine.* Voie de Troyes à Meaux traversant le finage de cette commune, puis la séparant de ceux de Montpotier et de Ville-Gruis. || *Moyen âge.* Église paroissiale de Saint-Pierre et Saint-Paul, XII°, XV° et XVI° siècle. Cette église n'a pas de transept; c'est la seule de l'arrondissement qui possède un collatéral autour du sanctuaire. Longueur, $49^m,60$; largeur, 19 mètres; hauteur de la grande nef, 16 mètres, et des collatéraux, $8^m,50$. Sanctuaire à cinq pans, XIII° siècle, voûté en bois et sans fenêtres; longueur, $4^m,50$; largeur, entre les piliers, $8^m,20$. Le collatéral du sanctuaire et les chapelles absidales, voûtés en pierre, XIII° siècle. Nef, huit travées; les premières voûtées en bois, sans fenêtres, les autres voûtées en pierre, avec fenêtres, les collatéraux complètement voûtés en pierre; les deux premières travées du XIII° siècle, les quatre suivantes du XV°, les deux dernières du XVI°; les premières sont plus longues que les dernières; ainsi la longueur totale de la nef se divise ainsi : les deux travées du XIII° siècle, $9^m,60$, moyenne, $4^m,80$; les quatre travées du XV° siècle, $19^m,50$, moyenne, $4^m,87$; les deux travées du XVI°, $11^m,50$, moyenne, $5^m,75$; nombre des piliers : vingt, dix de chaque côté, dont cinq du XIII° siècle, trois du XV° et deux du XVI°; largeur de la grande nef, mesurée entre les piliers, $8^m,20$, des collatéraux, 4^m:

ainsi la hauteur de chaque nef est environ double de sa largeur. Arcatures faisant à l'intérieur le tour de l'église. Débris de vitraux du xvi° siècle. Les fenêtres de la nef sont masquées à l'extérieur par le toit. Le portail occidental devait avoir deux tours; une seule a été construite; commencée au xvi° siècle, elle a été achevée au xviii°, réparée au xix°; hauteur, 35",40, flèche, 16",55, croix, 6",45 : total, 58",40. — Villenauxe était entourée de remparts et de fossés; ces derniers subsistent intégralement. — A Villenauxe existait encore il y a quelques années le portail roman de l'église abbatiale de Nesle-la-Reposte, publié par Mabillon, *Annales Benedictini*, I, 51. ‖ *Ép. moderne*. Au hameau de Dival, église paroissiale de Saint-Jacques, xvi° siècle. Longueur, 40",50; hauteur, 7",50; largeur, 11",20. A l'orient, deux nefs divisées chacune en deux travées et terminées, l'une par un mur droit et l'autre par une abside; à l'occident, une seule nef non voûtée. Le portail occidental devait recevoir deux tours, dont une seule a été construite; hauteur, 29",50, et y compris la flèche et la croix, 46 mètres. Sur le linteau de la porte de l'escalier on lit une date : 14 mars, M. V°. XX.

VILLENEUVE-AU-CHATELOT. *Ép. celtique.* Dans une rue de ce village se trouvait un dolmen qui a été signalé par M. Camut-Chardon (S. A. 1" série, n° 41, p. 11). ‖ *Ép. romaine.* Voie de Troyes à Meaux, passant à l'ouest du village et figurée sous le nom de Voie-Romaine au plan cadastral, section D. — Au lieu dit la Rometière, substructions romaines importantes où l'on croit trouver les restes du *vicus* de *Bibe*. On y a trouvé une statuette de Mars, des vases de terre, etc. qui sont conservés au musée de Troyes. (S. A. 2° série, t. VIII, p. 422-426.) ‖ *Moyen âge*. Église paroissiale de l'Assomption, xii° et xvi° siècle. Plan en forme de croix latine. Longueur, 30 mètres ; hauteur des voûtes, 7",50 ; largeur dans la nef et l'abside, 5",70. Abside, xvi° siècle, à cinq pans. Chœur, deux travées, trois nefs; la première travée du xii° siècle, la seconde du xvi°. Nef, deux travées, point de collatéraux, xvi° siècle. Pierre tumulaire du xiii° siècle, brisée en cinq morceaux; longueur, 1",90; largeur, 0",95 à un bout, 0",85 à l'autre; épitaphe d'une femme nommée Marguerite, morte en mars 1267; figure de femme debout, les mains jointes.

ARRONDISSEMENT DE TROYES.

CANTON D'AIX-EN-OTHE.
(Chef-lieu : Aix-en-Othe.)

AIX-EN-OTHE. *Ép. romaine.* Nombreux tuyaux de terre cuite, enveloppés de ciment, qui conduisaient les eaux de la côte voisine dans l'intérieur des habitations. — On a trouvé, il y a cinq ans, entre le village et le hameau du Jars un Apollon de bronze, qui a été vendu à un amateur de Paris. — Cimetière antique, dit cimetière des Huguenots, cercueils de grès. ‖ *Moyen âge*. Dans la sacristie de l'église, une croix de la fin du xiv° siècle ou du commencement du xv°, sauf le pied, qui est plus récent; elle est haute de 0",38. ‖ *Ép. moderne.* Église de Saint-Avit, démolie, sauf une portion de la nef, appartenant au xvi° siècle. Longueur, 20",50, moitié, dit-on, de la longueur originaire; largeur, 8",50; hauteur, 11 mètres; point de collatéraux, cinq travées; voûte de plâtre en berceau sur enfaits. — Église paroissiale de la Nativité de la Sainte Vierge. Abside et transept du xvii° siècle; nef du xviii°. Plan en forme de croix latine. Longueur, 44 mètres; largeur, abside, 8",80, transept, 21",30, nef, 14 mètres. Voûte construite sur ogives, avec doubleaux et formerets en plein cintre. Quatre tapisseries du xvi° siècle, représentant le martyre de sainte Reine; elles formaient autrefois les quatre côtés d'un dais; hauteur, 0",35 ; deux d'entre elles ont 1",50 de long, les deux autres, 1 mètre. Tableaux de la fin du xvi° siècle ou du commencement du xvii° : les uns, peints sur bois, représentant l'Annonciation, la Fuite en Égypte, l'Adoration des Mages, Éliézer et Rebecca; les autres, peints sur cuivre, représentant saint Pierre et saint Paul.

BÉRULLES. *Ép. moderne.* Église paroissiale de la Nativité de la Sainte Vierge, xvi° siècle. Plan en forme de croix latine. Longueur, 40 mètres; largeur, abside, 10",50, transept, 23",80, nef, 10",40; hauteur des voûtes, 9",50. Tout est voûté. Abside à cinq pans. Transept, trois nefs et deux travées. Nef accompagnée de chapelles de chaque côté, mais sans collatéraux, trois travées. Beaux vitraux dans l'abside. Fonts baptismaux pédiculés, ornés de bas-reliefs. Tour sur la dernière travée de la nef, surmontée d'une flèche; hauteur, mesurée à partir du pavé de la tour, 25 mètres, flèche, jusqu'au sommet du coq, 31 mètres; total, 56 mètres. La nef et la base de la tour, malgré leur date, sont construites en silex, le reste en craie.

MARAYE-EN-OTHE. *Ép. moderne.* Église paroissiale de Saint-Jacques, imitation de Saint-Philippe-du-Roule, à Paris.

NOGENT-EN-OTHE. *Moyen âge.* Dans l'église est un panneau en cuivre émaillé du XIIIe siècle, publié par M. Fléchey dans S. A. 2e série, t. V, p. 350. || *Ép. moderne.* Église paroissiale de la Nativité de la Sainte Vierge; XVIe siècle. Plan rectangulaire. Longueur, 15 mètres; largeur, 7 mètres; hauteur, 8^m,50; voûte de bois en berceau brisé. Jolie statue du XVIe siècle, représentant la Vierge mère. Débris de vitraux. Peintures murales, cachées sous plusieurs couches de badigeon. Cette église est construite en silex.

PAISY-COSDON. *Ép. romaine.* Sur le finage, emplacement d'une *villa* romaine, d'où l'on a extrait en 1852 d'importants fragments de mosaïque, conservés au musée de Troyes et publiés (C. A. 57-58 et P. A.). Sur les fouilles faites depuis dans cette localité, voir S. A. 2e série, t. VI, p. 104-106. || *Ép. moderne.* Église paroissiale de Sainte-Madeleine, sans caractère.

RIGNY-LE-FERRON. *Ép. celtique.* M. Vérollot, juge de paix, possède une hache en silex, trouvée sur le finage, lieu dit le Châtellier. || *Moyen âge.* Église paroissiale de Saint-Martin. Les piliers de la portion occidentale de la nef datent du XIIe siècle; le reste de l'édifice, pour la plus grande partie, du XVIe, et certaines portions plus récentes encore. Plan rectangulaire, sauf la saillie de l'abside. Longueur, 45 mètres; largeur, 19^m,50; hauteur, 9^m,50 dans la portion orientale de l'église, 12 mètres dans la portion occidentale de la nef. Abside à cinq pans, XVIe siècle. Suivent: 1° trois travées de nef, avec des collatéraux aussi élevés, XVIe siècle; 2° trois travées dans lesquelles les murs datent du XVIe siècle, les piliers du commencement du XIIe siècle, et la voûte est du XIXe; ces derniers piliers sont de forme carrée. Dans la partie orientale de l'église, peintures presque entièrement couvertes de badigeon. Pierre tumulaire d'un seigneur et d'une dame de Rigny-le-Ferron; deux figures, l'une d'homme, l'autre de femme, dessinées au trait, 1543. Vitraux du XVIe siècle mutilés. Chaire et portion de clôture de chœur de la seconde moitié du XVIe siècle.

SAINT-BENOÎT-SUR-VANNES. *Ép. romaine.* Voie de Sens à Troyes, au nord de la route actuelle, figurant au cadastre sous le nom d'Ancienne-Voie-de-Sens-à-Troyes; l'empierrement a une épaisseur de 1^m,10, dont 0^m,70 construits avec du mortier. || *Moyen âge.* A Courmononcle, église de Saint-Gengoul. La partie occidentale jusqu'au milieu de l'édifice date de la première moitié du XIIe siècle; le reste est tout récent. Plan rectangulaire. Longueur, 10^m,50; largeur, 5^m,80; hauteur, 4^m,50, non voûtée. La partie du XIIe siècle est construite en silex, sauf le portail, qui a ses pieds-droits en grès et son archivolte en craie. Deux fenêtres, hautes chacune de 1^m,30 sur une largeur de 0^m,25. Statue équestre de saint Gengoul, XVIe siècle. — Au chef-lieu de la commune, église paroissiale de Saint-Benoît. La nef ne remonte qu'au XVIIe ou au XVIIIe siècle, mais l'abside et le chœur peuvent être du XIIe. Longueur de ces deux parties, 13 mètres; largeur, 8 mètres; hauteur, 6 mètres. || *Ép. moderne.* Porte d'entrée du château, XVIe siècle; c'est une tour carrée flanquée de deux poivrières et surmontée d'un campanille. (A. P. 59-60.)

SAINT-MARDS-EN-OTHE. *Ép. celtique.* Hache de silex trouvée sur le territoire, entre le village et le Bouillant et appartenant à M. Boutiot, de Troyes. || *Ép. moderne.* Église paroissiale de Saint-Médard. L'abside et le transept sont de la fin du XVIe siècle; le reste, de la fin du XVIIIe. La portion du XVIe siècle a de longueur 14^m,50; de largeur, abside, 8^m,50, transept, 21 mètres; hauteur, 15 mètres.

VILLEMOIRON. *Ép. moderne.* Église paroissiale de Saint-Sébastien; seconde moitié du XVIe siècle. Plan en forme de croix latine. Longueur, 28^m,70; largeur, abside, 7 mètres, transept, 16^m,80, nef, 11^m,90; hauteur, abside et nef, 9^m,70, transept, 10^m,33. Abside à cinq pans. Transept, une travée. La nef, trois travées, accompagnées de chapelles latérales. Sept vitraux de la fin du XVIe siècle; ils sont fort remarquables. Un autre vitrail daté de 1617.

VULAINES. *Ép. romaine.* Voie de Sens à Troyes, traversant le finage de l'ouest à l'est, au nord du village et de la route actuelle; on en tire encore des pierres. || *Moyen âge.* Église paroissiale de Saint-Antoine; XIIe siècle. Sanctuaire rectangulaire, suivi d'une nef aussi rectangulaire moins large. Longueur, 28^m,60; largeur, abside, 7^m,70, nef, 5^m,90; hauteur, 10 mètres. Voûte récente, de plâtre, en berceau. Le mur oriental du sanctuaire est percé de deux fenêtres. Trois pierres tumulaires du XIIIe siècle : sur l'une, épitaphe de *[Jaqu]eline de la Villeneuve, qui fu fame Collet Faisant,* morte en 1203, *le jor de quinzene de la chandelor;* dans le champ, croix fleuronnée, ornée au centre d'un quatrefeuille et fixée sur un bâton pointu à la base; longueur de la pierre, 1^m,87; largeur, à la tête, 1 mètre, aux pieds, 0^m,80. L'autre pierre est à moitié couverte par l'autel; quelques mots seulement de la légende sont visibles : . . . *Pierres li Clers. Diex li face merci. Amen.* De la troisième pierre, il ne subsiste qu'un fragment où on lit : . . . *de Vileinnes Cles qui ve. . .* L'archivolte du portail en craie; le reste de l'édifice construit en grès et en silex. Contre-forts peu saillants.

CANTON DE BOUILLY.

ASSENAY. Néant. (Chef-lieu : BOUILLY.)

BORDES (LES) *Ép. romaine* (?). Au hameau de Bray, vaste cimetière antique d'où l'on a exhumé depuis quarante ans beaucoup d'ossements, des vases de terre et de verre, des armes, des parures en bronze. Trois vases de terre provenant de ce cimetière sont conservés au musée de Troyes. (S. A. 2ᵉ série, t. VI, p. 98-99.)

BOUILLY. *Ép. romaine.* Voie de Troyes à Auxerre, séparant le finage de ceux de Saint-Pouange et de Roncenay. ‖ *Ép. moderne.* Église paroissiale de Saint-Laurent, xvıᵉ siècle. Plan en forme de croix latine. Longueur, 48ᵐ,40, porche compris, et non compris le porche, 41ᵐ,40; largeur, transept, 25ᵐ,90; nef, 15ᵐ,70; hauteur des maîtresses voûtes, 9 mètres, des collatéraux de la nef, 7 mètres. Sauf le porche, l'église est tout entière voûtée. Abside à cinq pans. Chœur, une travée, trois nefs. Transept, deux travées, cinq nefs. Nef, trois travées et deux collatéraux. Au fond de l'abside, autel de pierre, de la Renaissance, surmonté d'un magnifique retable également en pierre; ce retable consiste en trois panneaux sculptés, surmontés chacun d'une arcade et contenant chacun un groupe : 1° Jésus portant sa croix; 2° Christ en croix; 3° Résurrection. Hauteur totale de l'autel et du retable, 3ᵐ,90; largeur, 3ᵐ,60. Au-dessus se trouvait un très-beau tabernacle en bois de la même date, publié dans P. A. et aujourd'hui placé sur un autel latéral; il est haut de 3ᵐ,72, ce qui donnait au monument une hauteur totale de 7ᵐ,62, soit 1ᵐ,38 de moins que la hauteur des voûtes. Ce monument, qui est aujourd'hui plaqué contre le mur oriental de l'abside, était autrefois placé en avant, à deux mètres environ de distance. Le tabernacle s'ouvrait par derrière et l'on y montait par une échelle. Le retable était peint, le tabernacle ne l'a jamais été. Sur l'autel, l'inscription suivante : *Anno Domini 1556, die vero 4ᵉ augusti, lapis iste positus fuit per me Radulphum Parchemin, presbyterum et curatum hujus ecclesiæ.*

BUCHERES. *Ép. celtique.* A l'ouest de la route de Troyes à Dijon, près du finage de Saint-Léger, est une tombelle, qui a été à peu près abaissée au niveau du sol il y a quelques années; on y a trouvé des ossements. ‖ *Ép. romaine.* Voie de Troyes à l'établissement romain de Vertaut; elle porte le nom de Cheminet. Elle passe entre la Seine et l'Hozain, section dite des Bas-de-Courgerennes, vient de Bréviande, au nord, et se dirige vers le sud, entre Verrières et la route de Troyes à Dijon. ‖ *Moyen âge.* A Courgerennes, église de la Nativité de la Sainte Vierge, construite au xııᵉ siècle, remaniée au xvıᵉ, dont datent l'abside et le mur méridional, et au xvıııᵉ, dont date le mur occidental. Une nef sans collatéraux ni transept; point de voûtes. Longueur, 18 mètres; largeur, 6 mètres; hauteur, 4ᵐ,70. Vitrail du xvıᵉ siècle. Bas-relief en marbre blanc, Renaissance, représentant l'Adoration des Mages; hauteur, 0ᵐ,25; largeur, 0ᵐ,20, et y compris le cadre, qui est en bois, de la même date : hauteur, 0ᵐ,90; largeur, 0ᵐ,55. Un autre bas-relief de marbre blanc, plus petit, représentant la Fuite en Égypte, se trouve encastré dans le cadre.— Église paroissiale de l'Assomption de la Sainte-Vierge, récemment reconstruite.

CORMOST. Néant.

CRÉSANTIGNES. *Ép. romaine.* Voie de Troyes à Auxerre, passant au Cheminot et séparant le finage de celui de Javernant. — Voie de Troyes à Tonnerre, séparant le finage de celui de Jeugny. ‖ *Ép. moderne.* Église paroissiale de Saint-Sébastien, seconde moitié du xvıııᵉ siècle. Retable du xvıᵉ siècle, provenant de l'ancienne collégiale de Lirey et orné de groupes rondebosse qui figurent le Christ en croix et le Christ au tombeau. Plusieurs statues du xvıᵉ siècle, notamment une sainte Barbe et une Notre-Dame-de-Pitié.

FAYS. *Ép. romaine.* Voie de Troyes à Tonnerre, séparant le finage de celui de Jeugny. ‖ *Ép. moderne.* Église récente, non paroissiale.

ISLE-AUMONT. *Ép. celtique.* Cimetière situé près du hameau de Roche, à l'ouest de la route de Troyes à Chaource, au nord-ouest du village, décrit par M. Corrard de Breban (S. A. 2ᵉ série, t. II, p. 14-18, et t. VI, p. 101-103). Divers objets en provenant, bracelets, anneaux, sont conservés au musée de Troyes. ‖ *Ép. romaine.* On a trouvé des cercueils de pierre au pied de l'éminence sur laquelle était construit le château. ‖ *Moyen âge.* Le château, un des principaux des domaines des comtes de Champagne, est démoli depuis longtemps, mais son emplacement est encore parfaitement distinct. C'est un monticule dit la Motte, partie naturel, partie artificiel, de forme à peu près circulaire, haut d'environ 10 mètres et présentant au sommet une surface plane d'une contenance d'environ 6 a ares. — Sur ce monticule, église paroissiale de Saint-Pierre, qui fut prieurale de 1097 à la Révolution, xııᵉ siècle. Trois nefs, les deux latérales démolies; celle du nord n'a pas été rebâtie, celle du sud reconstruite au xvıᵉ siècle. Longueur, 28ᵐ,60; largeur, 12ᵐ,40. Abside semi-circulaire, voûtée en cul-de-four sur un arc-doubleau, et deux ogives; longueur, 3 mètres; largeur, 5ᵐ,20; hauteur, 7 mètres. Elle est précédée : 1° d'une travée voûtée en berceau plein cintre; longueur, 2 mètres; largeur, 5ᵐ,20; hauteur, 7 mètres; 2° de la base de la tour, longueur, 7ᵐ,10, largeur, 5ᵐ,20; non voûtée, l'arc-doubleau oriental est haut de 7 mètres, l'arc-doubleau occidental de 7ᵐ,50. Vient enfin la nef, quatre travées, non voûtée; longueur, 16ᵐ,50; largeur, 5ᵐ,90 de large (restitution). Les piliers nord appartiennent seuls à la construction primitive; ils sont séparés par un intervalle de 3ᵐ,07; leur diamètre est de 0ᵐ,90; leur hauteur est de 1ᵐ,85, la hauteur de l'archivolte qui les surmonte de 1ᵐ,55, ce qui donne un total de 3ᵐ,40. Les archivoltes sont en plein cintre; les chapiteaux des piliers se composent d'un filet et de deux quarts-de-rond. Le collatéral a six travées; les deux premières sont voûtées, hauteur, 7^m,50. Retable du xvie siècle avec bas-relief représentant les apôtres.

JAVERNANT. *Ép. romaine.* Voie de Troyes à Auxerre, séparant le finage de ceux de Crésantignes, Machy et Lirey. ‖ *Moyen âge.* Dans le mur sud de l'abside se trouve encastrée une pierre tumulaire longue de 1^m,10, large de 0^m,90, autrefois peinte; dans le champ, une figure d'homme vêtu d'une robe, sous un dais; autour, l'épitaphe en vers de Jacques le Pitancier, tabellion et notaire apostolique, mort en 1412. ‖ *Ép. moderne.* Église paroissiale de l'Assomption de la Sainte Vierge, xvie siècle. Plan en forme de croix latine. Longueur, 31^m,20; largeur, transept, 16 mètres, nef, 7^m,60; hauteur, 8 mètres; tout voûté. Sur le retable du grand autel primitif, aujourd'hui placé dans le bras sud du transept, on lit : *L'an mil v^c et dix-sept cette ymage fut de Nicolas Barbin donne.* La statue n'existe plus. Portail occidental remarquable.

JEUGNY. *Ép. romaine.* Voie de Troyes à Tonnerre, traversant un instant le finage, puis le séparant de celui de Crésantignes. ‖ *Ép. moderne.* Église paroissiale de Saint-Barthélemy, xixe siècle.

LIREY. *Ép. romaine.* Voie de Troyes à Auxerre, séparant le finage de celui de Villery. — Voie de Troyes à Tonnerre, traversant le finage. ‖ *Moyen âge.* L'église collégiale de Lirey, fondée au xive siècle par Geoffroy de Charny, a été démolie complétement. — Lieu dit la Motte, emplacement du château de Geoffroy, trapèze dont la contenance est de 20 ares environ, dont les deux bases ont, l'une, 54 mètres, l'autre, 49 mètres de long, et dont la largeur est de 39 à 40 mètres. Autour, un fossé rempli d'eau et large de 15 mètres.

LONGEVILLE. Néant.

MACHY. *Ép. moderne.* Chapelle construite au xviiie siècle.

MAUPAS. Néant.

MONTCEAUX. *Ép. moderne.* Église paroissiale de Sainte-Syre. La nef est toute récente. L'abside seule remonte au xvie siècle; elle est à cinq pans, voûtée; longueur, 7^m,50; largeur, 7 mètres; hauteur, 6 mètres. Beaux vitraux du xvie siècle; l'un daté de 1533.

MOUSSEY. *Moyen âge.* Église paroissiale de Saint-Martin, commencement du xiie siècle. Plan rectangulaire, sauf la saillie de l'abside. Longueur, 30^m,10, et en comprenant le porche, 36^m,10; largeur, abside, 3^m,80, chœur et nef, 12^m,50; hauteur, abside, 7 mètres, chœur, 7^m,50, nef, du pavé à la sous-faîte, 10 mètres, et jusqu'au plafond, qui est moderne, 7^m,50. Abside ovoïde, voûte en cul-de-four ronde, longueur, 3^m,50. Chœur, deux travées, accompagné de chapelles; longueur, 9^m,80; la première travée a une voûte du xvie siècle; la seconde travée n'est pas voûtée. Nef accompagnée de collatéraux, cinq travées, longueur, 17^m,60; les fenêtres des collatéraux sont modernes; la nef a huit fenêtres romanes, trois au nord, cinq au midi; les piliers carrés, les chapiteaux ne consistent qu'en moulures horizontales ou manquent complétement; les archivoltes en plein cintre, sauf les trois dernières du côté du nord. Le porche de même date que le reste de l'édifice, percé de cinq fenêtres divisées chacune au milieu par une colonnette, long de 4^m,60, large de 11^m,90. Tour sur la seconde travée du chœur, hauteur, 16^m,50; l'étage supérieur percé de huit fenêtres plein cintre, deux sur chaque face, hautes de 1^m,40, larges de 0^m,60. Cette église presque tout entière construite en silex et en terre; les pieds-droits et les archivoltes des baies sont cependant en craie. (V. A. 47).

PRUNAY. Néant.

RONCENAY. *Ép. romaine.* Voie de Troyes à Auxerre, séparant le finage de celui de Bouilly.

SAINT-JEAN-DE-BONNEVAL. *Ép. romaine.* Voie de Troyes à Auxerre, séparant le finage de celui de Villery. ‖ *Ép. moderne.* Église paroissiale de Saint-Jean, xixe siècle.

SAINT-LÉGER-PRÈS-TROYES. *Ép. moderne.* Église paroissiale de Saint-Léger, xvie siècle. Une abside et trois nefs sans transept. Longueur, 31^m,60; largeur, abside, 7 mètres, nef, 20^m,70; hauteur des voûtes, 9 mètres. Vitraux du xvie siècle; on y lit les dates de 1523 et 1524.

SAINT-POUANGE. *Ép. romaine.* Voie de Troyes à Auxerre, séparant le finage de ceux de Laines-aux-Bois, Souligny et Bouilly. ‖ *Moyen âge.* Église paroissiale de Saint-Pouange, xiie, xve et xixe siècle. Une abside et une nef sans collatéraux ni transept. Longueur, 20^m,50; largeur, 7^m,10; hauteur des voûtes, 6 mètres. Abside à trois pans, xiie siècle, avec une voûte et une fenêtre du xve. Les deux premières travées de la nef sont du xiie siècle; le reste, du xixe. — Chemin dit de la Reine-Blanche, conduisant de Saint-Pouange à Troyes.

SAINT-THIBAULT. *Ép. romaine.* Dans la section A du cadastre, entre la route de Troyes à Dijon et la Seine, des portions de la voie de Troyes à l'établissement romain de Vertaut reconnaissables, quoiqu'elles soient cultivées. ‖ *Moyen âge.* Église paroissiale de Saint-Thibault. Abside du xiie siècle; le reste, du xvie. Église sans bas-côtés ni transept; longueur, 25^m,20; largeur, abside, 5^m,30, nef, 7 mètres; hauteur, 8 mètres. Voûte de bois en berceau, du xviiie siècle. Les baies de la nef refaites. Portail occidental du xvie siècle, assez joli.

SOMMEVAL. *Ép. moderne.* Église paroissiale de Saint-Martin, récente. On y conserve trois statues de saints du xvie siècle provenant de l'ancienne église. Sur le piédestal de l'une on lit : *Jaquot Chatiez et sa femme ont donne ceste ymage icy. [Priez] Jhesus pour leurs ames qui les veille...*

SOULIGNY. *Ép. romaine.* Voie de Troyes à Auxerre, séparant le finage de celui de Saint-Pouange.

VENDUE-MIGNOT (LA). Néant.

VILLEMEREUIL. *Ép. moderne.* Joli château construit au xviii° siècle, en brique et craie, style du xvii° siècle. Il a été l'objet d'un article et d'un dessin dans A. P. 51-52.

VILLERY. *Ép. romaine.* Voie de Troyes à Auxerre, séparant le finage de ceux de Saint-Jean-de-Bonneval et de Liroy.

VILLY-LE-BOIS. Néant.

VILLY-LE-MARÉCHAL. *Ép. romaine.* Au nord-ouest du village, lieu dit les Auges, on a découvert plusieurs cercueils de pierre; l'un, conservé encore dans le village, a de longueur 1^m,86, de largeur, à la tête, 0^m,70, aux pieds, 0^m,26, de hauteur, à la tête, 0^m,45, et aux pieds, 0^m,35. On y a trouvé un fer de lance et un anneau. ‖ *Ép. moderne.* Église paroissiale de la Nativité de la Sainte Vierge, xvi° siècle. Plan en forme de croix latine. Longueur, 26^m,50; largeur, abside, 7 mètres, transept, 17^m,50, nef, 6^m,70; hauteur des voûtes, 8^m,50. L'abside et le transept seuls voûtés. L'abside à cinq pans. Tabernacle en bois du xvi° siècle. Belles statues de la même époque : saint Maur, abbé; sainte Barbe ; Notre-Dame-de-Pitié. Verrières avec une inscription constatant que la donation eut lieu en 1510.

CANTON D'ERVY.
(Chef-lieu : Ervy.)

AUXON. *Ép. romaine.* Voie de Troyes à Auxerre et sur cette voie, au lieu dit Blaine et Planche-au-Curé, établissement romain sur lequel on peut consulter S. A. 2° série, t. VI, p. 103-104, et A. A. année 1854, p. 105. ‖ *Ép. moderne.* Église paroissiale de Saint-Loup, xvi° siècle. Plan rectangulaire, sauf la saillie de l'abside. Longueur, 43 mètres; largeur, 15^m,65; hauteur de l'abside et des deux premières travées du chœur, 9 mètres, de la troisième travée du chœur, du transept et de la nef principale, 11 mètres, des collatéraux, dans toute l'église, 9 mètres. Cette église tout entière voûtée. Abside à trois pans, première moitié du xvi° siècle. Chœur, trois travées accompagnées de collatéraux : les deux premières travées, de la première moitié du xvi° siècle; la troisième, de la seconde moitié. Transept, une travée, seconde moitié du xvi° siècle. Nef, trois travées accompagnées de collatéraux, seconde moitié du xvi° siècle. Débris de vitraux. Retable en pierre, sculpté, xvi° siècle, représentant la légende de saint Hubert. Tour sur la dernière travée de la nef centrale. Joli portail Renaissance, au bras sud du transept; il est orné de quinze bustes demi-bosse, percé de huit niches vides; le trumeau, les pieds-droits, le tympan et la frise sont couverts de rinceaux.

CHAMOY. *Ép. celtique.* Au musée de Troyes, une hache en silex trouvée dans cette commune. ‖ *Ép. romaine.* Voie de Troyes à Auxerre, traversant le finage du nord-est au sud-ouest. ‖ *Ép. moderne.* Église paroissiale de l'Assomption de la Sainte Vierge. Un tiers est du xix° siècle; le reste, du xvi°. Plan rectangulaire, sauf la saillie de l'abside. On n'a du xvi° siècle que l'abside et deux travées du chœur; longueur, 17^m,50; largeur, 16^m,75; hauteur, 7^m,50. Cette église n'est pas voûtée. Chapelle seigneuriale dans la première travée du collatéral sud, avec un très-beau retable gothique du xvi° siècle. La porte d'entrée du château, xvi° siècle, a été démolie au commencement de celui-ci. (A. A. année 1854, p. 143.)

CHESSY. *Moyen âge.* Église paroissiale de l'Assomption de la Sainte Vierge. Nef du xii° siècle; le reste, du xvi°. Plan en forme de croix latine. Longueur, 34 mètres; largeur, abside, 8 mètres, transept, 17^m,15, nef, 7^m,90; hauteur, abside et transept, 11 mètres, nef, 12^m,50. Abside à cinq pans, voûtée. Transept, deux travées et collatéraux, voûté. La nef, avec fenêtres refaites et une voûte de bois en berceau brisé, xvi° siècle.

COURSAN. *Ép. romaine.* Lieu dit le Moulin-à-Vent, cimetière antique. On a trouvé des tuiles romaines au lieu dit les Écornées. Ces deux contrées se trouvent dans la section B du cadastre, 2° feuille. ‖ *Moyen âge.* Église paroissiale de Saint-Martin, xii° siècle, remaniée au xviii°. Deux nefs; celle du sud, la principale, est munie d'une abside. Longueur, 24^m,20; largeur, abside, 5^m,45, première travée, 9^m,50, et ensuite 12 mètres. L'abside et la première travée voûtées; hauteur, 7 mètres. Le reste n'est couvert que d'un plafond, qui, dans la nef principale, a 7^m,50 de haut. Les voûtes supportées par des colonnes engagées, cylindriques, surmontées de chapiteaux à feuillage. Les piliers qui séparent les deux nefs sont carrés et n'ont qu'un biseau pour chapiteau; les archivoltes, supportées par les piliers, sont en arc brisé.

COURTAOULT. *Ép. moderne.* Église paroissiale de l'Assomption de la Sainte Vierge, xvi° siècle. Une abside et un transept, tous deux voûtés; la nef manque. Longueur, 13^m,70; largeur, abside, 7^m,50, transept, 17^m,50; hauteur, 9 mètres.

CROUTES (LES). *Ép. moderne.* Église paroissiale de Saint-Sébastien ; xvi° siècle ou commencement du xvii°. Masure en bois sans valeur.

DAVREY. *Moyen âge.* Église paroissiale de l'Assomption de la Sainte Vierge. Nef du xii° siècle; le reste, du xvi°. Plan en forme de croix latine. Longueur, 27 mètres; largeur, abside, 6^m,80, transept, 16 mètres, nef, 7^m,70; hauteur, abside et transept, 10^m,30, nef, 5 mètres. L'abside à cinq pans, voûtée et ornée de vitraux. Transept, une travée voûtée. Nef non voûtée, avec une porte et des fenêtres modernes; les fenêtres primitives sont murées.

EAUX-PUISEAUX. *Ép. romaine* (?). Cimetière antique, signalé par M. Corrard de Breban dans S. A. 2ᵉ série, t. II, p. 22-23. — Une partie de l'établissement romain signalé sur le finage d'Auxon s'étend sur celui d'Eaux-Puiseaux. ∥ *Ép. moderne*. Église paroissiale toute récente.

ERVY. *Ép. celtique*. Deux tombelles au lieu dit la Croix-des-Mottes. La principale, au couchant, a de diamètre à la base 50 mètres, au sommet 20 mètres, et de hauteur 10 mètres; elle est surmontée d'une croix. L'autre, au levant, a de diamètre à la base 40 mètres, au sommet 20 mètres; sa hauteur est encore de 10 mètres; une partie des terres a été enlevée il y a environ trente ans. ∥ *Moyen âge*. Lieu dit le Pâté, emplacement du château. Fossés en partie comblés; à l'entrée du côté de Troyes, profondeur, 4 mètres; largeur, 18 mètres. Le château a peu près circulaire. Longueur, 160 mètres; largeur, 140 mètres; contenance, environ 1 hectare et demi. Il appartenait aux comtes de Champagne. ∥ *Ép. moderne*. Église paroissiale de Saint-Pierre-ès-Liens. Nef de la fin du xvᵉ siècle; le reste, du xvıᵉ. Collatéral autour du chevet, le chœur accompagné de collatéraux et de chapelles; mais la nef n'a de chapelles qu'au sud, et le collatéral nord n'est qu'un fort étroit couloir. Longueur de l'édifice, 47ᵐ,70, et en comprenant le porche qui sert de base à la tour, 53ᵐ,10. Largeur à la première travée du chœur, 20ᵐ,40, savoir: chapelle sud, 2ᵐ,70; collatéral sud, 3ᵐ,70; pilier sud, 1 mètre; chœur, 6ᵐ,30; pilier nord, 1 mètre; collatéral nord, 3 mètres; chapelle nord, 2ᵐ,70. Hauteur du sanctuaire et du chœur, 13 mètres, de la nef, des collatéraux et des chapelles, 9 mètres. Chevet à trois pans; le chœur a deux travées et la nef quatre. Dix vitraux et nombreuses statues du xvıᵉ siècle. Parmi ces statues, quatre ornent les piliers du sanctuaire et sont surmontées de jolis dais Renaissance. Au nord, joli portail du xvıᵉ siècle, ouvrant sur la troisième travée de la nef. Tour occidentale, du xvııᵉ siècle.

MONTFEY. *Moyen âge*. Église paroissiale de Saint-Léger. Le portail occidental du xııᵉ siècle, sauf des remaniements; le reste, du xvıᵉ. Plan rectangulaire, plus la saillie du sanctuaire. Longueur, 30 mètres; largeur, abside, 5ᵐ,50; nef, 14 mètres; hauteur, 7ᵐ,50. Cette église est tout entière voûtée. Sanctuaire rectangulaire. Nef, cinq travées accompagnées de collatéraux de même hauteur qu'elle. Débris de vitraux du xvıᵉ siècle. Une partie du mur occidental construit en silex; les contre-forts en grès; le reste des murs en pierre gélive du pays.

MONTIGNY. *Ép. romaine*. Tuiles romaines au lieu dit Tur-Arnout. — Voie de Troyes à Auxerre, se confondant avec la route impériale nᵒ 77, de Nevers à Sedan. ∥ *Moyen âge*. Deux emplacements à peu près circulaires, entourés de fossés, et dits l'un la Motte-des-Prisons, l'autre la Motte-Fricambaut. ∥ *Ép. moderne*. Église paroissiale de Saint-Nicolas, récente.

RACINES. *Moyen âge*. Église paroissiale de Saint-Éloi. La nef romane, l'abside et le transept du xvıᵉ siècle. Plan en forme de croix latine. Longueur, 27ᵐ,50; largeur, abside, 8ᵐ,40, transept, 21 mètres, nef, 13ᵐ,30; hauteur moyenne, 7ᵐ,50. L'abside à cinq pans, non voûtée. Transept aussi non voûté; deux collatéraux. Nef, trois travées accompagnées de collatéraux; la première travée a une voûte de bois en berceau brisé sur entraits; piliers carrés, 0ᵐ,75 de côté; les angles abattus et creusés en forme de cavet; point de chapiteaux; archivoltes en arc brisé.

SAINT-PHAL. *Ép. romaine*. Voie de Troyes à Auxerre, traversant le finage au nord-ouest du village. — Voie de Troyes à Tonnerre, traversant le finage du nord au sud. — Un cercueil de pierre a été trouvé dans le village, rue des Noyers. Il était plus haut et plus large à la tête qu'aux pieds. ∥ *Ép. moderne*. Église paroissiale de Saint-Phal, xvıᵉ siècle. Plan en forme de croix latine. Elle est inachevée. Longueur, 29 mètres au lieu de 47 environ; largeur, abside, 8ᵐ,90, chœur et nef, 20 mètres, transept, 30 mètres. Les collatéraux du chœur sont seuls voûtés; hauteur du plafond de l'abside et du chœur, 12ᵐ,50; hauteur jusqu'à la sous-faîtière, 17ᵐ,20: telle serait la hauteur d'une voûte de bois en berceau sur entraits; la voûte de pierre devait avoir 15ᵐ,80 de haut. Pierre tumulaire sur laquelle sont gravées au trait deux figures, l'une d'homme, l'autre de femme; le premier, mort le 7 décembre 1451. Groupe de pierre, représentant le Christ au tombeau, quinze personnages; hauteur, 0ᵐ,90; longueur, 1ᵐ,80; ce morceau n'est pas sans mérite. Beau retable de la seconde moitié du xvıᵉ siècle; longueur, 2ᵐ,90; hauteur, 5 mètres; il est placé au-dessus de l'autel primitif, qui a 1ᵐ,30 de haut; hauteur totale, 6ᵐ,30. — Il y avait encore à Saint-Phal, il y a quelques années, un château du xvıᵉ siècle, dont une vue malheureusement incomplète, mais accompagnée d'une notice, a été publiée dans A. A. année 1857, p. 93. On peut consulter sur ce château et sur cette église V. A. 229-230.

VILLENEUVE-AU-CHEMIN. *Ép. romaine*. Voie de Troyes à Auxerre; elle se confond avec la route impériale nᵒ 77. — Lieu dit les Grandes-Fontaines, emplacement d'un établissement romain, cendres, béton, tuiles romaines, poteries. ∥ *Moyen âge*. Église paroissiale de Saint-Jean-Baptiste. Le sanctuaire, le chœur, 3 mètres atteiant du mur nord de la nef et une petite portion du mur sud près la porte d'entrée datent du xııᵉ siècle; le reste du xvıııᵉ ou du xıxᵉ. Le sanctuaire et le chœur sont de forme rectangulaire; longueur, 9 mètres; largeur, 5m,70; hauteur, 6 mètres; voûtes sur ogive, chapiteaux à feuillage. || *Ép. moderne.* Le village est entouré de fossés qui datent probablement du xvie siècle.

VOSNON. *Moyen âge.* Église paroissiale de Saint-Blaise, xiie siècle. Plan rectangulaire. Longueur, 22m,50; largeur, 7m,80; hauteur, 11 mètres. Voûte de bois en berceau, récente, sur entraits du xviie siècle. Le pignon oriental a trois étages de fenêtres : 1° au-dessous des entraits, cinq fenêtres plein cintre, dont les archivoltes sont supportées par des colonnettes; 2° au-dessus des entraits, trois fenêtres plein cintre, sans colonnettes; 3° au-dessus de la sous-faîtière, un œil-de-bœuf : en tout, neuf baies. Portail occidental supporté par des colonnettes, les chapiteaux ornés de feuillage.

CANTON D'ESTISSAC.
(Chef-lieu : Estissac.)

BERCENAY-EN-OTHE. *Ép. romaine.* Entre ce village et le Valdreux, emplacement couvert de débris, entre autres de tuiles romaines. On peut supposer qu'une *villa* y a existé. || *Ép. moderne.* Église paroissiale de Saint-Antoine, xviiie siècle. Trois nefs d'égale hauteur. Voûtes d'ogives en plein cintre; une clef de voûte porte la date de 1783. Il y a encore dans le village un vieillard qui se rappelle avoir vu bâtir cette église.

BUCEY-EN-OTHE. *Ép. romaine.* Au Grand-Chaas, on a trouvé des substructions romaines en silex, des tuiles romaines et une pièce pavée en zigzags, avec des briques longues de 0m,092, larges de 0m,042, épaisses de 0m,02. || *Ép. moderne.* Église paroissiale de Saint-Jacques, xvie siècle. Plan en forme de croix latine. Longueur, 23 mètres; largeur, transept, 14m,80, nef, 5m,40; hauteur des voûtes, 5m,50. Abside à cinq pans. Transept, deux travées et deux collatéraux. Nef, deux travées sans collatéraux. Débris de vitrail.

CHENNEGY. *Ép. moderne.* Église paroissiale de Saint-Martin. L'abside et la première travée de la nef datent du xvie siècle; les deux travées suivantes du xviie, et la dernière du xviiie. Plan en forme de rectangle, sauf la saillie de l'abside. Longueur, 32 mètres; largeur, 18m,50. Abside à cinq pans. Nef accompagnée de collatéraux aussi hauts qu'elle; voûtes sur arcs-doubleaux et ogives, et de plus, dans la dernière travée, sur tiercerons et liernes; trois piliers datés l'un de 1669, les deux autres de 1782. Pierre tumulaire du xvie siècle. Débris de vitraux de la même date.

ESTISSAC. *Ép. romaine.* La voie de Troyes à Sens se confond à peu près, sur le finage de cette commune, avec la route impériale n° 60, de Nancy à Orléans. || *Ép. moderne.* Église paroissiale de Saint-Liébault, xvie siècle. Sanctuaire carré et trois nefs, sans transept.

Longueur, 30 mètres; largeur, 18 mètres; hauteur des voûtes, 7 mètres. Dans la sacristie, une croix processionnelle remarquable. — Au hameau de Thuisy, église paroissiale de Saint-Loup. Abside et transept du xvie siècle; nef du xviiie. Plan en forme de croix latine. Longueur, 30 mètres; largeur, transept, 16m,50, nef, 8m,10; hauteur, abside et transept, 11 mètres, nef, 8 mètres. L'abside et le transept seuls sont voûtés. Vitraux du xviie siècle. — M. Corrard de Breban a publié (A. A. année 1858, p. 129) un article intéressant sur le château d'Estissac, qui appartient à la maison de la Rochefoucauld et qui datait du xviie siècle. Vue de ce château jointe à cet article.

FONTVANNES. *Ép. romaine.* Voie de Troyes à Sens, traversant le finage de l'est à l'ouest. A l'est du village, elle se trouve au sud de la route impériale n° 60, de Nancy à Orléans; dans le village et à l'ouest du village, elle se trouve au nord de cette route. Elle a été fouillée par M. Chaumonnot, conducteur des ponts et chaussées; il a reconnu à l'empierrement, à l'est de Fontvannes, une épaisseur de 1m,35, dont 1 mètre contenant du mortier, et à l'ouest de Fontvannes, 1m,50, dont 1 mètre également construit avec du mortier. — Section du territoire dite des Batailles; elle se trouve entre le finage de Fontvannes et le finage de Dierrey-Saint-Julien. || *Ép. moderne.* Église paroissiale de Saint-Alban, xixe siècle, sauf deux pans de mur et la tour, qui sont du xvie. Pierre tumulaire de Jean de Roffey, seigneur de Fontvannes, mort en 1594, et de sa femme. Retable du milieu du xvie siècle, en bois, orné de bas-reliefs figurés qui représentent la Résurrection. Deux tableaux peints sur bois, représentant Jésus devant Pilate et les Femmes au tombeau.

MESSON. *Ép. romaine.* Voie de Troyes à Sens, passant au sud de la route impériale n° 60, de Nancy à Orléans. L'empierrement fouillé par M. Chaumonnot, conducteur des ponts et chaussées; épaisseur, 0m,80, dont 0m,50 avec du mortier. || *Moyen âge.* Église paroissiale de Saint-Pierre-ès-Liens. Nef du xiie siècle; le reste, du xvie. Plan en forme de croix latine. Longueur, 24m,80; largeur, transept, 17 mètres, nef, 5m,90; hauteur, 6m,50. Abside et transept voûtés; nef non voûtée. Toutes les baies de la nef sont modernes, sauf une fenêtre en arc brisé, haute de 1m,40, large de 0m,48. Pierre tumulaire du xiiie siècle; longueur, 2m,70; largeur à la tête, 1m,21; aux pieds, 1m,04; deux figures vêtues de robes longues, dais gothique, anges qui encensent; épitaphe d'*Obers de Ville, lous peletiers de Troies, et de Marie sa feme, fille . . . . . de Champguion,* morts le premier en avril 1285, la seconde en juillet 1282. La nef est construite en silex mêlé de craie.

NEUVILLE-SUR-VANNES. *Moyen âge* (?). Église paroissiale de Saint-Martin, sans doute en grande partie romane, mais dont toutes les baies sont récentes et le bras du transept tout nouvellement construit. Longueur, 26 mètres; largeur, transept, 18^m,50, nef, 6^m,80; hauteur, 9^m,50. Sanctuaire rectangulaire. Voûte de bois en berceau brisé sur entraits apparents.

PRUGNY. *Ép. moderne.* Église paroissiale de Saint-Nicolas, xve-xvie siècle. Plan en forme de croix latine. Longueur, 25 mètres; largeur, transept, 16^m,10, nef, 6^m,40; hauteur, 5^m,50. L'abside et le transept sont voûtés; la nef ne l'est pas. Abside à cinq pans.

VAUCHASSIS. *Ép. moderne.* Église paroissiale de la Nativité de la Sainte Vierge, xviie siècle. Abside à cinq pans, point de transept; trois nefs, dont la centrale est plus élevée que les autres. Longueur, 34^m,60; largeur, 16^m,80; hauteur des maîtresses voûtes, 11 mètres. Voûtes en plein cintre sur ogives. Fenêtres en arc brisé, avec meneaux plein cintre. Vitraux du xviie siècle, représentant la Création de l'homme et de la femme, le Péché originel, le Christ en croix. Cette église est tournée vers l'occident.

VILLEMAUR. *Ép. romaine.* Voie de Troyes à Sens, traversant le village de l'est à l'ouest et passant au nord de la route impériale n° 60. Un sondage fait par l'Administration des ponts et chaussées à l'est du village a donné : largeur de l'empierrement, 13 mètres; épaisseur, 1^m,50, dont 1 mètre avec du mortier. ǁ *Moyen âge.* Au sud du village, à 24 mètres du fossé, motte du château dite la Tour : diamètre à la base, 40 mètres; hauteur, 6 mètres. Cette motte paraît remonter au moins au xiie siècle; le château dont elle faisait partie appartenait aux comtes de Champagne. — Quelques restes des fortifications qui enveloppaient le village, xvie siècle (?). Cependant Villemaur a été fortifié dès le moyen âge. Largeur des fossés, 16 mètres; profondeur actuelle, 1 mètre seulement. Hauteur d'un pan de mur en face de la motte, 4 mètres. Ces murs étaient construits en craie, avec un revêtement en silex et grès. — Église paroissiale et autrefois collégiale de l'Assomption de la Sainte Vierge. L'abside et le chœur du xiiie siècle; un pan de mur du transept semble du xiie, le reste est du xvie. Longueur, 39^m,70; largeur, abside et chœur, 8^m,20, transept, 23 mètres, nef, 8 mètres; hauteur, 13 mètres. Voûte de bois en berceau. L'abside et le chœur sont les parties qui ont le plus de valeur; leur longueur est de 17^m,50; la voûte y avait primitivement au moins 17 mètres de haut. Pierre tumulaire, longue de 3^m,12, large de 1^m,30; deux figures, l'une d'homme, l'autre de femme, placées chacune sous une arcade gothique avec l'épitaphe de *Jehan Bourez, meires de Villenor*, mort le vendredi après la Pentecôte 1323, et de sa femme. Autre tombe, longueur, 2^m,23, largeur, 1^m,02, avec l'épitaphe d'un doyen du chapitre, mort en 1530. Fragment d'une troisième pierre avec l'épitaphe de : *Isa-*

beaus, fame Raou Croissant, fille Gille..... morte en 1280. Magnifique jubé en bois du xvie siècle, haut de 5^m,25, long de 8 mètres, et orné de nombreux et remarquables bas-reliefs; un dessin en a été publié (V. A. p. 210). Lutrin du xvie siècle. Châsse émaillée en taille d'épargne, qui a été publiée dans V. A. p. 208 et dans P. A. Deux monstrances en cuivre du xvie siècle, publiées dans V. A. Deux paix du xvie, l'une en cuivre, l'autre en ivoire, également publiées dans V. A. Châsse inédite en bois, du xvie siècle, ornée de peintures : longueur, 0^m,55; largeur, 0^m,23; hauteur, 0^m,50. Outre V. A. on peut consulter sur cette église A. P. 57-58. ǁ *Ép. inconnue.* Sous une maison d'une rue, grande cave voûtée en berceau plein cintre; le sol est, de 2 mètres au moins, en contre-bas du sol des caves qui se construisent aujourd'hui.

CANTON DE LUSIGNY.

(Chef-lieu : Lusigny.)

BOURANTON. *Ép. romaine.* Une voie allant de Troyes à Piney, par Saint-Parres, Mesnil-Sellières et Rouilly-Sacey, traverse le finage et le village de Bouranton du sud-ouest au nord-est. ǁ *Ép. moderne.* Église paroissiale de Saint-Pierre; sans intérêt.

CLÉREY. *Ép. romaine.* Voie dite des Terraux, allant de la Reculée au hameau de Chemin. C'est un tronçon de la voie de Troyes à l'établissement romain de Vertant. Remblai haut de 2 mètres, large au sommet de 6 mètres. Largeur de l'empierrement, 4^m,20. Une fouille faite par les soins de M. le comte de Launay, le 13 septembre 1859, a établi que ce remblai est en chaux et sable et qu'il a plus de 1 mètre d'épaisseur. — Au lieu dit Villeroi, on a découvert, il y a quelques années, un vase contenant trois mille cinq cents monnaies romaines du Bas-Empire. (S. A. 2e série, t. VIII, p. 417.) ǁ *Moyen âge.* Église paroissiale de Saint-Pierre-ès-Liens, xiie siècle. Le sanctuaire et le chœur forment un parallélogramme suivi d'un autre parallélogramme qui est la nef. Longueur, 33^m,30; largeur, sanctuaire et chœur, 5^m,70, nef, 7^m,70; hauteur, 6^m,40. A l'orient, mur droit percé de trois fenêtres. Sanctuaire et chœur voûtés. La nef ne l'est pas; elle avait sans doute autrefois une voûte de bois, haute d'environ 9 mètres. Au sud du chœur, chapelle latérale du xvie siècle. Beau retable en bois de la même date, représentant la Circoncision, l'Adoration des Mages et la Présentation de Jésus-Christ au temple. Quelques baies de l'église et la porte sont récentes.

COURTERANGES. *Ép. romaine* (?). Chemin dit de la Corvée, traversant le finage de l'est à l'ouest, au sud du village. Suivant quelques indices, ce serait un tronçon d'une voie romaine allant de Troyes à Langres. L'empierrement est large de 4^m,55, épais de 0^m,55; construit en craie et en gravier sans mortier. ǁ

Moyen âge. Église paroissiale de la Nativité de la Sainte Vierge. Trois pierres tumulaires du xiv° siècle; aucun personnage n'y est représenté. Sur la première, épitaphe de *Jehan Chapon de Luières*, mort en novembre 1336. Sur la deuxième, on lit: *Seconde fame... qui trepassa l'an m. ccc. xx...* La troisième est presque entièrement couverte par un banc. — L'abside et le transept sont du xv° siècle, la nef plus récente. Plan en forme de croix latine. Longueur, 18 mètres; largeur, transept, 15 mètres, nef, 5™,20. Le sanctuaire terminé par un mur droit et voûté. Transept, une travée voûtée. Nef non voûtée.

FRESNOY. *Ép. romaine.* Au hameau de Renaud, cimetière antique où l'on a trouvé des cercueils de pierre dont l'un contenait des armes, des verroteries. (S. A. 2° série, t. VII, p. 549.) || *Moyen âge.* Église paroissiale de l'Assomption de la Sainte Vierge. Une travée de la nef est du xii° siècle, une autre et l'abside sont du xvi°, une autre travée est du xviii°. Cet édifice consiste en une abside à trois pans, précédée d'une nef sans transept ni collatéraux. Longueur, 24 mètres; largeur, 6™,50; hauteur, 5™,50 dans l'abside et les deux premières travées de la nef, 4™,50 dans la dernière travée. L'abside et la première travée de la nef sont voûtées.

LAUBRESSEL. *Ép. romaine.* Voie dite la Vieille-Route-d'Arcis, venant de Langres, se dirigeant vers la vallée de la Barbuise, traversant sur le finage de Laubressel la section C, dite de Champigny, et passant à la ferme de Nuisement. || *Ép. moderne.* Église paroissiale de l'Assomption de la Sainte Vierge, xvi° siècle. Plan en forme de croix latine. Longueur, 33 mètres; largeur, abside et chœur, 5™,50, transept, 17 mètres, nef, 7 mètres; hauteur, abside, chœur et transept, 6 mètres, nef, 5™,50. Abside à trois pans, voûtée. Chœur, une travée voûtée; transept, deux travées, deux collatéraux. Nef non voûtée, sans collatéraux. Carreaux émaillés du xvi° siècle. Débris de vitraux de la même époque, l'un daté de 1560. Retable en pierre et statues du xvi° siècle : 1° saint Georges et saint Michel; 2° la Vierge; 3° sainte Marguerite.

LUSIGNY. *Ép. romaine.* Voie venant de Langres, se dirigeant sur la vallée de la Barbuise et traversant le finage du sud-ouest au nord-ouest. Elle est connue sous le nom de Route-de-Bar-sur-Aube-à-Arcis. Portion de l'empierrement en pierre dure, découverte au nord de Larivour par M. Chanoine. — Quelques personnes considèrent comme une voie romaine, conduisant de Troyes à Langres, la voie des Champs-Potaux, située à l'est de Lusigny. Empierrement large de 4™,50, épais de 0™,28, construit en craie, gravier et calcaire dur. — Peut-être pourrait-on considérer comme un camp romain l'enceinte dite la Fortelle ou le Petit-Clos, entre la Barse et la Vieille-Route-d'Arcis-à-Bar-sur-Aube: quadrilatère presque carré, long de 250 mètres, large d'à peu près autant, et fermé partie par un fossé, partie par la Barse et un marais. || *Moyen âge.* Au lieu dit Larivour, emplacement de l'abbaye de ce nom, ordre de Cîteaux, fondée au xii° siècle. || *Ép. moderne.* Église paroissiale de Saint-Martin, xvi° siècle, sauf la nef, qui est plus récente. Plan en forme de croix latine. Longueur, 35 mètres; largeur, transept, 15™,50, nef, 4™,60; hauteur, 7 mètres. Abside à cinq pans, voûtée. Transept, trois travées et deux collatéraux voûtés. Nef, sans collatéraux, non voûtée. || *Ép. inconnue.* Contrée dite la Bataille, section B du cadastre, première feuille.

MESNIL-SAINT-PÈRE. *Ép. inconnue.* Lieu dit la Bataille, au nord-est du village, section B du cadastre. — Lieu dit le Champ-d'Honneur, au nord du village, section C, deuxième feuille. — Lieu dit le Camp, au nord du village, section A, première feuille. || *Moyen âge.* Église paroissiale de Saint-André. La tour est du xii° siècle; le reste, du xvi°, sauf peut-être la nef, dont les baies modernes actuelles remplaceraient des ouvertures romanes. Plan en forme de croix latine. Longueur, 29 mètres; largeur, abside et transept, 12™,70, nef, 8™,60; hauteur, abside et transept, 8 mètres, nef, 6 mètres. Abside à cinq pans voûtée. Transept, deux travées voûtées, la seconde sert de base à la tour. Le transept est accompagné de chapelles latérales du xvi° siècle. Nef non voûtée. Pierre tumulaire datée de 1554. Carreaux émaillés.

MONTAULIN. *Moyen âge.* Église paroissiale de Saint-Martin. Le pignon occidental conserve une fenêtre du xii° siècle; le reste est du xv°, sauf des remaniements plus récents. Plan en forme de croix latine. Longueur, 27 mètres; largeur, transept, 15™,80, nef, 12™,20; hauteur, 7 mètres. Abside à cinq pans, voûtée, plus large que la nef centrale du transept, de telle sorte que, des collatéraux, on voit l'autel principal. Transept, deux collatéraux, deux travées voûtées. Nef, deux travées non voûtées. — Fossés du château. — Au hameau de Daudes, petite église de Saint-Jean-Baptiste. Une des baies de la nef peut remonter au xii° siècle, trois du chœur datent du xvi°. Presque tout l'édifice est récent et sans aucune valeur.

MONTIÉRAMEY. *Moyen âge.* Église paroissiale de l'Assomption de la Sainte Vierge. Nef du xii° siècle; le reste, du xvi°, sauf des remaniements plus récents. Plan en forme de croix latine. Longueur, 38 mètres; largeur, transept, 20 mètres, nef, 12™,30; hauteur, abside et transept, 13™,50, nef, maîtresse voûte, 13 mètres, collatéraux, 4™,50. Cette église est tout entière voûtée. Abside à trois pans; le pan central reconstruit au xviii° siècle. Transept, deux travées et deux collatéraux; les murs reconstruits récemment. Nef, quatre travées et deux collatéraux; les deux premiers piliers reconstruits au xvi° siècle dans l'alignement de ceux du transept; les autres, de la fin du xıı° siècle, carrés et cantonnés de quatre colonnes. La partie orientale, des voûtes est du xvı° siècle; la partie occidentale, de la fin du xıı°. Vitraux du xvı° siècle. Joli portail occidental roman. (Voir, sur cette église, V. A. 118-120.) — De l'abbaye bénédictine fondée en ce lieu au ıx° siècle il ne reste que des bâtiments du xvıı° et du xvııı° siècle.

MONTREUIL. *Ép. romaine* (?). Le finage est traversé par le petit chemin dit de Lusigny à Bar-sur-Seine, que certaines personnes considèrent comme une voie romaine qui irait de Troyes à Langres. Empierrement en calcaire dur et gravier, d'une épaisseur totale de 0ᵐ,15. || *Moyen âge*. Église paroissiale de Saint-Gilles. La tour, la nef et le porche sont du xıı° siècle; le reste, du xvı°. Plan en forme de croix latine. Longueur, 37ᵐ,40, non compris le porche, et en comprenant le porche, 42ᵐ,50; largeur, abside, 11ᵐ,30, transept, 17ᵐ,10, nef, 7ᵐ,50; hauteur, abside et transept, 7ᵐ,50, nef, 7 mètres. Abside à cinq pans, voûtée. Transept, deux collatéraux et trois travées, voûtés. Nef sans collatéraux et non voûtée. Carreaux émaillés et débris de vitraux du xvı° siècle. La tour est haute de 16 mètres; au rez-de-chaussée, qui forme le centre de la troisième travée du transept, quatre piliers rectangulaires, longs de 1ᵐ,25, larges de 0ᵐ,90, qui ont leurs angles abattus et qui supportent une voûte haute de 6ᵐ,60; à l'étage supérieur, huit fenêtres plein cintre, deux sur chaque face, divisées chacune en deux par une colonne. Deux cloches : la petite, datée de 1524; la grosse, de 1574. La seconde dédicace de cette église eut lieu le 28 août 1513. || *Ép. moderne*. Maison construite en craie et brique, xvı° siècle. Sur une cheminée du rez-de-chaussée on lit cette inscription sceptique : *Sic, ut vel, ut non; sic vel sic. 1565*. Au premier, une cheminée porte cette inscription : *Virtutis fortuna comes. 1565*. Une autre : *Assez tost va qui fortune passe. 1565*. Sur une pierre de l'extérieur on lit : *1630, céans dîné la princesse de Lorraine, le 16 et 17 avril*.

ROUILLY-SAINT-LOUP. *Ép. celtique*. Près du pont du chemin de fer, à Rouilly, une tombelle détruite lors de l'établissement de ce chemin. || *Moyen âge*. Fer de lance franc trouvé à Menois, et conservé au musée de Troyes. (S. A. 1ʳᵉ série, n°ˢ 79-80, ann. 1841, p. 209.) — Église paroissiale de Saint-Donat. Le portail occidental, les murs de la nef et une partie de ceux du sanctuaire sont du xıı° siècle; mais les fenêtres et le transept ne remontent qu'au xvı°. Plan en forme de croix latine. Longueur, 24ᵐ,50; largeur, sanctuaire, 5ᵐ,50, transept, 16ᵐ,75, nef, 6ᵐ,80; hauteur des voûtes, 6 mètres. Sanctuaire rectangulaire, voûté. Transept, voûté, deux travées, deux collatéraux. Nef non voûtée, sans collatéraux. Vitraux du xvı° siècle, datés un de 1519, un autre de 1520, deux non datés,

débris de deux autres. Statue du xvı° siècle. La flèche du clocher, qui s'est écroulée il y a quelques années, était surmontée d'une couronne octogone en plomb du xvı° siècle et d'une croix en fer couverte d'ornements en plomb de la même date.

RUVIGNY. *Ép. romaine* (?). Quelques personnes considèrent comme une voie romaine, de Troyes à Langres, un chemin qui sépare ce finage de celui de Thennelières. Empierrement en silex et gravier mélangés; épaisseur, 0ᵐ,40; largeur, 5 mètres. || *Ép. moderne*. Église paroissiale de l'Assomption de la Sainte Vierge; xv° et xvı° siècle. Plan en forme de croix latine. Longueur, 18 mètres; largeur au transept, 14ᵐ,90; hauteur, abside et transept, 5ᵐ,50, nef, 5 mètres. Abside à cinq pans, voûtée et ornée de vitraux. Transept également voûté. Un vitrail. Nef non voûtée.

THENNELIÈRES. *Moyen âge*. Emplacement de l'ancien château entouré de fossés. — Église paroissiale de Saint-Léon. Nef du xıı° siècle. Abside et transept du xvı°. Plan en forme de croix latine. Longueur, 28ᵐ,50; largeur, transept, 16ᵐ,40, nef, 5ᵐ,80; hauteur, abside et transept, 7 mètres, nef, 5 mètres. L'abside et le transept seuls voûtés. Débris de vitraux. Dans le pavé, près de l'autel, tablette de marbre, mi-partie noir et blanc, de forme carrée, 0ᵐ,44 de côté. Au milieu, deux mains qui se serrent. Au-dessus de ces mains, deux cœurs en marbre rouge qui se pénètrent; sur l'un la lettre G, sur l'autre la lettre A. Légende : « *Galtero* de Dinteville, *Anna* du Plesseys, *chara conjonx*, 1531.» En fouillant dessous, on a trouvé dans une boîte de plomb un cœur desséché. Débris de la tombe de Louise de Coligny, veuve de Gaucher de Dinteville; statue intacte en marbre blanc, haute de 1ᵐ,60, appliquée debout contre un mur, tandis qu'autrefois elle était couchée; restes de l'inscription : ..... *Gentilhomme* ..... *jour d'aoust* 1588. *Cy-gist dame L..... laquelle décéda*..... Gaucher de Dinteville était gentilhomme de la chambre du duc d'Orléans. Un dessin de cette statue, accompagné d'un article de M. A. Gayot, a été publié dans A. A. année 1860, p. 129.

VERRIÈRES. *Moyen âge*. A l'est du village, des deux côtés du chemin de grande communication n° 24, des Maisons-Blanches à la route impériale n° 19, de Paris à Bâle, section C du cadastre, deuxième feuille, cimetière mérovingien découvert en 1849 et décrit par M. Corrard de Bréban (S. A. 2° série, t. IV, p. 555). On a trouvé dans ce cimetière des cercueils de pierre, des vases de terre et de verre, des lames de sabre, des fers de lance, des lames de couteaux, des peignes, des fibules, des armilles, des grains de collier, un style à écrire, un umbo de bouclier. Une grande partie de ces objets sont conservés au musée de Troyes. — Au hameau de Saint-Aventin, église de

Saint-Aventin, xii° siècle, remaniée au xvi°. Sanctuaire rectangulaire, suivi d'une nef aussi rectangulaire, mais plus large, et enfin d'un porche. Longueur, porche non compris, 16^m,50, et porche compris, 20^m,85; largeur, sanctuaire, 4^m,70, nef, 5^m,50, porche, 6 mètres; hauteur du plancher, 4 mètres. Au-dessus de ce plancher, la nef a encore sa voûte de bois en berceau brisé; hauteur, 7 mètres. Vitraux du xvi° siècle; l'un est daté de 1557. || *Ép. moderne.* Église paroissiale de Saint-Pierre, xvi° siècle. Plan en forme de croix latine. Longueur, porche non compris, 23 mètres, et y compris le porche, 28^m,80; largeur, abside, 6^m,60, transept, 19 mètres, nef, 7^m,90; hauteur, 8^m,50. Abside à cinq pans, trois beaux vitraux. Les piliers qui supportent les voûtes de la nef ne sont pas engagés. Cette église est tout entière voûtée. Beau portail occidental, protégé par le porche; le tympan est orné d'un groupe d'un bon travail et bien conservé, représentant le Couronnement de la Vierge.

CANTON DE PINEY.
(Chef-lieu : PINEY.)

ASSENCIÈRES. *Ép. celtique.* Sur le chemin de Mesnil-Sellières existait, il y a six ans, une tombelle dont la hauteur était réduite à 0^m,50. On y a trouvé un squelette. || *Ép. romaine.* Voie de Langres à la vallée de la Barbuise, traversant le finage du sud-est au nord-ouest et passant à l'est du village. — Autre voie conduisant de Troyes à Lesmont et de là à Montiérender, séparant le finage d'Assencières de celui de Mesnil-Sellières et traversant le finage d'Assencières du sud-ouest au nord-est en passant au sud du village. Le chemin qui sépare le finage d'Assencières de celui de Luyères paraît le même que celui qui passe au pied de la tombelle d'Aulnay. || *Ép. moderne.* Église de Saint-Pierre et Saint-Paul, fin du xv° et commencement du xvi° siècle. Deux nefs sans transept; celle du nord est la principale. Elle a une travée de plus que l'autre et une abside à trois pans. Longueur, 21^m,50; largeur, 12^m,20; hauteur, 5^m,50; tout voûté. Nef septentrionale, quatre travées; nef méridionale, trois travées. Vitrail daté de 1510. Débris d'autres vitraux.

AUZON. *Ép. romaine.* Au sud-est de la route impériale n° 60, de Nancy à Orléans, contrée dite des Longues-Raies, on a trouvé autrefois des cercueils de pierre et des ossements sans cercueils. — Au nord-ouest de la route impériale n° 60, parallèlement à cette route, au sud-est du village, voie de Troyes à Lesmont et à Montiérender. || *Moyen âge.* Église paroissiale de Saint-Martin, xii° siècle, avec additions et remaniements du xvi°. Elle serait en forme de croix s'il n'y manquait un des bras du transept. Longueur, 25 mètres; largeur, transept, 11^m,70, nef, 5^m,50; hauteur, 5^m,50. Vitraux et banc sculpté du xvi° siècle. Dimensions d'une fenêtre romane : à l'intérieur, 1^m,30 sur 0^m,75 ; à l'extérieur, 0^m,65 sur 0^m,20.

BOUY. *Ép. romaine.* Voie de Troyes à Lesmont et à Montiérender, séparant le finage de Bouy de celui de Rouilly-Sacey.—Voie de Troyes à la tombelle d'Aulnay, traversant le finage au nord-ouest du village. || *Ép. moderne.* Église paroissiale de Saint-Loup, xvi° siècle. Plan rectangulaire, sauf la saillie de l'abside. Longueur, 27^m,50; largeur, abside, 11^m,50, nef, 16^m,20; hauteur, dans l'abside et les deux premières travées de la nef, 8 mètres, dans les deux dernières travées de la nef, 6 mètres. Abside, fin du xvi° siècle, trois pans, 6^m,60 de large de plus que la nef principale. Nef accompagnée de collatéraux, quatre travées : les deux premières, de la fin du xvi° siècle, plus élevées que les deux autres, ont 10 mètres de long ; les deux suivantes, du commencement du xvi° siècle, 12 mètres.

BRÉVONNES. *Ép. romaine.* Au sud-est du village, section E, contrée dite des Usages, on a trouvé un cercueil de pierre. || *Ép. moderne.* Église paroissiale de Saint-Clément, xvi° siècle, sauf l'abside, qui est récente. Trois travées; la première à trois nefs, les deux dernières à deux nefs. Longueur, 20 mètres, l'abside non comprise; largeur de la première travée, 19 mètres; hauteur des voûtes, 7 mètres.

DOSCHES. *Ép. romaine.* Voie de Troyes à Piney et à Brienne, traversant, au nord du village, une portion du finage et séparant ce finage de celui de Rouilly-Sacey. || *Ép. moderne.* Église paroissiale de Saint-Jean-Baptiste. Abside et transept voûtés du xvi° siècle, sans intérêt. Nef récente. — Au hameau de Rosson, chapelle de construction récente.

GÉROSDOT. *Moyen âge.* Église paroissiale de Saint-Pierre et Saint-Paul. Nef du xii° siècle; abside et transept du xvi°. Plan en forme de croix latine. Longueur, 27^m,70; largeur, abside, 9^m,20, transept, 19^m,50, nef, 8^m,90; hauteur, abside et transept, 8^m,50, nef, 7^m,40. Voûte de pierre dans l'abside et le transept, de bois sur charpente apparente dans la nef. Abside à sept pans. Transept, une travée, deux collatéraux. Vitraux du xvi° siècle. Carreaux émaillés de même date. Sur le maître-autel, beau retable peint de la fin du xvi° siècle.

LUYÈRES. *Ép. romaine.* Voie romaine de Langres à la vallée de la Barbuise, traversant le finage et le village même du nord au sud. || *Ép. moderne.* Église paroissiale de Saint-Julien, xv°-xvi° siècle. Plan rectangulaire, sauf la saillie de l'abside. Longueur, 22^m,70; largeur, 16 mètres; hauteur des voûtes, 7^m,50. Abside à trois pans. Nef accompagnée de collatéraux aussi élevés qu'elle. Carreaux émaillés et débris de vitraux du xvi° siècle. Ancien jubé du xvi° siècle, en bois, long de 5 mètres, large de 2 mètres, aujourd'hui exhaussé de 1^m,25 et adossé intérieurement au portail occidental pour servir de tribune; hauteur primitive des colonnes qui la supportent, 2™,25; hauteur actuelle, 3™,50. Balustrade composée de quarante-six panneaux sculptés, seize sur chacune des faces principales, sept sur chacune des faces latérales.

MESNIL-SELLIÈRES. *Ép. celtique.* Au sud-ouest du village, à l'angle des deux chemins dits Voie-de-Brienne et Voie-de-Champigny, se trouvait, il y a quelques années, une tombelle qu'on a détruite et où l'on a trouvé trois squelettes. ‖ *Ép. romaine.* Voie de Langres à la vallée de la Barbuise, connue sous le nom de Voie-de-Champigny et traversant le finage du sud-est au nord-ouest. — Autre voie, dite de Brienne et se continuant encore visiblement aujourd'hui de Troyes à Piney; elle traverse le finage et l'extrémité méridionale du village, du sud-ouest au nord-est, perpendiculairement à la Voie-de-Champigny. ‖ *Ép. moderne.* Église paroissiale de Saint-Laurent, située à 500 ou 600 mètres à l'ouest du village, xvi⁰ siècle. Plan rectangulaire, sauf la saillie de l'abside. Longueur, 27 mètres; largeur, abside, 6™,50, nef, 16 mètres; hauteur, 7 mètres. Abside à cinq pans, voûtée; suivent trois nefs de hauteur égale, quatre travées voûtées. Carreaux émaillés du xvi⁰ siècle.

MONTANGON. *Ép. romaine.* A l'est du village, au nord de l'Auzon, section D du cadastre, lieu dit le Mortureux, où l'on a trouvé deux ou trois cercueils en pierre. — Voie de Troyes à Lesmont et à Montiérender, séparant un instant le finage de Montangon de celui de Piney, passant l'Auzon à l'entrée du finage, sur un pont dont on reconnaît encore les débris, traversant le finage du sud-ouest au nord-est, entre l'Auzon et la route impériale n° 60, de Nancy à Orléans. Sur le finage de Montangon elle est cultivée, mais le gravier qui avait servi à l'établir subsiste. ‖ *Ép. moderne.* Église paroissiale de Saint-Martin, xvi⁰ siècle. Une abside et une nef accompagnée de collatéraux sans transept. Longueur, 24 mètres; largeur, abside, 6™,10, les deux travées suivantes, 15™,60, les deux dernières, 16™,90; hauteur de l'abside et de la nef principale, 8 mètres. Les voûtes tombées. Beaux vitraux.

ONJON. *Ép. romaine.* Voie de Troyes à Lesmont et à Montiérender, connue sous le nom de Chemin-de-Sorges, dite aussi Chemin-des-Romains, séparant le finage d'Onjon de celui de Piney. ‖ *Ép. moderne.* Église paroissiale de Saint-Parres, xvi⁰ siècle. Plan à peu près rectangulaire. Longueur, 20 mètres; largeur, 19 mètres; hauteur, dans la grande nef, 8 mètres, dans les collatéraux, 7 mètres. La grande nef terminée à l'orient par un mur droit, les collatéraux par des murs obliques.

PINEY. *Ép. celtique.* Tombelle, à peu près détruite aujourd'hui par la culture, au nord-est du hameau de Brantigny, près du finage de Villehardouin, 1 mètre environ de haut; elle est mentionnée sur la carte de l'État-Major. ‖ *Moyen âge.* Au hameau de Villevoque, église de l'Assomption, xii⁰ siècle, remaniée au xvi⁰. Abside semi-circulaire suivie d'un chœur rectangulaire et d'une nef moins large également rectangulaire. Longueur, 17 mètres; largeur, chœur, 6™,30, nef, 5™,40; hauteur, abside et chœur, 4™,50, nef, 4™,55. ‖ *Ép. moderne.* Église paroissiale de Saint-Martin, xvi⁰ et xvii⁰ siècle. Plan rectangulaire, sauf la saillie de l'abside. Longueur, 31 mètres; largeur, abside, 15™,50, nef, 21™,80; hauteur, 13 mètres dans l'abside et dans les deux premières travées de la nef et 7™,50 dans les deux dernières travées. Abside à cinq pans, voûtée, de 1634, ainsi qu'il résulte d'une inscription en vers français. Nef, quatre travées, accompagnée de deux collatéraux; les deux premières sont du commencement du xii⁰ siècle, les deux suivantes du xvi⁰; les deux premières voûtées, les deux dernières non voûtées. — Au hameau de Villiers-le-Brûlé, église de Saint-Didier, xvi⁰ siècle. Plan rectangulaire. Longueur, 17 mètres; largeur, 5™,50; peu intéressante. — Au hameau de Brantigny, église paroissiale de l'Assomption de la Sainte Vierge, xvi⁰ siècle. Plan en forme de croix latine. Longueur, 27 mètres; largeur, abside et nef, 5 mètres, transept, 17 mètres. Assez jolie.

ROUILLY-SACEY. *Ép. romaine.* Voie de Troyes à Lesmont et à Montiérender, séparant le finage de Bouy de celui de Rouilly-Sacey, puis traversant ce dernier finage et servant de limite à la section A du cadastre. — Autre voie, connue sous le nom de Chemin-de-Brienne, traversant le finage et le village même de Rouilly du sud-ouest au nord-est; elle vient aussi de Troyes. ‖ *Moyen âge.* Au hameau de Sacey, église de Saint-Gengoul, fin du xii⁰ siècle, sauf les deux bras du transept, qui sont du xvi⁰. Plan en forme de croix latine. Longueur, 24™,50; largeur, abside et nef, 5™,50; hauteur dans l'abside, 7 mètres, dans la nef, 4 mètres. Abside à cinq pans, voûte de bois. Nef non voûtée. Bras du transept voûté en pierre. — Au lieu dit la Pouille, éminence artificielle: hauteur, 4™,50; diamètre, à la base, 27™,30, au sommet, 5 mètres. Fossés alentour. C'est sans doute la motte d'un château détruit. Des fouilles faites par la Société Académique de l'Aube semblent avoir établi que ce n'est pas une tombelle. (S. A. 2⁰ série, t. VII, p. 143.) — Église paroissiale de Saint-Martin. Deux baies et quelques bases de piliers sont de la fin du xii⁰ siècle ou du commencement du xiii⁰; le reste, du xvi⁰. Plan en forme de croix latine, mais un des bras n'a pas été construit. Longueur, 28 mètres; largeur, abside, 7™,60, transept, 14™,50, nef, 7 mètres; hauteur, abside et transept, 7 mètres, nef, 5 mètres. Abside à cinq pans, voûtée. Transept, une travée, voûté. Nef non voûtée. Vitraux.

VILLEHARDOUIN. *Moyen âge.* Restes du château qui appartint à la célèbre maison de Villehardouin, xii°-xiii° siècle; les terrassements seuls subsistent. Plan rectangulaire. Longueur, fossés compris, 147 mètres; largeur, 97 mètres; la largeur des fossés varie de 11 à 12 mètres; leur profondeur au-dessous du sommet des terrassements est de 4 à 5 mètres. Les deux côtés les plus longs du rectangle regardent l'est et l'ouest; les deux autres côtés, le nord et le sud. L'emplacement du donjon forme une ellipse : grand diamètre, de l'est à l'ouest, 43 mètres; petit diamètre, du nord au sud, 33 mètres; il est entouré de fossés larges de 10 mètres; il occupe le centre de la partie méridionale du rectangle. Nous devons un plan de ces débris à l'obligeance de M. le comte A. de La Vaulx. || *Ép. moderne.* Église paroissiale de Saint-Martin, xvii° et xviii° siècle; sans intérêt.

PREMIER CANTON DE TROYES.

CRENEY. *Ép. romaine.* Voie de Troyes à Lesmont et à Moutiérender, connue sous le nom d'Ancienne-Route-de-Piney et séparant le finage de celui de Villechétif. — Autre chemin, connu sous le nom de Voie-des-Hâtes, traversant le finage du sud-ouest au nord-ouest; il paraît conduire à la tombelle d'Aulnay. — Aiguille de bronze antique trouvée dans le marais et conservée au musée de Troyes. (S. A. 1re série, année 1840, p. 216.) || *Moyen âge.* Église paroissiale de Saint-Aventin. Une partie du portail occidental et la tour, dont la base forme la troisième travée de la nef centrale, datent de la seconde moitié du xii° siècle; le reste est du xvi°, sauf la plus grande partie du portail occidental, qui vient d'être reconstruite. Plan rectangulaire, sauf la saillie de l'abside. Longueur, 31m,50; largeur, 16m,40; hauteur, 8 mètres. Abside à trois pans, voûtée. Nef accompagnée de collatéraux de même hauteur qu'elle, cinq travées, voûtée. Quatre belles verrières du xvi° siècle, l'une datée de 1520. Tabernacle en bois doré du xvi° siècle. Tour carrée, haute de 14m,50, et la flèche comprise, de 38 mètres; le dernier étage est percé sur chaque face de deux fenêtres divisées chacune en deux par une colonnette.

LAVAU. *Ép. romaine.* Voie connue sous le nom de Voie-de-Rhèges, allant sans doute de Troyes à Reims et traversant le finage du sud au nord.

MERGEY. *Ép. romaine.* Voie de Troyes à Plancy, séparant la section C de la section D et la section B du finage de la Chapelle-Vallon. — Voie-de-Rhèges, séparant la section D du finage de Feuges. — Cimetière antique; une chapelle dédiée à saint Julien y existait autrefois; il s'y trouvait des cercueils de pierre; il était situé dans le village, au sud de l'église, entre le chemin de Méry et la Seine. || *Moyen âge.* Église paroissiale de Saint-Sulpice. La nef et une travée du transept sont du xii° siècle; l'abside et les deux autres travées du transept sont du xv° siècle, les trois portes du xviii°. Plan en forme de croix latine. Longueur, 31m,80; largeur, abside, 6m,70, transept, 17 mètres, nef, 7m,10; hauteur, abside et les deux premières travées du transept, 7 mètres, troisième travée du transept et nef, 4m,10. Abside à cinq pans, voûtée. Transept, trois travées accompagnées de collatéraux, les deux premières voûtées, la troisième non voûtée. Nef non voûtée. Beaux vitraux du xvi° siècle dans l'abside. || *Ép. inconnue.* Section dite de la Bataille, 9° et 10° feuilles de la section B.

PONT-SAINTE-MARIE. *Ép. romaine.* Voie de Troyes à Reims, connue sous le nom de Chemin-des-Chapelles. Elle était pavée sur le finage, près du nouveau cimetière; les pavés étaient à 0m,30 au-dessous du sol actuel; ils ont été employés à faire des caniveaux dans les rues; quelques-uns, non encore employés, sont encore entassés près du logement de la pompe : ce sont des morceaux de grès très-durs, bruts et inégaux; les plus gros ont 0m,60 de long et 0m,30 d'épaisseur. || *Ép. moderne.* Église paroissiale de l'Assomption de la Sainte Vierge, xvi° siècle. Une abside, trois nefs sans transept; sur sept travées, cinq sont accompagnées de chapelles, mais d'un seul côté. Longueur, 42 mètres; largeur, abside, 6 mètres, nef, 18m,25; hauteur des maîtresses voûtes, 8 mètres. Rétable composé de trois panneaux peints sur bois, xvi° siècle : 1° Flagellation; 2° Christ en croix; 3° Résurrection. Débris de vitraux. Joli portail méridional. Portail occidental fort remarquable, dont une vue a été publiée dans A. P. avec un texte, p. 45-46; voir aussi sur cette église V. A. 112-115.

SAINT-BENOÎT-SUR-SEINE. *Ép. romaine.* A l'est du village, lieu dit le Petit-Cimetière, cimetière antique. Dans la cour d'une ferme, couvercle d'un cercueil de pierre en provenant : longueur, 1m,90; largeur, à la tête, 0m,67, aux pieds, 0m,63; hauteur, à la tête, 0m,27, aux pieds, 0m,20 (Grosley, Éphémérides, II, 304). — Voies connues sous le nom de Voie-des-Grandes-Chapelles et Voie-de-Rhèges, venant de Troyes et traversant le finage du sud au nord. || *Moyen âge.* Église paroissiale de Saint-Benoît. Nef et partie du transept, xii° siècle; le reste, du xvi°. Plan en forme de croix latine. Longueur, 26 mètres; largeur, transept, 19m,40, nef, 7 mètres; hauteur des voûtes, 6 mètres. La nef seule n'est pas voûtée. Belle statue de saint Benoît en pierre, xv° siècle; portail du xii°. || *Ép. moderne.* Au château de Vernoise, ancienne porte d'entrée flanquée de deux poivrières, xvi° siècle. Longueur, 12m,40; hauteur, 9 mètres, et avec la toiture, 17 mètres. Une vue accompagne le texte de cette porte dans A. P. 55-56.

SAINTE-MAURE. *Ép. romaine.* Voie connue sous le nom de Voie-des-Chapelles, venant de Troyes et traversant le finage du nord au sud, à l'est du village. — Autre voie venant également de Troyes et suivant à peu près la même direction; elle est dite Voie-de-Rhèges et sépare le finage de celui de Vailly. ‖ *Moyen âge.* Au hameau de Vannes, église paroissiale sous le vocable de l'Assomption. Le sanctuaire, la nef et une partie du transept sont du xii⁰ siècle; le reste, du xvi⁰. Plan en forme de croix latine. Longueur, 22 mètres; largeur, sanctuaire, 6ᵐ,95, transept, 19ᵐ,50, nef, 5ᵐ,90; hauteur, sanctuaire et transept, 8ᵐ,50, nef, 3ᵐ,70. Sanctuaire rectangulaire avec une voûte récente en bois sur charpente apparente. Transept, voûté en bois au xvi⁰ siècle sur charpente apparente dans la partie centrale et dans un des bras, et voûté en pierre dans l'autre bras, à la même date. Nef non voûtée; fenêtre romane plein cintre, hauteur intérieure, 1ᵐ,50 sur 0ᵐ,78, hauteur extérieure, 1 mètre sur 0ᵐ,40. — Cercueil de pierre de sainte Maure, ix⁰ siècle, parallélipipède rectangle, couvercle semi-cylindrique: longueur du cercueil, 2ᵐ,12; largeur, 0ᵐ,62; hauteur, 0ᵐ,58; couvercle, longueur, 2ᵐ,18; largeur, 0ᵐ,77; hauteur, 0ᵐ,40. Ce cercueil est conservé dans l'église paroissiale de Sainte-Maure. ‖ *Ép. moderne.* Église paroissiale de Sainte-Maure, xvi⁰ siècle. Plan en forme de croix latine. Longueur, 39ᵐ,50; largeur, abside, 5ᵐ,90, transept, 17ᵐ,95, nef, 13ᵐ,85; hauteur, maîtresses voûtes, 10 mètres, basses voûtes, 6 mètres, tout voûté en pierre. Abside à cinq pans; transept, trois travées, deux collatéraux, chapelles, tout de même hauteur. Nef accompagnée de deux collatéraux moins élevés, quatre travées. Retable du xvi⁰ siècle, avec trois bas-reliefs: Christ portant sa croix, Christ en croix, Résurrection. Banc seigneurial du xvi⁰ siècle en forme de tribune, balustrade sculptée, sept panneaux; longueur, 4 mètres. Tour au portail occidental; hauteur, 20 mètres, et jusqu'au sommet de la croix, 30 mètres. — Au château, petit bâtiment, percé sur la rue de quatre fenêtres du xvi⁰ siècle.

SAINT-PARRES-AU-TERTRE. *Ép. romaine.* Voie venant de Troyes, traversant le finage et se dirigeant par Bouranton vers Piney et Brienne. — Quelques personnes considèrent aussi comme romain et allant de Troyes à Langres un chemin qui traverse le finage à peu près parallèlement à la route impériale n° 19, de Paris à Bâle. Empierrement épais de 1 mètre à 0ᵐ,75, sans mortier. ‖ *Moyen âge.* Emplacement du prieuré de Foicy, ordre de Fontevrauld, fondé au xii⁰ siècle. ‖ *Ép. moderne.* Église paroissiale de Saint-Parres, xvi⁰ siècle. Plan rectangulaire, sauf la saillie de l'abside. Longueur, 33ᵐ,50, et si elle était achevée, environ 40 mètres; largeur, abside, 7ᵐ,20, nef, 17ᵐ,70; hauteur des maîtresses voûtes, 8 mètres, des basses, 7 mètres. Abside à cinq pans, voûtée. Nef, cinq travées et collatéraux, tout voûté. Vitraux; joli portail latéral. Tour carrée à l'occident. (V. A. 121.)

TROYES. La description archéologique de la ville tout entière se trouvera au troisième canton.

VAILLY. *Ép. romaine.* Il y a un siècle, en établissant la route impériale n° 77, de Nevers à Sedan, on a trouvé au lieu dit les Corps-Morts des squelettes et des armes qui n'ont pas été conservés. — Voie romaine de Troyes à Châlons-sur-Marne; elle court parallèlement à la route impériale n° 77 et à l'est de cette route. ‖ *Moyen âge.* Église paroissiale de Saint-Nicolas. Dans le mur septentrional de la nef, une baie romane en partie bouchée. Le reste de l'édifice est du xvii⁰ et du xviii⁰ siècle.

VILLACERF. *Moyen âge.* Église paroissiale de Saint-Jean, xii⁰ siècle, remaniée au xvi⁰. Plan en forme de croix latine. Longueur, 31ᵐ,30, savoir: abside, 3ᵐ,50, transept, 10 mètres, nef, 17ᵐ,80; largeur, abside, 4 mètres, transept, 16ᵐ,60, nef, 7ᵐ,20; hauteur, abside et transept, 7ᵐ,50, nef, 6 mètres jusqu'au plancher, 10 jusqu'à la sous-faîtière. L'abside est voûtée en cul-de-four sur arc brisé; fenêtre haute de 1 mètre sur 0ᵐ,20. Transept, deux travées: la première, voûtée en berceau brisé, la seconde, non voûtée; collatéraux du xvi⁰ siècle. Fragment de pierre tumulaire datée de 1324, représentant un chevalier sous un dais. Tour carrée, haute de 14ᵐ,50; au dernier étage, huit fenêtres plein cintre, deux sur chaque face; hauteur, 2ᵐ,10; largeur, 1ᵐ,10; divisées chacune en deux par une colonne. — Appareil en silex au mur nord de la nef.

VILLECHÉTIF. *Ép. romaine.* Voie de Troyes à Piney et à Brienne, traversant le finage du sud-ouest au nord-est. Elle n'est plus pratiquée, mais les cultivateurs en trouvent l'empierrement dans leurs sillons.

DEUXIÈME CANTON DE TROYES.

BARBEREY. *Ép. romaine* (?). L'extrémité occidentale du finage est traversée du nord au sud par le chemin dit la Voriau, embranchement de la voie romaine de Troyes à Auxerre. ‖ *Moyen âge.* Église paroissiale de Saint-Sulpice. Nef du xii⁰ siècle; le reste, du xvi⁰. Plan en forme de croix latine. Longueur, 29 mètres; largeur, transept, 16 mètres, nef, 7 mètres; hauteur, abside et transept, 9 mètres, nef, 9ᵐ,60. Abside à cinq pans, voûte en pierre. Transept, une travée, voûte en pierre. Nef, voûte de bois en berceau, sur entraits apparents. Banc seigneurial du xvi⁰ siècle. Débris de vitraux de la même époque. ‖ *Ép. moderne.* Château du xvi⁰ siècle. Vue accompagnée d'un article dans A. P. 53-54.

CHAPELLE-SAINT-LUC (LA). *Ép. romaine.* Voie de Troyes à Paris, connue sous le nom d'Ancienne-Route-de-Paris et traversant l'extrémité occidentale du finage. — Autre voie allant de Troyes à Traînel, connue sous le nom de Chemin-de-Traînel et traversant également l'extrémité occidentale du finage. ‖ *Ép. moderne.* Église paroissiale de Saint-Luc, xvi⁰ siècle. Plan en forme de croix latine. Longueur, 31 mètres; largeur, abside, 6ᵐ,90, transept, 19 mètres, nef, 7ᵐ,60; hauteur,

9 mètres. Entièrement voûtée. Abside à trois pans. Transept, deux travées et deux collatéraux. Nef, deux travées, point de collatéraux. Débris de vitraux et carreaux émaillés du xvi° siècle. Retable en pierre sculptée, du xvi° siècle, représentant la Chasse de saint Hubert. Autre retable composé de six panneaux peints sur bois, xvi° siècle : Annonciation, Mariage de la Sainte Vierge et de saint Joseph, Naissance de Jésus-Christ, Présentation de Jésus-Christ au temple, Jésus au milieu des docteurs, Jésus au tombeau. Tableau peint sur bois du xvi° siècle, représentant les Juifs occupés à ramasser la manne. Retable en pierre du xvii° siècle, orné de bas-reliefs : 1° Saint Joachim et sainte Anne; 2° Naissance de la Vierge; 3° Assomption ; 4° Annonciation ; 5° Présentation de Jésus-Christ au temple.

MACEY. *Ép. romaine.* Voie de Sens à Troyes, courant au sud de la route impériale n° 60, de Nancy à Orléans, et séparant le finage de celui de Messon. ǁ *Moyen âge.* Église paroissiale de Saint-Martin. La nef est du xii° siècle, sauf des remaniements du xvii°; le reste est du xvi°. Plan en forme de croix latine. Longueur, 28^m,50; largeur, abside et chœur, 7 mètres, transept, 20 mètres, nef, 13^m,80; hauteur, abside, chœur et transept, 9^m,50, nef, 4^m,90. Abside à trois pans, voûtée. Chœur, une travée, voûté. Transept, une travée, un tiers voûté. Cette partie de l'église est inachevée. Nef non voûtée. Toutes les baies refaites, sauf le portail occidental, qui est roman. Le pignon qui surmonte ce portail a été aussi refait; on y lit une inscription avec la date de 1615. Judith et la Vierge, peintures sur cuivre. Bénitier du xii° siècle. Débris de vitraux du xvi°.

MONTGUEUX. *Ép. moderne.* Église paroissiale de Sainte-Croix, xvi° siècle. Plan rectangulaire, sauf la saillie du sanctuaire. Longueur, 28 mètres; largeur, sanctuaire, 5^m,50, transept et nef, 14^m,70; hauteur, abside et transept, 6^m,50, grande nef, 8^m,50, collatéraux, 6^m,50. Sanctuaire rectangulaire. Transept, une travée. Nef, trois travées. Les voûtes du sanctuaire et du transept sont sur ogives seulement; la nef et les collatéraux sont voûtés sur ogives, tiercerons et liernes.

NOES (LES). *Moyen âge.* Dans la sacristie de l'église, crucifix de cuivre massif, xii° siècle; 0^m,34 sur 0^m,21. Le Christ a la couronne sur la tête et un jupon autour des reins; le bras supérieur de la croix est une restitution du xvi° siècle. — Dans l'église, bénitier du xii° siècle (?) en forme de demi-sphère, supporté par trois colonnettes. ǁ *Ép. moderne.* Église paroissiale de la Nativité de la Sainte Vierge, xvi° siècle. Plan rectangulaire, sauf la saillie de l'abside. Longueur, 38^m,80; largeur, abside, 6^m,20, nef, 21^m,80; hauteur des voûtes, 8 mètres. Abside à cinq pans. Nef accompagnée de collatéraux aussi élevés qu'elle, cinq travées,

piliers cylindriques avec quatre colonnes engagées sans chapiteaux. Nombreux vitraux ou fragments de vitraux du xvi° siècle : on remarque les dates de 1510, 1521, 1529. Dans la dernière travée, grisaille datée de 1676 et représentant le Baptême de Jésus-Christ; d'un autre vitrail de la même travée il ne reste que la date, 1562; cette travée semble la plus récente. Carreaux émaillés du xvi° siècle. Sur le grand autel, retable du xvi° siècle, en pierre, orné de trois bas-reliefs : Christ portant sa croix, Christ en croix, Résurrection. Au-dessus, Vierge mère, statue provenant de Notre-Dame-des-Prés. Autre retable orné de trois panneaux peints sur bois, qui représentent sainte Barbe, saint Nicolas et saint Roch. Sur un autre autel, grande statue représentant encore une Vierge mère, xv° siècle.

PAVILLON (LE). *Ép. romaine.* Voie de Troyes à Paris, traversant le village du sud-est au nord-ouest. — Cercueils de pierre trouvés au sud du village, lieu dit la Censie, et conservés dans deux maisons. L'un : longueur, 2 mètres; largeur, à la tête, 0^m,60, aux pieds, 0^m,34 ; hauteur, à la tête, 0^m,35, aux pieds, 0^m,30. L'autre : longueur, 2 mètres; largeur, à la tête, 0^m,57, aux pieds, 0^m,35; hauteur, à la tête, 0^m,40, aux pieds, 0^m,41. — Nous ne savons quelle date donner au chemin dit Voie-de-Lette, qui traverse le finage du sud-ouest au nord-est et qui, dit-on, irait de Villemaur à la forêt des Ardennes; il se retrouve avec le même nom sur les finages de Savières, Villeloup et Dierrey-Saint-Pierre. ǁ *Moyen âge.* Église paroissiale sous le vocable de la Nativité de la Sainte Vierge. Nef du xii° siècle; le reste, du xvi°. Plan en forme de croix latine. Longueur, 25^m,50; largeur, transept, 20^m,50, nef, 6^m,20; hauteur, abside et transept, 8 mètres, nef, 6 mètres. Abside à cinq pans, voûtée. Transept, deux collatéraux, deux travées, voûté. Nef non voûtée. Débris de vitraux du xvi° siècle; arbre de Jessé.

PAYNS. *Moyen âge.* Église paroissiale de l'Assomption de la Sainte Vierge. Nef du xii° siècle; le reste, du xvi°. Plan en forme de croix latine. Longueur, 35 mètres; largeur, abside, 7 mètres, transept, 17^m,80, nef, 6^m,10; hauteur, 5 mètres. Rien de voûté. Abside à cinq pans. Toutes les baies de la nef, sauf une fenêtre, ont été remaniées.

RIVIÈRE-DE-CORPS (LA). *Ép. romaine (?).* Le chemin dit la Voriau, qui est un embranchement de la voie romaine d'Auxerre à Troyes, limite le finage à l'ouest.

SAINT-LYÉ. *Ép. romaine.* Au lieu dit Riancey, on a trouvé dans un jardin un cercueil de pierre. ǁ *Moyen âge.* Le lieu dit les Réserves-de-Mantenay conserve le souvenir de l'abbaye de Mantenay, qui existait au vi° siècle. — Église paroissiale de Saint-Lyé. La tour, la partie centrale du portail, la nef, datent au moins du xi° siècle; le reste est de la seconde moitié du xii° siècle, et même une partie des baies est plus récente. Plan rectangulaire, sauf la saillie de l'abside et du chœur à l'orient. Longueur, 33^m,70; largeur, abside et première travée du chœur, 5^m,80, seconde travée du chœur et nef, 19 mètres; hauteur, abside et chœur, 7 mètres, nef jusqu'au plafond, 9 mètres, jusqu'à la sous-faîtière, 13^m,50. Abside à trois pans, voûtée sur ogives. Chœur, deux travées, aussi voûté sur ogives : la première, sans collatéraux; la seconde, avec deux collatéraux. Nef, cinq travées, non voûtée, deux collatéraux également non voûtés; piliers rectangulaires, longueur, 1^m,60; largeur, 0^m,87. Bénitier formé d'un chapiteau de colonne, du xiiie siècle. Joli retable du xvie. Tour carrée occupant la moitié méridionale de la dernière travée de la nef : longueur d'un côté, 4 mètres; hauteur, 16 mètres; au-dessus, flèche en bois haute de 17 mètres; une partie de cette tour est construite en *opus spicatum*. La porte primitive, étant placée au centre du portail, occupait une partie de la base de la tour, dont l'angle nord-ouest se trouvait ainsi évidé; largeur de cette porte, 2 mètres; hauteur, 3 mètres; elle a été depuis déplacée. Longueur actuelle de la façade occidentale, 20 mètres; longueur primitive de cette façade, 16 mètres : c'est la largeur primitive de l'édifice.

SAINTE-SAVINE. *Ép. celtique.* Tombelle dite la Motte et surmontée d'une croix dite la Croix-Labigne ou la Croix-Labeigne, située au bord de la route impériale n° 60, de Nancy à Orléans, au nord de cette route. Hauteur, 3 mètres; diamètre, 15 mètres. || *Ép. romaine* (?). Le chemin dit la Voriau limite le finage à l'ouest; c'est un embranchement de la voie romaine d'Auxerre à Troyes. || *Moyen âge.* Tombeau de l'évêque de Troyes Ragnégisile, mort au milieu du viie siècle. C'est un cercueil de pierre long de 2^m,05, haut de 0^m,60, large de 0^m,75 à la tête et 0^m,37 aux pieds; il est enfoncé en terre de 0^m,40. Couvercle haut de 0^m,40; les autres dimensions du couvercle sont les mêmes que celle du cercueil. Les faces latérales du cercueil et du couvercle ornées de croix grecques en sautoir; il en est de même de la tête. Les pieds sont dirigés vers l'orient. Ce cercueil se trouve dans le collatéral sud de l'église actuelle; il est couvert d'un coffre en bois sculpté du xvie siècle. (S. A. 1re série, année 1834, p. 27, une notice et des dessins.) || *Ép. moderne.* Église paroissiale de Sainte-Savine. Plan rectangulaire, sauf la saillie de l'abside à l'orient. Longueur, 39 mètres; largeur, 23^m,50; hauteur, abside et nef, 8^m,50, collatéraux et chapelles, 7 mètres; tout voûté. Abside à trois pans. Nef, huit travées, deux collatéraux et deux rangs de chapelles. Plusieurs autels du xvie siècle. Débris de vitraux de la même époque. Retables du même siècle, ornés de peintures sur bois, savoir : *A*, 1533, longueur, 2^m,70; hauteur, 1^m,05, cadre compris; trois panneaux :

1° saint Joachim et sainte Anne; 2° Nativité de la Vierge; 3° Présentation de la Vierge au temple. *B*, 1547, longueur, 1^m,92; hauteur, 1^m,10, cadre compris; trois panneaux : 1° Christ portant sa croix; 2° Christ en croix; 3° Descente de croix. *C.* Martyre de saint Sébastien; longueur, 2^m,60; hauteur, 1 mètre, cadre compris. *D.* 1° Mariage de la Sainte Vierge; 2° Naissance de Jésus-Christ; 3° Annonciation (?). En outre, six volets de tableaux pliants ou triptyques. Portrait peint sur bois, avec cette légende : *Cy-devant gist noble homme Robert Colin, chirurgien, lequel deceda le 17 novembre 1592. Priez Dieu pour les trespassés.* (Sur cette église, voir V. A. 64-73.)

TORVILLIERS. *Ép. romaine.* Voie de Troyes à Sens, courant du nord-est au sud-ouest, au sud de la route impériale n° 60, de Nancy à Orléans, au nord du village. Largeur de l'empierrement, 7 mètres; épaisseur, de 0^m,75 à 0^m,80; la couche supérieure construite avec du mortier, épaisseur 0^m,55. Sur le finage de Torvilliers, cette voie est connue sous le nom de Chemin-d'Errey. — Autre voie connue sous le nom de Voréau, servant de limite au finage à l'est. C'est un embranchement de la voie romaine de Troyes à Auxerre. — En 1708, au lieu dit Ès-Fontaines ou Entre-les-Deux-Voies, on a trouvé un pot contenant deux mille monnaies romaines du Haut-Empire. (Grosley, Éphémérides, II, 290.) || *Ép. moderne.* Église paroissiale de Saint-Denis, fin du xve siècle et commencement du xvie. Abside à cinq pans précédée d'une nef rectangulaire. On projetait sans doute de lui donner la forme de croix, mais un seul bras a été construit. Longueur, 30^m,80; largeur, non compris le bras de croix, 10^m,70, y compris le bras de croix, 16^m,50; hauteur des voûtes, 6 mètres. Nef, cinq travées, les deux premières accompagnées d'un côté de chapelles qui sont dans le plan primitif; de l'autre côté se trouve le bras de croix. Les trois dernières travées accompagnées de collatéraux. Vitraux du xvie siècle, un daté de 1506, un autre de 1508.

TROYES. Voir au troisième canton la notice archéologique de la ville entière.

VILLELOUP. *Ép. romaine* (?). Voie de Troyes à Traînel, traversant l'extrémité méridionale du finage du sud-est au nord-ouest. — Chemin dit Voie-de-Lette, traversant le finage du sud-ouest au nord-est et allant, dit-on, de Villemaur aux Ardennes. || *Ép. moderne.* Église paroissiale de la Nativité de la Sainte Vierge. Abside et transept du xvie siècle, ont récemment reconstruite. Plan en forme de croix latine. L'abside est à sept pans, voûtée; longueur, 6 mètres; largeur, 6^m,20; hauteur, 7^m,70. Transept voûté aussi : même hauteur; largeur, 16^m,80. Débris de vitraux. Tabernacle de bois en forme de pyramide, xvie siècle; hauteur, 2^m,50. Statues de la Vierge et de sainte Barbe, xvie siècle.

9

TROISIÈME CANTON DE TROYES.

BRÉVIANDE. *Ép. romaine.* Voie de Troyes à l'établissement romain de Vertaut. Un tronçon parfaitement conservé se trouve au sud du hameau de Villeport; il est perpendiculaire à la route impériale n° 71, de Dijon à Troyes. Remblai en gravier et mortier, large de 6^m,50, haut de 1 mètre à 1^m,50. Il porte le nom de Chasse-de-Saint-Martin. Après avoir passé l'Hozain, cette voie devient parallèle à la route et prend alors le nom de Cheminet. || *Ép. moderne.* Église paroissiale de la seconde moitié du xix° siècle.

LAINES-AUX-BOIS. *Ép. romaine.* Voie de Troyes à Auxerre, séparant le finage de celui de Saint-Germain. — Un cercueil de pierre aujourd'hui détruit a été trouvé autrefois dans le cimetière. || *Moyen âge.* Au sud du village, section D du cadastre, dite de Monterrois, 3° feuille, sur un mamelon qui domine la plaine, emplacement du château de Montaigu, xiv° siècle; polygone irrégulier, de forme presque circulaire; diamètre mesuré de l'est à l'ouest, fossés non compris, 120 mètres, et fossés compris, 240 mètres; contenance, fossés non compris, 1 hectare 64 ares, et fossés compris, 2 hectares.12 ares. A l'est et à l'ouest, c'est-à-dire du côté de la plaine et du côté de la montagne, deux rangs de fossés; au nord, la montagne à pic, pas de fossés. Profondeur du premier fossé au-dessous du plan du château, 12 mètres; profondeur du deuxième fossé, 10 mètres. Aucune trace de motte. Voir sur ce château C. T. H. III, p. 95-96; V. A. 52-54; et Ordonnances, t. IV, p. 218. || *Ép. moderne.* Église paroissiale de Saint-Pierre-ès-Liens, xvi° siècle. Plan rectangulaire, sauf la saillie de l'abside. Longueur, 28^m,10; largeur, 17^m,60; hauteur, 7 mètres. Abside à cinq pans. La nef, accompagnée de collatéraux aussi élevés qu'elle, a quatre travées. Cette église est tout entière voûtée. Débris de vitraux du xvi° siècle. Joli portail latéral gothique. Cet édifice a été commencé par l'abside et terminé par le portail occidental.

ROSIÈRES. *Ép. moderne.* Château remontant au xiii° siècle au moins, mais dont les bâtiments actuels datent du xvi°, ou sont même plus récents. Dans la chapelle, tableau peint sur bois, commencement du xvi° siècle, représentant Notre-Dame-de-Lorette; hauteur, 1^m,10; largeur, 0^m,85; fond bleu, semé d'étoiles d'or; Vierge mère debout sur une maison portée par des anges; au pied, donatrice, ses patrons à droite et à gauche.

SAINT-ANDRÉ. *Ép. romaine.* Voie de Troyes à Auxerre, traversant le finage du nord-est au sud-ouest. — Le Chemin-des-Lombards, qui paraît un embranchement de cette route, serait peut-être un tronçon de la voie de Troyes à l'établissement de Vertaut. || *Moyen âge.* Voie-du-Comte, allant de Saint-André au hameau de Lépine. — Chemin-de-la-Reine-Blanche, menant de Troyes à Rosières par Saint-André. — Dans l'église paroissiale, reliques provenant de l'abbaye de Montier-la-Celle. Parmi les étoffes qui les enveloppent, il y en a, dit-on, de fort anciennes. Les châsses, récentes; deux cependant ornées de panneaux en cuivre repoussé, provenant d'une châsse du xii° siècle, avec arcades plein cintre supportées par des colonnettes munies de chapiteaux à feuillage; sous chaque arcade, image d'un apôtre; le nombre total des arcades, qui se trouvent sur divers fragments, est de dix; hauteur, 0^m,12; voir deux planches dans V. A. p. 17. — Emplacement de l'abbaye de Montier-la-Celle, ordre de saint Benoît, fondée au vii° siècle. — Emplacement de l'abbaye de Notre-Dame-des-Prés, ordre de Cîteaux, fondée au xiii° siècle. || *Ép. moderne.* Église paroissiale de Saint-André, xvi° siècle. Plan rectangulaire, sauf la saillie de l'abside. Longueur, 47^m,20; largeur, abside, 9^m,30, nef, 21^m,50; hauteur, maîtresses voûtes, 10^m,50, basses voûtes, 7^m,50. Abside à trois pans. Nef, six travées, deux collatéraux, et dans les deux premières travées, deux chapelles, qui ne font point saillie extérieurement, parce que dans ces deux travées les collatéraux sont plus étroits que dans les travées suivantes. Tabernacle en bois doré, xvi° siècle, publié dans V. A. p. 16; hauteur, 4^m,30. Chaire à prêcher, xvi° siècle; plan hexagone; publiée dans V. A. p. 18. Beau retable sculpté en pierre, daté de 1541; longueur, 3^m,55; hauteur, 3^m,20; trois panneaux : au centre, la Vierge; à droite, l'Adoration des Mages; nous n'avons pu comprendre le sujet du bas-relief de gauche (en voir une description détaillée dans V. A. p. 18). Autre petit retable en pierre, orné de six statues d'apôtres, xvi° siècle. Autre retable en pierre de la même date, représentant le Crucifiement (en voir une description détaillée dans V. A. p. 17). Quatre retables peints sur bois, même date. Bas-relief représentant la chasse de saint Hubert. Statues de sainte Catherine et de saint Quirin, publiées dans V. A. p. 18. Débris de vitraux du xvi° siècle. Deux petits tableaux peints sur bois, xvii° siècle, représentant une tête de Vierge et une tête de Christ enfant. Remarquable portail représentant la seconde moitié du xvi° siècle, publié avec un texte dans A. P. 47-48.

SAINT-GERMAIN. *Ép. romaine.* Voie de Troyes à Auxerre, traversant le finage et le village du nord-est au sud-ouest. — Embranchement de cette voie dit la Vauriau, traversant le finage du sud au nord. || *Ép. moderne.* Église paroissiale de Saint-Germain, fin du xv° siècle ou commencement du xvi°. Plan rectangulaire, sauf la saillie de l'abside. Longueur, 29 mètres; largeur, 18 mètres; hauteur des voûtes, 8 mètres. Abside à cinq pans, trois nefs d'égale hauteur et point de transept. Vitraux du xvi° siècle, l'un daté de 1514.

Tableaux peints sur bois, tabernacle en bois et statues du même siècle. — Au hameau de Lépine, église paroissiale de Saint-Barthélemy. Sans intérêt.

SAINT-JULIEN. *Moyen âge.* Au château, fragment d'une grille en fer du xiii° siècle; collection de vitraux du xvi° siècle. ‖ *Ép. moderne.* Église paroissiale de Saint-Julien, xvi° siècle. Plan en forme de croix latine. Longueur, 25^m,40; largeur, sanctuaire, 4^m,40, transept, 15^m,50, nef, 12 mètres; hauteur, sanctuaire, transept et collatéraux, 6 mètres, grande nef, 8 mètres. Tout est voûté. Sanctuaire rectangulaire. Transept, deux travées, deux collatéraux. Nef, trois travées, deux collatéraux. Débris de vitraux. Magnifique triptyque, xvi° siècle, orné de peintures sur bois; longueur, 3^m,50; hauteur au centre, 1^m,15, et sur les côtés, 0^m,83; à l'intérieur, cinq tableaux : 1° Flagellation; 2° Christ portant sa croix; 3° Christ en croix; 4° Ensevelissement du Christ; 5° Résurrection; à l'extérieur, deux tableaux : l'un est à peu près entièrement effacé; l'autre représente un donateur à genoux, et près de lui un saint Sébastien. Statues du xvi° siècle, notamment une Notre-Dame-de-Pitié, peinte, sur un piédestal et sous un dais également peints.

TROYES. *Ép. romaine.* Sur l'enceinte fortifiée, voir Grosley, Éphémérides, t. I, 27-44; G. M. H. p. 344-367, et Corrard de Breban, dans S. A. 2° série, t. V, p. 163. Cette enceinte était de forme rectangulaire, d'une contenance d'environ 16 hectares, percée à angle droit par des rues qui ont dû être originairement tirées au cordeau. La portion de la ville qu'elle renfermait est connue sous le nom de Cité. — Sur les voies qui traversaient Troyes, et qui sont décrites dans les itinéraires, un mémoire de M. Corrard de Breban, C. A. p. 60-75. On n'a retrouvé sur le finage de Troyes aucun débris de l'empierrement de ces voies. — Voie de Troyes à Brienne, suivant d'autres à Langres, longeant le faubourg Saint-Jacques au sud. Largeur de l'empierrement, 8 mètres; épaisseur dans le jardin de M. Cuisin, 1^m,85; dans l'enclos de M. Lenfumé, 1^m,91. — Cimetières au nombre de deux, à ce que l'on suppose. L'un, le plus ancien, au nord-ouest, dans l'ancien finage de Saint-Martin, près de l'ancienne chapelle Sainte-Jule; des cercueils de pierre y ont été trouvés à diverses époques (Grosley, Éphémérides, t. II, 294-301). L'autre, à l'est, daterait de l'époque chrétienne; les églises Saint-Aventin et Saint-Martin-ès-Aires y furent bâties (M. Corrard de Breban, C. A. p. 121). — Mosaïques trouvées en dehors de l'enceinte romaine, lors de la construction de l'abattoir actuel, et conservées au musée de Troyes (une notice et une lithographie dans S. A. 2° série, t. VIII, p. 412). — Bas-relief aujourd'hui détruit, qui était encastré dans une maison rue de Molême (S. A. 1re série, n°^{s} 79 et 80, année 1841, p. 201-204); sujet : des porcs et leur berger au pied d'un chêne. — Buste de Bacchus en marbre gris découvert au xviii° siècle, dans le jardin d'une maison située rue du Bois, près du Palais de justice actuel. Il a été publié par Montfaucon, Antiquité expliquée; nous ignorons ce qu'il est devenu (Grosley, Éphémérides, t. II, 291-294). — Médailles trouvées dans divers endroits de la ville (Grosley, Éphémérides, t. II, 288-289; S. A. 1re série, année 1841, n°^{s} 79 et 80, p. 199-200, 207, année 1846, n°^{s} 97 et 98, p. 67, et 2° série, t. II, p. 25-26, t. VI, p. 95-96). — Poids romain en cuivre, pesant 637 grammes (S. A. 1re série, année 1841, n°^{s} 79 et 80, p. 207). — Fragment de flûte romaine, conservé au musée (S. A. 2° série, t. II, p. 26-27). — Cassolette à parfums, conservée au musée et également trouvée à Troyes (S. A. 2° série, t. VI, p. 109). — Poteries et tuiles romaines; on en a trouvé beaucoup (S. A. 1re série, année 1841 n°^{s} 79 et 80, p. 206, et 2° série, t. II, p. 27-28, t. VI, p. 108). Plusieurs de ces poteries sont conservées au musée de Troyes. ‖ *Moyen âge.* Église cathédrale de Saint-Pierre et Saint-Paul, primitivement sous le vocable du Saint-Sauveur, remontant à l'époque romaine; mais les parties les plus anciennes de l'édifice actuel ne datent que du commencement du xiii° siècle; tous les siècles suivants y ont mis la main. Plan en forme de croix latine. Longueur, 114 mètres; largeur, chœur, 39 mètres, transept, 50^m,10, , nef, 45^m,30; hauteur, maîtresses voûtes, mesurées dans la travée du milieu de la nef, jusqu'à la clef, 29 mètres, jusqu'au point le plus élevé de l'intrados, 29^m,60, basses voûtes, 12^m,50. Abside, xiii° siècle, cinq pans triforium. Galerie derrière l'abside et cinq chapelles absidales de même date, ornées d'arcatures; celle de la Vierge à neuf pans, les quatre autres à sept. Chœur, xiii° siècle, triforium, quatre travées; la première accompagnée de deux collatéraux, plus, au nord, une chapelle à sept pans, ornée d'arcatures, et au sud, le trésor, édifice rectangulaire, divisé en deux étages et deux travées; les trois travées suivantes du chœur sont accompagnées de quatre collatéraux, ces collatéraux sont ornés d'arcatures. Transept, fin du xiii° siècle, orné d'arcatures et muni d'un triforium. Toutes ces parties de l'église ont, à différentes époques, été depuis le xiii° siècle l'objet de restaurations qui, sous bien des points, équivalent à une reconstruction. Nef, xiii°-xvi° siècle, sept travées : les cinq premières accompagnées de quatre collatéraux et de deux rangs chapelles, les deux dernières accompagnées de deux collatéraux seulement; voici les dates des différentes parties : Rez-de-chaussée. Sud : les trois premières chapelles, xiv° siècle; la quatrième, partie du xiv° siècle, partie du xv°; la cinquième, en grande partie du xv° siècle; cependant une portion du mur oriental est du xiv° et une portion du mur occidental du xvi°. Pi-

9.

liers, deuxième rang : le premier pilier, fin du xiii° siècle; les deuxième, troisième et quatrième, xiv° siècle; le cinquième, xv°; le sixième, xvi°. Premier rang : le premier pilier, fin du xiii° siècle; les deuxième, troisième et quatrième, xiv° siècle; les cinquième et sixième, xv°; le septième, xvi°. Nord. Premier rang de piliers : le premier pilier, de la fin du xiii° siècle; les deuxième, troisième, quatrième et cinquième, xiv° siècle; le sixième, xv°; le septième, xvi°. Deuxième rang de piliers : le premier, fin du xiii° siècle; les deuxième, troisième et quatrième, xiv° siècle; le cinquième, xv°; le sixième, xvi°. Chapelles : les trois premières, xiv° siècle; la quatrième, en partie du xiv°, mais presque tout entière du xv°; la cinquième, en partie du xv°, mais presque tout entière du xvi°. Premier étage de la nef, triforium, seconde moitié du xv° siècle. Second étage de la nef, grandes fenêtres et voûtes de la fin du xv°. Cet édifice est orné de vitraux et de pierres tumulaires, sur lesquels on peut consulter V. A. 122-188. Dans la chapelle des fonts, panneaux de bois peints, commencement du xvi° siècle, représentant différentes scènes de la vie de Jésus-Christ. Portail occidental, xvi° siècle, orné de deux tours construites sur la dernière travée des deux collatéraux; la tour méridionale, inachevée, n'atteint pas le sommet du grand comble; la tour septentrionale est complète, mais les parties supérieures ne datent que du xvii°, du xviii°, et même du commencement du xix° siècle; hauteur, 62 mètres. Au centre de la croisée se trouvait un clocher brûlé en 1700, et qui s'élevait au-dessus de l'église de 60 mètres; il avait, par conséquent, environ 100 mètres au-dessus du sol. Portail septentrional de la fin du xiii° siècle, restauré au xiv°, la rose est comprise dans une baie rectangulaire. Sur la construction de la cathédrale de Troyes, voir G. M. H. t. II, p. 248-263, V. A. p. 122 et A. P. p. 5-10. Gadan, Comptes de la cathédrale de Troyes, dans le Bibliophile de l'Aube, et Quicherat, même sujet, dans les Mémoires des Antiquaires de France. Cercueils de pierre des comtes de Champagne Henri le Libéral, mort en 1181, et Thibaut III, mort en 1201, et transférés de Saint-Étienne à la cathédrale en 1792; ils se trouvent sous le pavé de la chapelle de la Vierge (S. A. 1re série, année 1844, n°s 91-92, p. 283-288). Trésor contenant des émaux en taille d'épargne en nombre, des émaux cloisonnés translucides, des émaux des peintres, deux coffrets d'ivoire qui proviennent du pillage de Constantinople en 1204; une quantité considérable de cabochons et de pierres antiques de diverses provenances, etc. (V. A. loc. cit. et P. A.). Crosse émaillée, anneau épiscopal, fragments d'étoffe provenant du tombeau de l'évêque Hervé, mort en 1223 (S. A. 1re série, année 1844, n°s 91-92, p. 292-297). Sur les châsses byzantines, qui n'existent plus, voir G. M. H. t. II, p. 397. — Église collégiale et royale de Saint-Étienne, ancienne chapelle du château des comtes de Champagne; fin du xii° siècle, avec quelques additions des siècles suivants; aujourd'hui détruite. Chevet à sept pans, avec deux chapelles et une galerie d'entourage. Chœur, sept travées et deux collatéraux. Nef, sept travées, un collatéral au nord et trois chapelles au sud. Longueur, 68 mètres; largeur, chœur, 10 mètres d'axe en axe, et collatéral compris, 18 mètres, nef, 15 mètres d'axe en axe, collatéral et chapelles compris, 23 mètres. Le collatéral de la nef était dans l'alignement du collatéral nord du chœur; les quatorze travées de l'église correspondaient à sept clefs de voûte seulement. Le seul bon plan de cette église qui existe se trouve dans le plan général d'alignement de la ville de Troyes dressé, en 1769, par les ingénieurs de la généralité. On peut en voir une reproduction défectueuse dans V. A. p. 25. Voir aussi, sur cette église et les célèbres tombeaux des comtes de Champagne qui l'ornaient, le même ouvrage, p. 27, G. M. H. t. II, p. 280 et 403; C. T. H. t. II, p. 136-150, et A. P. p. 41. — Église collégiale et papale, et aujourd'hui paroissiale, de Saint-Urbain, fin du xiii° siècle. Plan rectangulaire, sauf la saillie de l'abside. Longueur, 44m,50 ; largeur, 23m,80 ; hauteur, abside et transept, 20 mètres, nef, 15 mètres, collatéraux, 9 mètres. Abside à cinq pans, voûtée en pierre. Chœur, deux travées voûtées en pierre. Chapelles latérales voûtées de même. Transept, une travée, voûté en pierre. Nef, trois travées, accompagnées de collatéraux; le triforium et les grandes fenêtres sont encore à construire; voûte en bois, mais les collatéraux sont voûtés en pierre; leurs fenêtres, toutes de forme rectangulaire, sont, avec celle du portail septentrional de la cathédrale, les seules de cette espèce construites au moyen âge qui existent dans le département. Fonts baptismaux du xvi° siècle, publiés dans P. A. Portail occidental inachevé; au nord et au sud, porches remarquables (G. M. H. t. II, p. 263 ; C. T. H. t. II, p. 151-163 ; V. A. p. 189-196 et A. P. p. 13-14 ; et une notice de M. Tridon dans A. A. 1847, 22-23). Sur les pierres tumulaires qui se trouvent dans le pavé, consulter V. A. Cette église a été fondée par le pape Urbain IV, qui était né sur son emplacement. — Église paroissiale de Saint-Remy. La tour paraît être du xii° siècle ; les piliers de la nef, les murs et les voûtes des collatéraux de la fin du xiv°; le reste n'est que de la fin du xv° siècle et du commencement du xvi°. Plan en forme de croix latine. Longueur, 42 mètres, et porche compris, 48 ; largeur, transept, 33 mètres, nef, 19m,50 ; hauteur, maîtresses voûtes, 12m,50 , galerie autour du chœur et chapelles absidales, 6m,50 , collatéraux, 5m,50. Abside à cinq pans, garnie de cinq chapelles. Peintures sur bois, xvi° siècle, sur la cloison de la sacristie. Célèbre Christ de Girardon, en bronze.

Sur le plan sud de la nef, tour carrée; 7ᵐ,50 de côté; hauteur, 22 mètres; flèche octogone en bois, haute de 38 mètres : total, 60 mètres (G. M. H. t. II, 303; C. T. H. t. II, 219-214, et A. P. 15-16). C'est à la Saint-Remy que se tenait une des deux célèbres foires de Troyes. — Église paroissiale de Saint-Jean, autrefois dite au Marché. La tour est du xɪɪᵉ siècle; une partie de la nef date de la fin du xɪvᵉ siècle ou du commencement du xvᵉ, le reste est du xvɪᵉ. Elle donne en plan un quadrilatère plus large à l'orient qu'à l'occident. Longueur, porche non compris, 68ᵐ,50, porche compris, 77 mètres; largeur moyenne du chœur, 24ᵐ,70; largeur de la nef, 17ᵐ,30; hauteur, abside et chœur, 20 mètres, galerie d'entourage, collatéraux du chœur et chapelles ouvrant dans cette galerie et ces collatéraux, 9 mètres, nef, 12 mètres, et collatéraux de la nef, 6ᵐ,50. Abside à cinq pans. Chœur, trois travées. Nef, neuf travées; les six premières du xɪvᵉ siècle, remaniées au xvɪᵉ; les trois dernières, ainsi que le porche, entièrement du xvɪᵉ. Vitraux remarquables du xvɪᵉ. Célèbre tableau de Mignard, représentant le Baptême de Jésus-Christ. A la chapelle des fonts baptismaux, bas-reliefs en marbre blanc, représentant différentes scènes de la vie de Jésus-Christ. (G. M. H. t. II, 314-318; C. T. H. t. II, 192-205; A. P. 17-18; un mémoire de M. Tridon, dans S. A. 2ᵉ série, t. III, p. 25). C'est à la Saint-Jean que se tenait autrefois une des célèbres foires de Troyes. — Église paroissiale de Saint-Denis, aujourd'hui détruite. Elle était au moins en partie du xɪɪᵉ siècle. Plan en forme de croix latine. Longueur, 25 mètres; largeur, transept, 18 mètres, nef, 13 mètres. Abside à trois pans. Nef, cinq travées, deux collatéraux (dans V. A. 199, le dessin de trois chapiteaux et d'une base; voir aussi le plan de 1769 et C. T. H. t. II, 306-307). — Église paroissiale de Saint-Aventin, aujourd'hui détruite. Quadrilatère presque rectangulaire. Longueur, 28 mètres; largeur à l'est, 14 mètres, à l'ouest, 16 mètres. Trois nefs, sept travées. (Plan de 1769, C. T. H. t. II, 314-317, article de M. Socard et planche dans A. A. année 1858, p. 103). — Église paroissiale de Saint-Jacques-aux-Nonnains, aujourd'hui détruite; c'étaient les cinq travées occidentales de l'église abbatiale de Notre-Dame-aux-Nonnains. Cette dernière église consistait en une sorte de quadrilatère qui se terminait à l'orient par trois absides semi-circulaires; la principale de ces absides avait sept fenêtres. Longueur totale, 72 mètres; largeur à l'est, 28 mètres, à l'ouest, 24 mètres. Sept travées. (Plan de 1769, G. M. H. t. II, 289, C. T. H. t. II, 167-169, et A. P. 41.) — Église de Sainte-Madeleine, autrefois succursale de Saint-Remy, aujourd'hui paroissiale, fin du xɪɪᵉ siècle, avec des additions considérables du xvɪᵉ. Plan à peu près rectangulaire, sauf la saillie de la chapelle de la Vierge à

l'orient et d'une tour carrée au sud-ouest. Longueur, 42ᵐ,80; largeur, 29ᵐ,30; hauteur des maîtresses voûtes, 14 mètres. Chevet à trois pans, avec galerie autour du chœur et trois chapelles, xvɪᵉ siècle. Chœur, deux travées, accompagné de chaque côté d'un collatéral et d'un rang de chapelles; la première travée du xvɪᵉ siècle, la seconde de la fin du xɪɪᵉ. Transept, une travée en longueur, cinq en largeur; fin du xɪɪᵉ siècle, sauf des remaniements. Nef, deux travées, quatre collatéraux; fin du xɪɪᵉ siècle, sauf des remaniements. Dans la partie de l'église qui date de la fin du xɪɪᵉ siècle, un triforium aveugle règne au-dessous des grandes fenêtres; il n'y a qu'une clef de voûte pour deux travées et les chapiteaux sont feuillagés et travaillés avec un grand soin. Beaux vitraux du xvɪᵉ siècle. Jubé très-connu de la même date. Groupe en pierre représentant le Christ au tombeau. Le cimetière était entouré d'un cloître aujourd'hui détruit; il ne subsiste plus que la porte d'entrée, œuvre assez remarquable du xvɪᵉ siècle. Voir G. M. H. t. II, 318-321, et V. A. 197-198; dans le dernier de ces ouvrages, deux vues du jubé prises l'une de la nef et l'autre du chœur. Nous n'indiquerons pas les autres dessins de ce jubé qui ont été publiés; c'est le monument de Troyes que la gravure a le plus souvent reproduit. Sur sa construction voir C. T. H. t. II, 235, et Vallet de Viriville, Archives historiques de l'Aube, 312-313; voir encore sur cette église A. P. 19-20, et une notice de M. Tridon, dans A. A. 1847, p. 4-11. — Église abbatiale de Saint-Loup, dédiée, dit-on, en 1425. Plan en forme de croix latine. Longueur, 42 mètres; largeur, transept, 36 mètres, nef, 24 mètres. Abside à trois pans. Chœur, une travée, deux chapelles. Transept, trois travées, quatre collatéraux. Nef, deux travées, deux collatéraux. Cette église est détruite. Voir dans V. A. 231-232 des dessins représentant deux panneaux du tabernacle, un chapiteau et les détails d'une stalle (G. M. H. t. II, 298-302; C. T. H. t. II, 217 286; plan de 1769). — Église abbatiale de Saint-Martin-ès-Aires, aujourd'hui détruite. Abside à trois pans, suivie d'une nef accompagnée de deux collatéraux, sans transept. Longueur, 50 mètres; largeur à l'est, 17 mètres, à l'ouest, 15 mètres (plan de 1769 et C. T. H. t. II, 265-271). Dans les bâtiments actuels de l'orphelinat de Saint-Martin-ès-Aires il subsiste encore quelques arcades qui proviennent de l'édifice primitif, xɪɪᵉ siècle. — Église abbatiale de Notre-Dame-aux-Nonnains. Nous en avons parlé en même temps que de l'église paroissiale de Saint-Jacques-aux-Nonnains. Le texte des évangiles de cette abbaye, sur lequel les évêques de Troyes prêtaient serment, est conservé à la bibliothèque de Troyes : couverture en argent repoussé, ornée de cabochons, de nielures et d'émaux, xɪvᵉ siècle (dessin dans V. A. 232). Sceau en bronze, faisant partie de la collection de

M. Coffinet, chanoine de la cathédrale de Troyes, et publié par la Société de sphragistique. Sur les épitaphes de cette abbaye, voir un article de M. Guignard (A. A. 1852, p. 79). — Église prieurale de Saint-Quentin, fin du xi° siècle ou commencement du xii°, sauf le portail, qui est de la fin du xiii° ou commencement du xiv°, et la voûte du centre du transept, qui est du xvi° siècle. Le plan primitif était en forme de croix latine; mais les trois absides semi-circulaires qui terminaient cet édifice à l'orient ont été démolies il y a deux ou trois siècles. Longueur actuelle, 24^m,20; longueur primitive, 27 à 28 mètres; largeur, transept, 15 mètres, nef, 6^m,50; hauteur jusqu'à la voûte de pierre du centre du transept, 6 mètres, jusqu'au sommet de la voûte de la nef, 10^m,20. Cette voûte est en berceau brisé et construite en bardeau sur entraits. Les bâtiments d'habitation sont perpendiculaires à l'église, et comme le prolongement du transept nord; ils datent de la même époque que l'église et ont été comme elle remaniés à diverses époques, et notamment au xvi° siècle, mais surtout depuis. Cette église est aujourd'hui transformée en brasserie. (Sur elle, C. T. H. t. II, 287-290.) — Église prieurale, aujourd'hui détruite, de Saint-Blaise, la même, dit-on, que l'église de Saint-Jean-en-Châtel. Abside et chœur rectangulaires, suivis d'une nef rectangulaire un peu plus large. Longueur, 10^m,50; largeur, chœur et abside, 5 mètres, nef, 6 mètres (plan de 1769 et C. T. H. II, 290-292). — Église prieurale de Notre-Dame-en-l'Île, xv° siècle (?). Elle était inachevée; elle n'a jamais eu de nef : chevet à trois pans, entouré d'une galerie et de cinq chapelles absidales; chœur, trois travées et deux collatéraux; transept, une travée. Longueur totale, 32 mètres; largeur, 20 mètres. Les gros murs du transept subsistent seuls aujourd'hui; on s'en est servi pour construire la chapelle du grand séminaire (plan de 1769 et C. T. H. t. II, 308-313; sur un tombeau qui se trouvait dans cette église, voir A. A. 1852, p. 63). — Église conventuelle des Cordeliers, aujourd'hui détruite, xiv° siècle. Elle consistait en une nef longue de 48 mètres, accompagnée au sud d'un collatéral, long de 28 mètres; ce collatéral était bordé de chapelles. Largeur totale, 20 mètres (plan de 1769 et C. T. H. t. II, 249-257). — Église conventuelle des Jacobins, aujourd'hui détruite. Une nef longue de 52 mètres, accompagnée au nord d'un collatéral moins long et moins large. Largeur totale, 17 mètres (plan de 1769; V. A. p. 234 et G. M. H. t. II, 293; C. T. H. t. II, 1841-91). — Au trésor de l'Hôtel-Dieu-le-Comte, croix en cuivre doré, ornée de cabochons et d'émaux, publiée (P. A.); elle date de la seconde moitié du xiv° siècle (Guignard, Anciens statuts de l'Hôtel-Dieu-le-Comte de Troyes, p. 27; introduction, § 4). — Château des comtes de Champagne, depuis les prisons, et aujourd'hui démoli, sauf la porte principale. C'était un polygone irrégulier, dont la forme se rapprochait d'une ellipse; grand diamètre, 96 mètres; petit diamètre, 77 mètres. La porte date de la fin du xi° siècle ou du commencement du xii°; largeur, 1^m,70; hauteur jusqu'au linteau, 2^m,30, jusqu'à l'archivolte, 3^m,30; longueur, 3^m,60. Elle est percée dans une tour rectangulaire haute de 9 mètres, large de 5 mètres, profonde de 3^m,60, et contre-forts compris, de 5^m,30; construite en pierre dure de diverses provenances, notamment en silex. Donjon rectangulaire, dit la Grosse Tour, ayant 12 mètres de côté, situé à l'extrémité opposée du château, et aujourd'hui détruit (plan de 1769 et V. A. 8-14). — Palais des comtes de Champagne, seconde moitié du xii° siècle, et peut-être du xiii°; aujourd'hui complétement détruit. Longueur de la façade méridionale, 60 mètres; largeur, au nord, 25 mètres, au sud, 12. Grande salle de forme rectangulaire; longueur, 30 mètres; largeur, 12 mètres; cette salle était au premier étage, à l'exposition du levant; on y parvenait par un vaste perron; elle était éclairée par cinq fenêtres rectangulaires avec archivoltes brisées et divisées en deux par un meneau. Ce palais avait un rez-de-chaussée et un premier étage; du premier étage on arrivait, de plain-pied à une tribune qui ouvrait sur l'église Saint-Étienne (plan de 1769 et V. A. 25-27). — Rue du Grand Cloître Saint-Pierre, une maison a conservé une porte de la fin du xii° siècle. ‖ Ép. moderne. Église paroissiale de Saint-Nizier, xvi° siècle. Plan rectangulaire, sauf la saillie de l'abside à l'orient. Longueur, 49 mètres; largeur, 28 mètres; hauteur, maîtresses voûtes, 17 mètres, collatéraux et chapelles, 8^m,50. Abside à cinq pans, avec trois chapelles et une galerie autour du chœur. Chœur, une travée, deux collatéraux et deux chapelles, dont l'une servant de sacristie. Transept, une travée. Nef, quatre travées, deux collatéraux et deux rangs de chapelles. Dans la dernière chapelle au sud, Christ au tombeau, huit personnages ronde-bosse; longueur, 3^m,70; largeur, 0^m,90; hauteur, 1^m,30. Vitraux plus ou moins complets à trente fenêtres, sur trente-cinq, ou trente-neuf en comptant celles qui sont murées et qu'on pourrait rouvrir. Tour carrée sur la dernière travée du collatéral nord. Joli portail gothique au midi, portail Renaissance à l'occident (C. T. H. t. II, 260-265, V. A. p. 233 et A. P. 11-12). — Église paroissiale de Saint-Martin-ès-Vignes, seconde moitié du xvi° siècle et commencement du xvii°. Plan rectangulaire, sauf la saillie de l'abside à l'orient. Longueur, 52^m,50; largeur, 22^m,30; hauteur des maîtresses voûtes, 15 mètres, des basses voûtes, 6 mètres. Chevet à trois pans, sans chapelles. Galerie autour de ce chevet. Chœur, deux travées, deux collatéraux et deux rangs de chapelles. Transept, une travée. Nef, quatre travées, deux collatéraux et deux rangs de chapelles. Vitraux en général complets à 25 fenêtres, seconde moitié du xvi° siècle et commencement du xvii°; on lit sur cinq d'entre eux les dates de 1562, 1606, 1607, 1618. Tableaux peints sur bois, commencement du xvii° siècle : 1° Vie de saint Martin, trois panneaux : hauteur, 1ᵐ,35, largeur, 2ᵐ,20; 2° Noces de Cana : hauteur, 0ᵐ,72, largeur, 1ᵐ,03; 3° Saint Jean prêchant dans le désert : hauteur, 0ᵐ,82, largeur, 1ᵐ,07 (voir sur cette église, et notamment sur les vitraux, C. T. II. t. III, 67-68, V. A. 230-231, C. A. 262-289, A. A. et P. A.). — Église paroissiale de Saint-Nicolas, autrefois succursale de Saint-Jean, xvi° siècle, sauf le porche, qui est du xvii°. Plan rectangulaire. Longueur, porche non compris, 35ᵐ,70, et porche compris, 45ᵐ,80; largeur, 16 mètres; hauteur, maîtresses voûtes, 16 mètres, collatéraux et chapelles, 8 mètres. Du mur oriental au porche, six travées à deux collatéraux et à deux rangs de chapelles. A l'angle nord-ouest, imitation de la chapelle du Saint-Sépulcre de Jérusalem. Porche à deux travées; la première travée a deux étages, l'étage supérieur sert de tribune. Vitraux du xvi° et du xvii° siècle, à seize fenêtres; deux statues de Christ, attribuées à Gentil. (Sur cette église, G. M. H. t. II, 323-325, C. T. H. t. II, 334-338, V. A. 233, A. P. 23-24 et un mémoire de M. Tridon, S. A. 2ᵉ série, t. IV, p. 185.) — Église paroissiale de Saint-Pantaléon, autrefois succursale de Saint-Jean, xvi° et xvii° siècle, sauf le portail occidental, qui est du xviii°. Plan rectangulaire. Longueur, 37ᵐ,60; largeur, 18ᵐ,90; hauteur, maîtresses voûtes, 23 mètres, collatéraux, 8 mètres. Abside à trois pans. Chœur, deux travées, deux collatéraux et deux rangs de chapelles. Transept, une travée. Nef, trois travées, deux collatéraux et deux rangs de chapelles. Les maîtresses voûtes sont de bois en berceau légèrement surbaissé. Grisailles à 17 fenêtres. Chacun des piliers de la nef est orné de statues généralement bonnes et surmontées de dais bien sculptés. (G. M. H. t. II, 321-323, C. T. H. t. II, 318-322, V. A. 233, A. P. 21-22.) Une vue de l'intérieur de cette église a été publiée dans le Magasin Pittoresque. — Chapelle de Saint-Gilles, dépendant de la paroisse Saint-Jean, et autrefois succursale de Saint-André, fin du xv° siècle, sauf les bras du transept et la façade occidentale, qui sont du xvi°. Plan en forme de croix latine. Longueur, 20ᵐ,50 ; largeur, abside et nef, 5ᵐ,40, transept, 16ᵐ,20 ; hauteur, 7ᵐ,50. Abside à quatre pans, suivie de six travées. Voûte en berceau brisé. Cette église est construite en bois; elle est ornée de nombreuses peintures sur bois, savoir : (A) trois panneaux : 1° Saint Joachim expulsé du temple; 2° Rencontre de saint Joachim et de sainte Anne; 3° Naissance de la Vierge. (B) trois panneaux : 1° Annonciation; 2° Adoration des bergers ; 3° Adoration des Mages.

(C) trois panneaux : 1° Circoncision; 2° Massacre des innocents; 3° Jésus au milieu des docteurs. (D) un panneau : Pilate se lave les mains. (E) un panneau : *Ecce homo*. (F) trois panneaux : 1° Portement de croix; 2° Christ en croix; 3° Résurrection. (G) un panneau : les saintes Femmes au tombeau. (H) un panneau : Jésus, vêtu en jardinier, rencontre Madeleine. Ces tableaux, tous de même hauteur, forment collection. Autre tableau peint sur bois, représentant la Vierge mère; largeur, 1 mètre; hauteur, 1ᵐ,22. Vitraux aux deux bras du transept. Bas-relief du xvi° siècle, représentant saint Jérôme. Joli clocher central en bois. (Sur cette église, C. T. H. t. III, 47-48, et une brochure de M. A. Aufauvre, avec dessins de M. Millet, intitulée : La chapelle de Saint-Gilles de Croncels.) — Église de Saint-Frobert, succursale de Saint-Remy, xvi° siècle. Plan à peu près rectangulaire. Longueur, 24ᵐ,40; largeur, 14ᵐ,20. Quatre travées. Un incendie a fait tomber les voûtes; elle sert actuellement d'atelier de carrosserie (C. T. H. t. II , 245-249). — Au palais épiscopal, aile du xvi° siècle, parallèle à la cathédrale. — La ville de Troyes avait encore des fortifications au commencement de ce siècle ; elles remontaient au xvi° siècle; quelques parties avaient même été construites sur l'emplacement des fortifications du xiii° (G. M. H. t. II, 368-397, un mémoire de M. Corrard de Breban, dans S. A. 2ᵉ série, t. V, p. 163; un autre mémoire de M. Jules Gréau, dans S. A. 2ᵉ série, t. VIII, p. 365. Un plan et une vue de la porte Saint-Jacques, aujourd'hui détruite, dans V. A. 234-235; une vue de la porte de Belfroy, également détruite, *ibid.*, 236; une vue du pont fortifié de la Planche-Clément, dans C. A. 141 et dans A. P. 37.) Ce dernier pont existe encore en partie. Sur le pont fortifié de Chaillouet, détruit, A. P. 39. Un troisième pont également fortifié existe auprès de la porte de Croncels. — Maisons du xvi° siècle, en très-grand nombre; presque toutes sont en bois. Voir un travail d'ensemble de M. A. Aufauvre dans C. A. 319-340. Hôtel de Vauluisant, construit en pierre, vis-à-vis de l'église Saint-Pantaléon, V. A. 239-240 et A. P. 27-28. Sur l'hôtel de Mauroy, rue de la Trinité, depuis hôpital de la Trinité, construit en pierre et en bois, A. P. 29. Hôtel des Ursins, construit en pierre, en 1546, rue Champeaux (V. A. 238-239 et A. P. 30-31). Hôtel de l'Élection, construit en pierre, rue de Croncels (V. A. 238 et A. P. 30); la magnifique cheminée de cette maison est aujourd'hui l'ornement du musée de Troyes. Hôtel de Marisy, rue des Quinze-Vingts (V. A. 239, A. P. 31); la grille en fer d'une fenêtre de cette maison a été publiée par M.Gailhabaud. Maison de l'Élection, construite en bois, rue de la Monnaie (A. P. 35). Maison dite aujourd'hui Hôtel du Petit Louvre, et qui passe pour avoir appartenu à la famille Hennequin, rue de la Montée-Saint-

Pierre (V. A. 238). Une vue des maisons de bois qui longeaient la cathédrale a été publiée dans V. A. 238. Voir dans le même ouvrage, 236-238, quelques indications sur d'autres maisons moins importantes. — Hôtel-de-Ville, 1624-1670. Un rez-de-chaussée et un étage, un bâtiment principal avec façade au midi et deux ailes au nord. Longueur de la façade, 23^m,38; hauteur, toiture non comprise, 11^m,70, et jusqu'au sommet du campanile qui en surmonte la toiture, 23^m,38. La façade est percée au rez-de-chaussée d'une porte et de six fenêtres et ornée de pilastres; au premier étage, six fenêtres, une niche contenant une statue, et où se trouvait autrefois la statue pédestre de Louis XIV, quatorze colonnes de marbre noir, dont douze accouplées et deux isolées (G. M. H. t. II, 266, C. T. H. t. II, 396-399, et A. P. 25-26).—A l'Hôtel-Dieu, fort belle grille de fer du xviiie siècle. — Musée de la ville de Troyes. On y remarque la baignoire romaine de Neuville-sur-Seine, des fragments considérables de mosaïque romaine provenant de Troyes et de Paisy-Cosdon. Statue d'Apollon, en bronze, trouvée à Vaupoisson; fibules, armes, bracelets, colliers et objets de toute sorte provenant de fouilles faites dans les sépultures antiques du département. Carreaux émaillés du moyen âge, chapiteaux, bas-reliefs, pierres tumulaires et statues du moyen âge et de la Renaissance, provenant des églises de Troyes et des environs.—A la Bibliothèque de la ville, collection de numismatique ancienne et moderne, provenant, pour la plus grande partie, du cabinet de M. Jourdain, d'Ervy (Aube).Vitraux du commencement du xviie siècle, peints par Linard-Gonthier, et représentant divers événements de la vie de Henri IV et de Louis XIII. (Voir à ce sujet G. M. H. t. I, 349-350, et C. T. H. t. II, 437.) — Collection de M. Camusat de Vaugourdon. Numismatique romaine, royale de France et baronale de Champagne. Les exemplaires, souvent à fleur de coin, sont généralement remarquables par leur bon état de conservation. Monnaies champenoises très-rares. Poteries, vases de verre antiques, provenant d'Arcis-sur-Aube, et d'une très-belle conservation. Bronzes antiques. Diptyques du xive siècle, en ivoire, sculptés. Nombreux cartons originaux de vitraux exécutés au xviie siècle à Troyes ou aux environs, etc. etc. — Collection de numismatique romaine, de M. Anatole Chanoine. — Collection de M. l'abbé Coffinet. Orfévrerie religieuse du moyen âge et de la Renaissance. Châsses, émaux en taille d'épargne, émail cloisonné opaque, émaux des peintres. Custodes, porte-cierges, paix, encensoirs, croix. Grande cruche en bronze doré, provenant du cimetière antique de Pouan. Nombreuses matrices de sceaux en cuivre. — Collection de M. Julien Gréau. Numismatique phénicienne, grecque, romaine, gauloise et française. Types très-nombreux, parmi lesquels il y en a de complétement inédits. Terres cuites, bronzes et marbres grecs et romains, fresques antiques. Ensemble très-varié de monuments originaux du moyen âge, provenant de Troyes ou de ses environs. Nombreux dessins inédits, représentant les monuments du moyen âge encore existants aujourd'hui ou détruits de Troyes ou des environs. — Collection de M. Eugène le Brun. Nombreux vitraux du xvie siècle. — Collection de M. Rivière. Numismatique ancienne et moderne.

TABLE DES MATIÈRES.

A

Abbaye-sous-Plancy, 14.
Ailleville, 81.
Aix-en-Othe, 99.
Allibaudières, p. 1.
Amance, 53.
Arcis-sur-Aube, 3.
Arconville, 81.
Argançon, 54.
Arrelles, 79.
Arrembécourt, 9.
Arrentières, 32.
Arsonval, 32.
Assenay, 102.
Assencières, 119.
Aubeterre, 8.
Auhigny, 23.
Aulnay, 9.
Auxon, 107.
Auxon, 119.
Avant (Arr. d'Arcis-sur-Aube), 23.
Avant (Arr. de Nogent-sur-Seine), 81.
Avirey-Lingey, 79.
Avon-la-Pèze, 83.
Avreuil, 65.

B

Bagneux, 79.
Bailly-le-Franc, 10.
Balignicourt, 10.
Balnot-la-Grange, 65.
Balnot-sur-Laigne, 80.
Barberey, 126.
Barbuise, 97.
Baroville, 32.
Bar-sur-Aube, 33.
Bar-sur-Seine, 59.
Bayel, 35.
Beaufort (Voyez Montmorency, autrefois —).
Beauvoir, 80.
Bercenay-en-Othe, 111.
Bercenay-le-Hayer, 83.
Bergères, 36.
Bernon, 65.
Bertignolles, 71.
Bérulies, 100.
Bessy, 15.
Bétignicourt, 40.
Beurey, 71.
Blaincourt, 40.
Blignicourt, 40.
Bligny, 54.
Bordes (Les), 102.
Bossancourt, 54.
Bouilly, 103.
Boulage, 15.
Bouranton, 114.
Bourdenay-le-Hayer, 83.
Bourguignons, 60.
Bouy (Arr. de Troyes), 120.
Bouy-sur-Orvin, 88.
Bragelogne, 80.
Braux, 10.
Bréviande, 131.
Brévonnes, 120.
Briel, 60.
Brienne-la-Vieille, 41.
Brienne-Napoléon, 41.
Brillecourt, 23.
Bucey-en-Othe, 111.
Buchères, 103.
Buxeuil, 60.
Buxières, 71.

C

Celles, 76.
Chaise (La), 49.
Chalette, 10.
Chamoy, 108.
Champfleury, 15.
Champignol, 36.
Champigny, 3.
Champ-sur-Barse, 54.
Chanoce, 66.
Chapelle-Saint-Luc (La), 126.
Chapelle-Vallon, 15.
Chappes, 61.
Charmont, 3.
Charmoy, 83.
Charny-le-Bachot, 16.
Chaserey, 66.
Chassenay, 71.
Chasséricourt, 11.
Châtres, 16.
Chauchigny, 16.
Chaudrey, 23.
Chauffour-lez-Bailly, 61.
Chaumesnil, 49.
Chavanges, 11.
Chêne (Le), 3.
Chennegy, 111.
Chervey, 72.
Chesley, 66.
Chessy, 108.
Clérey, 114.
Cocloix, 24.
Colombé-la-Fosse, 49.
Colombé-le-Sec, 36.
Cormost, 104.
Courcelles, 42.
Courceroy, 88.
Coursan, 108.
Courtaoult, 108.
Courtenot, 61.
Courteranges, 114.
Courteron, 76.
Coussegrey, 67.
Couvignon, 37.
Crancey, 93.
Creney, 123.
Crésantignes, 104.
Crespy, 49.
Croutes (Les), 108.
Cunfin, 67.
Cussangy, 67.

D

Dampierre, 24.
Davrey, 108.
Dienville, 42.
Dierrey-Saint-Julien, 83.
Dierrey-Saint-Pierre, 84.
Dolancourt, 54.
Dommartin, 25.
Donnement, 11.

TABLE DES MATIÈRES.

Dosches, 120.
Dosnon, 25.
Droupt-Saint-Bâle, 16.
Droupt-Sainte-Marie, 17.

E
Eaux-Puiseaux, 109.
Échemines, 84.
Éclance, 49.
Éguilly, 72.
Engentes, 87.
Épagnes, 43.
Épothémont, 49.
Ervy, 109.
Essoyes, 72.
Estissac, 111.
Étourvy, 67.
Étrelles, 17.

F
Faux-Villecerf, 84.
Fay, 84.
Fays, 104.
Ferreux, 94.
Feuges, 4.
Fontaine, 37.
Fontaine-Saint-Georges, 94.
Fontaines-Luyères, 4.
Fontenay-Bossery, 88.
Fontette, 72.
Fontvannes, 112.
Fosse-Corduan (La), 94.
Fouchères, 61.
Fraligne, 61.
Fravaux, 54.
Fresnoy, 50.
Fresnoy, 115.
Fuligny, 50.

G
Gelannes, 94.
Gérosdot, 120.
Grandes-Chapelles, 17.
Granges (Les), 68.
Granville, 26.
Gumery, 88.
Gyé-sur-Seine, 77.

H
Hampigny, 43.
Herbisse, 4.

I
Isle-Aumont, 104.
Isle-sous-Ramerupt, 26.

J
Javernant, 105.
Jeugny, 105.
Jully-sur-Sarce, 62.
Jassomes, 12.

Jaucourt, 37.
Jessains, 55.
Joncreuil, 12.
Juvancourt, 37.
Juvanzé, 55.
Juzanvigny, 50.

L
Lagesse, 68.
Laines-aux-Bois, 131.
Landreville, 73.
Lantages, 68.
Lassicourt, 43.
Laubressel, 115.
Lavau, 123.
Lentilles, 12.
Lesmont, 43.
Levigny, 50.
Lhuître, 26.
Lignières, 68.
Lignol, 37.
Lirey, 105.
Loches, 74.
Loge-aux-Chèvres, 55.
Loge-Pomblin (La), 68.
Loges-Margueron (Les), 69.
Longchamp, 38.
Longeville, 105.
Longpré, 74.
Longsols, 26.
Longueville, 18.
Louptière (La), 89.
Lusigny, 115.
Luyères, 120.

M
Macey, 127.
Machy, 105.
Mâcon, 89.
Magnan, 74.
Maguicourt, 13.
Magnifouchart, 55.
Mailly, 4.
Maison-des-Champs (La), 55.
Maisons (Arr. de Bar-sur-Aube), 50.
Maisons (Les) (Arr. de Bar-sur-Seine), 69.
Maizières (Arr. de Bar-sur-Aube), 44.
Maizières-la-Grande-Paroisse, 94.
Maraye-en-Othe, 101.
Marcilly-le-Hayer, 84.
Marigny-le-Châtel, 85.
Marnay, 89.
Marolles-lez-Bailly, 62.
Marolles-sous-Lignières, 69.
Mathaux, 44.
Maupas, 105.
Mergey, 123.
Mériot (Le), 89.
Merrey, 62.

Méry-sur-Seine, 18.
Mesgrigny, 19.
Mesnil-la-Comtesse, 27.
Mesnil-Lettre, 27.
Mesnil-Saint-Loup, 85.
Mesnil-Saint-Père, 116.
Mesnil-Sellières, 121.
Messon, 112.
Metz-Robert, 69.
Meurville, 55.
Molins, 44.
Montangon, 121.
Montaulin, 116.
Montceaux, 105.
Montfey, 109.
Montgueux, 127.
Montier-en-l'Isle, 38.
Montiéramey, 116.
Montigny, 109.
Montmartin, 76.
Montmorency, autrefois Beaufort, 13.
Montpotier, 97.
Montreuil, 117.
Montsuzain, 5.
Morembert, 27.
Morvilliers, 50.
Motte-Tilly (La), 89.
Moussey, 105.
Musey-sur-Seine, 77.

N
Neuville-sur-Seine, 77.
Neuville-sur-Vannes, 112.
Noé-les-Mallets, 76.
Noes (Les), 127.
Nogent-en-Othe, 101.
Nogent-sur-Aube, 27.
Nogent-sur-Seine, 89.
Nozay, 5.

O
Onjon, 121.
Origny, 95.
Ormes, 5.
Orvilion, 28.
Orvilliers, 95.
Ossey-les-Trois-Maisons, 95.

P
Paisy-Cosdon, 101.
Pâlis, 85.
Pargues, 69.
Pars (Arr. de Nogent-sur-Seine), 95.
Pars-lez-Chavanges, 13.
Pavillon (Le), 128.
Payns, 128.
Pel-et-Der, 45.
Périgny-la-Rose, 97.
Perthes, 45.
Petit-Mesnil, 51.

TABLE DES MATIÈRES.

Piney, 121.
Plaines, 78.
Plancy, 19.
Planty, 85.
Plessis-Barbuise, 97.
Plessis-Gâteblé (Le), 90.
Poivre, 28.
Poligny, 62.
Polisot, 78.
Pont-Sainte-Marie, 124.
Pont-sur-Seine, 90.
Pouan, 6.
Pougy, 28.
Pouy, 86.
Praslin, 69.
Précy-Notre-Dame, 45.
Précy-Saint-Martin, 45.
Premierfait, 19.
Proverville, 38.
Prugny, 113.
Prunay (Arr. de Troyes), 106.
Prunay-Belleville, 86.
Prusy, 70.
Puits-et-Nuisement, 75.

Q
Quincey, 95.

R
Racines, 110.
Radonvilliers, 45.
Ramerupt, 28.
Rance, 46.
Rhèges, 20.
Riceys (Les), 80.
Rigny-la-Nonense, 86.
Rigny-le-Ferron, 101.
Rilly-Sainte-Syre, 20.
Rivière-de-Corps (La), 128.
Romaines, 29.
Romilly-sur-Seine, 96.
Roncenay, 106.
Rosières, 131.
Rosnay, 46.
Rothière (La), 51.
Rouilly-Sacey, 122.
Rouilly-Saint-Loup, 117.
Rouvres, 39.
Rumilly-lez-Vaudes, 62.
Ruvigny, 118.

S
Saint-André, 131.
Saint-Aubin, 91.
Saint-Benoît-sur-Seine, 124.
Saint-Benoît-sur-Vannes, 101.
Saint-Christophe, 48.
Saint-Étienne-sur-Barbuise, 7.
Saint-Flavy, 86.
Saint-Germain, 132.
Saint-Hilaire, 96.
Saint-Jean-de-Bonneval, 106.
Saint-Julien, 133.
Saint-Léger-près-Troyes, 106.
Saint-Léger-sous-Brienne, 48.
Saint-Léger-sous-Margerie, 14.
Saint-Loup-de-Buffigny, 96.
Saint-Lyé, 128.
Saint-Mards-en-Othe, 102.
Saint-Martin-de-Bossenay, 96.
Saint-Mesmin, 21.
Saint-Nabord, 29.
Saint-Nicolas, 92.
Saint-Oulph, 22.
Saint-Parres-lez-Vaudes, 63.
Saint-Parres-au-Tertre, 125.
Saint-Phal, 110.
Saint-Pouange, 106.
Saint-Remy-sur-Barbuise, 7.
Saint-Usage, 75.
Saint-Thibault, 106.
Sainte-Maure, 124.
Sainte-Savine, 129.
Salon, 20.
Saulcy, 51.
Saulsotte (La), 97.
Savières, 21.
Semoine, 8.
Soligny-les-Étangs, 92.
Somme-Fontaine-Saint-Lupien, 86.
Sommeval, 106.
Souligny, 107.
Spoix, 55.

T
Thennelières, 118.
Thieffrain, 75.
Thil, 52.
Thors, 52.
Torcy-le-Grand, 8.
Torcy-le-Petit, 8.
Torvilliers, 130.
Traînel, 92.
Trancault, 87.
Trannes, 56.
Trouan-le-Grand, 30.
Trouan-le-Petit, 30.
Troyes, 133.
Turgy, 70.

U
Unienville, 56.
Urville, 39.

V
Vailly, 126.
Valantigny, 48.
Vallant-Saint-Georges, 22.
Vallières, 70.
Vanlay, 70.
Vanchassis, 113.
Vauchonvilliers, 56.
Vaucogne, 30.
Vaudes, 63.
Vaupoisson, 32.
Vendeuvre-sur-Barse, 57.
Vendue-Mignot (La), 107.
Vernonvillers, 52.
Verricourt, 31.
Verrières, 118.
Viapres-le-Grand, 22.
Viapres-le-Petit, 22.
Villacerf, 126.
Villadin, 87.
Ville-aux-Bois-lez-Soulaines, 53.
Ville-sous-la-Ferté, 39.
Ville-sur-Arce, 64.
Ville-sur-Terre, 53.
Villechétif, 126.
Villehardouin, 122.
Villeloup, 130.
Villemaur, 113.
Villemereuil, 107.
Villemoiron, 102.
Villemorien, 63.
Villemoyenne, 64.
Villenauxe, 98.
Villeneuve-au-Châtelot, 100.
Villeneuve-au-Chemin, 110.
Villeneuve-aux-Chênes (La), 58.
Villeret, 14.
Villery, 107.
Villette, 8.
Villiers-Herbisse, 8.
Villiers-le-Bois, 70.
Villiers-sous-Praslin, 64.
Villy-en-Trode, 64.
Villy-le-Bois, 107.
Villy-le-Maréchal, 107.
Vinets, 32.
Virey-sous-Bar, 64.
Vitry-le-Croisé, 75.
Viviers, 76.
Voigny, 40.
Vosnon, 111.
Voué, 9.
Vougrey, 71.
Vulaines, 102.

Y
Yèvres, 48.

www.ingramcontent.com/pod-product-compliance
Lightning Source LLC
LaVergne TN
LVHW052109090426
835512LV00035B/1420